Compliance Defence im
Kartellbußgeldverfahren

Europäische Hochschulschriften

European University Studies

Publications Universitaires Européennes

Reihe II	**Rechtswissenschaft**
Series II	Law
Série II	Droit

Band/Volume **5985**

Monika Volkers

Compliance Defence im Kartellbußgeldverfahren

Eine Betrachtung der europäischen
und deutschen Rechtslage
inklusive 9. GWB-Novelle

PETER LANG

Bibliografische Information der Deutschen Nationalbibliothek
Die Deutsche Nationalbibliothek verzeichnet diese Publikation in der Deutschen
Nationalbibliografie; detaillierte bibliografische Daten sind im Internet über
http://dnb.d-nb.de abrufbar.

Zugl.: Saarbrücken, Univ., Diss., 2017

Gedruckt auf alterungsbeständigem, säurefreiem Papier.
Druck und Bindung: CPI books GmbH, Leck

D 291
ISSN 0531-7312
ISBN 978-3-631-74576-2 (Print)
E-ISBN 978-3-631-74645-5 (E-PDF)
E-ISBN 978-3-631-74646-2 (EPUB)
E-ISBN 978-3-631-74647-9 (MOBI)
DOI 10.3726/b13296

© Peter Lang GmbH
Internationaler Verlag der Wissenschaften
Berlin 2018
Alle Rechte vorbehalten.
Peter Lang – Berlin · Bern · Bruxelles · New York · Oxford · Warszawa · Wien

Diese Publikation wurde begutachtet.

www.peterlang.com

Inhaltsverzeichnis

4. Teil: Compliance Defence im deutschen Kartellrecht.....119

1. Einführung

In jahrzehntelanger Rechtsprechung hat sich für das europäische Kartellrecht ein funktionaler Unternehmensbegriff herausgebildet, der zu einer umfassenden Haftung führt. Unternehmen im Sinne von Art. 101 und Art. 102 AEUV sind demnach wirtschaftliche Einheiten, die von mehreren juristischen Personen gebildet werden können. Gesellschaftsrechtliche Haftungstrennungen sind nicht mehr ausschlaggebend.

Dass das Bedürfnis, Unternehmen zur Verantwortung zu ziehen ohne durch gesellschaftsrechtliche Konstruktionen daran gehindert zu werden, noch immer sehr ausgeprägt ist, zeigt sich auch in der lebhaften Diskussion zur Unternehmenshaftung im Nachgang der Finanzkrise.[1] Eingehendstes Beispiel der letzten Jahre für das deutsche Recht ist der Entwurf eines Verbandsstrafgesetzbuches und die wieder aufgekommene Diskussion um die Einführung eines Unternehmensstrafrechts.[2] Was für andere Rechtsbereiche nun diskutiert wird, zeigt sich schon seit längerer Zeit im Kartellrecht. Dort werden „die Unternehmen" für Wettbewerbsverstöße sanktioniert. Da es bei diesen Verstößen um ein Marktverhalten gehe, solle es nicht auf rechtliche Konstruktionen ankommen.[3] Notwendig sei eine funktionale Betrachtung, die die Sanktion demjenigen auferlege, der letztendlich für das Marktverhalten verantwortlich sei.

Aber auch das Konzept der wirtschaftlichen Einheit führt nicht zu einer vollständig befriedigenden Lösung. Denn Adressat der Bußgeldentscheidung werden letztlich doch die Rechtsträger und nicht der Funktionsträger „Unternehmen". Der Fokus des EU-Kartellrechts auf das Unternehmen erklärt sich zwar aus dem Kompetenzdefizit, keine Sanktionen gegen natürliche Personen verhängen zu können. Um eine effektive Verhaltenslenkung zu gewährleisten, müssten jedoch Sanktionen gegen beide am Marktverhalten Beteiligte – Vertreter und Vertretenem – verhängt werden.

Daneben hat sich für den Beweis einer wirtschaftlichen Einheit eine Vermutungsregel etabliert, die auf den Einfluss einer Obergesellschaft auf Grund ihrer

---

1 *Wandt*, in: Die Finanzkrise, das Wirtschaftsstrafrecht und die Moral, 3; *Hank*, in: Die Finanzkrise, das Wirtschaftsstrafrecht und die Moral, 363; *Dannecker/Dannecker*, NZWiSt 2016, 162; *Park/Sorgenfrei* Finanzkrise und Kapitalmarktstrafrecht, in: Kapitalmarktstrafrecht, Einleitung; *Gathmann/Weiland*, Deutsche Bank Skandal – Trittin fordert deutsches Unternehmensstrafrecht, Spiegel online vom 18.12.2012.

2 *RegE NRW*, Entwurf eines Gesetzes zur Einführung der strafrechtlichen Verantwortlichkeit von Unternehmen und sonstigen Verbänden; *Schröder*, NZWiSt 2016, 452; *Schünemann*, ZIS 2016, 1; *Wagner*, ZGR 2016, 112.

3 *EuGH*, Urteil vom 14.07.1972 – C-48/69, ECLI:EU:C:1972:70 ICI, Slg. 1972, 619 (Rn. 132); *EuG*, Urteil vom 13.07.2011 – T-138/07, ECLI:EU:T:2011:362 Schindler Holding, Slg. 2011, II-4819 (Rn. 66).

Kapitalbeteiligung abstellt. Damit verschiebt sich der Haftungsvorwurf vom Verschuldenstatbestand des Kartellverstoßes zu einer Haftung auf Grund gesellschaftsrechtlicher Verbindungen. Hinzu kommt, dass es auf die Einflussnahme im konkret kartellbetroffenen Bereich nicht ankommen soll. Einfluss auf das allgemeine Marktverhalten soll ausreichen. Damit sind die Grenzen eng, in denen sich eine Muttergesellschaft von der Haftung für Verstöße der Tochtergesellschaft exkulpieren kann, gleichzeitig sind ihre Kontrollmöglichkeiten bezüglich des Marktverhaltens begrenzt.

Will sie trotzdem versuchen, das Marktverhalten ihrer Tochter auf rechtskonformen Wettbewerb auszurichten, so kann sie sich eines sogenannten konzernweiten Compliance-Programmes bedienen. Und in der Tat hat die Einrichtung von Compliance-Programmen in Unternehmen in den letzten fünfzehn Jahren stark zugenommen.[4] Da „Compliance" kein legaldefinierter Begriff ist, finden sich in Literatur und Praxis vielfältige Definitionsansätze, um Inhalt und Zielsetzung von Compliance-Programmen zu beschreiben. Allen Ansätzen ist gemein, dass – getreu der Bedeutung des englischen Wortes „to comply" – Compliance-Programme das Ziel haben sollen, die Einhaltung von festgelegten Regeln sicherzustellen.[5] Compliance bedeutet daher zum einen, dass Gesetze eingehalten werden. Dies ist aber eine Selbstverständlichkeit, da die Bindung an die verfassungsgemäße Rechtsordnung ein Korrelat zu den vom Verfassungsstaat zu beachtenden Grundrechten ist. Jedes Rechtssubjekt ist zur Einhaltung der Rechte, die es betreffen, verpflichtet.[6] Daher tritt zu der Einhaltung der Gesetze ein weiteres Merkmal: Compliance umfasst auch den Aufbau einer organisatorischen Struktur, mit der dieses Ziel erreicht werden soll.[7] Kurz: „Compliance ist einerseits die Gesetzestreue, andererseits aber die im Unternehmen strategisch gewollte und durchgeführte Gesetzesbefolgung mit einem Sicherungssystem, das vor Gesetzesverstößen und ihren Folgen schützen soll."[8]

Dabei kommt nicht nur der Begriff der rechtlichen Compliance ursprünglich aus dem englischsprachigen Raum, sondern auch das dahinterstehende juristische Konzept. Zurückzuführen ist das Konzept auf Regelungen im US-Bankensektor für klassische Risikobereiche.[9] Das US-Bankenrecht schrieb und schreibt den in den USA tätigen Banken nicht nur vor, welche Risiken sie zu vermeiden haben, sondern auch, welche Strukturen sie aufbauen müssen, um dieses Ziel wirksam zu erreichen.[10] Ausgehend von den Vorschriften des Bankenrechts und der parallel verlaufenden Rechtsprechung zur Managerhaftung hat sich eine allgemeine Sensibilität

---

4   *Reichert,* in: FS Hoffmann-Becking, 943; *Sieber/Engelhart,* Compliance programs for the prevention of economic crimes, 201.

5   *Kort,* NZG 2008, 81 (82).

6   *Bethge,* NJW 1982, 2145 (2150); *Merkt,* ZIP 2014, 1705 (1706).

7   *Kindler,* in: FS Roth, 367 (370); *Koch,* WM 2009, 1013.

8   *Streck/Binnewies,* DStR 2009, 229.

9   *Fleischer,* AG 2003, 291 (299).

10 Beispielsweise Sect. 404 Sarbanes-Oxley-Act 2002; Sect. 15 Insider Trading and fraud enforcement Act 1988; Foreign Corrupt Practices Act.

gegenüber Unternehmens- und Haftungsrisiken entwickelt. Daher lag es nahe, in das System der präventiven Kontrolle auch andere Risiken aufzunehmen. Hieraus entstanden häufig umfangreiche Kontrollstrukturen, wobei jedoch die konkrete Ausgestaltung des Compliance-Programms abhängig ist von der Größe, dem Aufbau und der Branche des Unternehmens.[11] Denn jedes Unternehmen sieht sich mit unterschiedlichen Haftungsrisiken konfrontiert.

Ebenfalls aus den USA kommt der Gedanke, dass Compliance-Programme Strafen gegen Unternehmen abmildern können. Chapter 8 der US Sentencing Guidelines (USSG) sieht vor, dass sich der "Culpability Score", mit dem die Schwere der Schuld angegeben wird, verringert, wenn das Unternehmen ein effektives Compliance-Programm betrieben hat: "If the offense occurred even though the organization had in place at the time of the offense an effective compliance and ethics program, as provided in §8B2.1 (Effective Compliance and Ethics Program), subtract 3 points."[12] Welche Anforderungen an ein effektives Compliance-System zu stellen sind, wird in den USSG ebenfalls präzisiert. Auch wenn das Programm im konkreten Fall versagt hat, führt dies nach den USSG nicht automatisch zu seiner Ineffektivität. Obwohl verschiedene Kriterien für ein effektives Compliance-Programm aufgestellt werden, gehen die USSG ebenfalls davon aus, dass die konkrete Ausgestaltung von den individuellen Begebenheiten des Unternehmens abhängt. Die Möglichkeit, Compliance-Programme haftungsmildernd geltend zu machen, wird auch Compliance Defence genannt.

In Deutschland und in der EU hingegen äußern sich die Behörden in Kartellbußgeldverfahren bisher ablehnend, wenn von der Praxis gefordert wird, Compliance-Programme strafmildernd zu berücksichtigen.[13]

Die vorliegende Arbeit wird den Stand der Diskussion der Unternehmenshaftung anhand der Auseinandersetzungen, die sich im Kartellrecht abspielen, darstellen. Denn es ist zu überlegen, ob sich nicht auch im europäischen und deutschen Kartellrecht rechtliche Anknüpfungspunkte für eine Compliance Defence ergeben. Die Compliance-Bemühungen von Unternehmen und die Entwicklungen in der Entscheidungspraxis könnten zu einer neuen Beurteilung des Status Quo führen.

Gang der Untersuchung

Zunächst wird eine Begriffsbestimmung des Compliance-Begriffes vorgenommen (Teil 2). Diese fällt relativ umfangreich aus, da sich die Rechtsgrundlagen und Anforderungen an Compliance-Programme aus verschiedenen Rechtsgebieten ergeben.

---

11 *BGH*, Beschluss vom 11.03.1986 – KRB 7/85 Aktenvermerke, wistra 1986, 222.*OLG Düsseldorf*, Beschluss vom 22.05.1990 – 2 Ss (OWi) 144/90 – (OWi) 28/90, wistra 1991, 38 (39); *RegE*, Entwurf eines Gesetzes zur Kontrolle und Transparenz im Unternehmensbereich (KonTraG), BT-Drucks. 13/9712, 15.

12 § 8 C2.5 (f) USSG.

13 *Almunia*, Compliance and Competition Policy, SPEECH/10/586 vom 25.10.2010; *EuGH*, Urteil vom 18.07.2013 – C-501/11 P, ECLI:EU:C:2013:522 Schindler, veröffentlicht in der digitalen Sammlung; *Mundt*, Compliance Praxis Service Guide 2014, 12.

Im Anschluss wird die Möglichkeit einer Compliance Defence im europäischen Kartellbußgeldverfahren untersucht (Teil 3). Hierfür ist eine ausführliche Auseinandersetzung mit dem Begriff des Unternehmens erforderlich, sowie die Analyse unternehmensspezifischer Faktoren, die sich auf die Bewertung der Schwere des begangenen Unrechts auswirken. Denn im Kartellrecht wird Compliance an zwei Stellen dogmatisch bedeutsam: Zum einen könnte sie zur Evaluation der Beziehung zwischen Mutter- und Tochtergesellschaft beitragen. Zum anderen könnte sie zur Bewertung des individuell vorzuwerfenden Unrechts bei einem Kartellverstoß herangezogen werden. Danach wird die deutsche Rechtslage untersucht (Teil 4). Hier ist insbesondere darauf einzugehen, inwiefern die Einfügung des neuen § 81 Abs. 3a GWB durch die 9.GWB-Novelle eine Ausnahme zur bisher geltenden Rechtsträgerhaftung normiert und das deutsche an das europäische Kartellrecht angleicht. Zum Schluss soll ein Rechtsvergleich erfolgen (Teil 5). Betrachtet wird zum einen die Rechtslage in den USA, die als Ursprungsland der Compliance Defence gelten. Zum anderen werden mit dem britischen und dem französischen Kartellrecht zwei Rechtsordnungen betrachtet, die Teil der Europäischen Union sind. Bei einer starken Harmonisierung wie sie im Kartellrecht besteht, ist die kategorische Ablehnung einer Compliance Defence zu hinterfragen, wenn einzelne Mitgliedstaaten eine solche akzeptieren.

2. Teil: Begriffsbestimmung Compliance und Einordnung in die Rechtsordnung

Bevor die Funktion von Compliance-Programmen im Kartellbußgeldverfahren untersucht werden kann, muss definiert werden, was genau unter Compliance-Programmen zu verstehen ist (A). Der Compliance-Begriff ist dabei von anderen Zielen und Methoden der Unternehmensführung abzugrenzen (B). Schließlich ist der Frage nachzugehen, inwiefern eine Pflicht zur Compliance besteht (C), da die Antwort relevant für die Berücksichtigung von Compliance-Programmen ist. Handelt es sich bei Compliance-Programmen um die reine Erfüllung bestehender Pflichten, so könnten zusätzliche positive Konsequenzen auszuschließen sein.

A. Der Compliance-Begriff

Da „Compliance" kein legaldefinierter Begriff ist, werden zunächst die Normen betrachtet, aus denen sich Rückschlüsse auf das Wesen der Compliance schließen lassen (I). Neben den rechtlichen Anknüpfungspunkten spielen die Funktionen von Compliance eine wichtige Rolle (II). Diese schlagen sich in den inhaltlichen und organisatorischen Anforderungen an effiziente Compliance-Maßnahmen nieder (IV). Für das Kartellrecht ergeben sich einige Besonderheiten, die ebenfalls darzustellen sind (V).

I. Rechtliche Grundlagen

Rechtliche Anknüpfungspunkte für Compliance-Programme ergeben sich aus unterschiedlichen Rechtsbereichen, beispielsweise dem öffentlichen Recht (1), dem Gesellschaftsrecht (2) und dem Sanktionsrecht (3).

1. Aufsichtsrechtliche Grundlagen: Der Ursprung

Wie in der Einführung beschrieben, ist die Entwicklung des Begriffes „Compliance" geprägt vom Konkreten hin zum Abstrakten und wieder zum Konkreten. So wurde das Konzept von Compliance als organisatorische Kontrollstruktur in Deutschland ebenfalls zuerst für spezifische Risiken im Kapitalmarkt- und Bankenrecht normiert. Die 6. KWG-Novelle führte zum Beispiel die Vorschrift des § 25a KWG ein, die „besondere organisatorische Pflichten" für Kreditinstitute vorsieht.[14] Kreditinstitute müssen laut Gesetzesbegründung „über eine ordnungsgemäße Geschäftsorganisation verfügen, die die Einhaltung der vom Institut zu beachtenden gesetzlichen

---

14 Gesetz zur Umsetzung von EG-Richtlinien zur Harmonisierung bank- und wertpapieraufsichtsrechtlicher Vorschriften vom 22.10.1997, BGBL. I 1997, 2544.

Bestimmungen und der betriebswirtschaftlichen Notwendigkeiten gewährleistet. Die Geschäftsleiter sind für die ordnungsgemäße Geschäftsorganisation des Instituts verantwortlich; sie haben die erforderlichen Maßnahmen für die Ausarbeitung der entsprechenden institutsinternen Vorgaben zu ergreifen [...]."[15] Schon seit 1994 normierte § 33 Nr. 3 WpHG a.F., dass ein Wertpapierdienstleistungsunternehmen „über angemessene interne Kontrollverfahren verfügen [muss], die geeignet sind, Verstößen gegen Verpflichtungen nach diesem Gesetz entgegenzuwirken." Aus Wortlaut und Kontext wurde die Pflicht – oder teilweise zumindest die Obliegenheit – zum Aufbau einer Compliance-Organisation abgeleitet.[16] Ausdrücklich ist diese Pflicht seit der Neufassung des § 33 WpHG vom 16.07.2007 normiert.[17] Diese Neufassung erfolgte im Rahmen der Umsetzung der Richtlinie 2004/39/EG, mit der der Schutz von Anlegern und das reibungslose Funktionieren der Wertpapiermärkte gestärkt werden sollte.[18] Ersterer Schutzzweck schlägt sich auch in der Formulierung des neuen § 33 WpHG nieder: Zum einen wird die Organisationspflicht des § 25a KWG aufgegriffen. Zum anderen umfasst die Organisationspflicht nun gemäß § 33 Abs. 1 S. 2 Nr. 1 WpHG auch die Pflicht, „angemessene Grundsätze auf[zu]stellen, Mittel vor[zu]halten und Verfahren ein[zu]richten, die darauf ausgerichtet sind, sicherzustellen, dass das Wertpapierdienstleistungsunternehmen selbst und seine Mitarbeiter den Verpflichtungen dieses Gesetzes nachkommen, wobei insbesondere eine dauerhafte und wirksame Compliance-Funktion einzurichten ist, die ihre Aufgaben unabhängig wahrnehmen kann."

Sowohl § 25a KWG als auch § 33 WpHG normieren damit Organisationspflichten für Unternehmen, die Bank- und Finanzdienstleistungen erbringen. Anleger, beziehungsweise Kreditnehmer, sollen mit diesen Vorschriften mittelbar vor Risiken geschützt werden, die nicht aus der rein bilateralen Beziehung zwischen Kunde und Unternehmen herrühren, sondern aus der internen Organisation des Finanzdienstleisters.[19]

Der Compliance-Begriff von WpHG und KWG bezieht sich auf die Vermeidung von konkreten Risiken in einem branchenspezifischen Kontext. Bis zum Ende der 1990er Jahre blieb es dabei, dass Anforderungen an Compliance-Maßnahmen vor allem denjenigen Teilen des Aufsichtsrechts entstammten, die Vorschriften und Kontrollen zur Risikoprävention vorgaben.[20]

---

15 Gesetz zur Umsetzung der Richtlinie über Märkte für Finanzinstrumente und der Durchführungsrichtlinie der Kommission vom 16.07.2007, BGBL. I 2007.

16 *Eisele/Faust*, in: Bankrechts-Handbuch, § 109 (Rn. 2).

17 Gesetz zur Umsetzung der Richtlinie über Märkte für Finanzinstrumente und der Durchführungsrichtlinie der Kommission vom 16.07.2007, BGBL. I 2007.

18 Richtlinie 2004/39/EG vom 21.04.2004, Abl. L 145 vom 30.04.2004, 44; *Lösler*, NZG 2005, 104 (104).

19 *Lösler*, NZG 2005, 104 (108).; *Spindler*, WM 2008, 905 (914).

20 Vgl. § 4 Abs. 1 S. 2 WpHG; *BVerfG*, Beschluss vom 16.09.2009 – 2 BvR 852/07 BaFin-Umlage, NVwZ 2010, 35 (37); *Fischer*, in: Bankrechts-Handbuch, § 125 (Rn. 5); *Lösler*, NZG 2005, 104.

2. Gesellschaftsrechtliche Grundlagen

Obwohl im Aktiengesetz nicht ausdrücklich genannt, so gibt es auch gesellschaftsrechtliche Anknüpfungspunkte für Compliance-Programme. Mittelbar ist Compliance daher auch als Konzept innerhalb des Gesellschaftsrechts bekannt.[21] In diesem Zusammenhang ist besonders auf die Leitungspflicht des Vorstandes gegenüber seiner Gesellschaft einzugehen (a). Des Weiteren ist die Pflicht zu angemessenem Risikomanagement nach § 91 Abs. 2 AktG zu beachten (b). Eine ähnliche Bewertung ergibt sich für die Pflichten des Geschäftsführers einer GmbH (c). Nur bei Personengesellschaft besteht keine explizite Normierung, da es hier grundsätzlich nicht zu einem Prinzipal-Agenten-Konflikt kommt (d).

a) § 76 Abs. 1 AktG und § 93 AktG

Die Pflichten des Vorstandes werden durch § 76 Abs. 1 AktG und § 93 Abs. 1 AktG festgelegt. Danach leitet der Vorstand die Gesellschaft unter eigener Verantwortung. Bei der Leitung der Gesellschaft hat der Vorstand verschiedene Pflichten zu beachten, die die Gesellschaft und ihn selbst treffen. Zu diesen Pflichten gehört unter anderem die Legalitätspflicht.[22] Dies bedeutet, dass der Vorstand nach außen darauf zu achten hat, dass sich die Gesellschaft gesetzeskonform verhält. Nach innen muss er sicherstellen, dass sein eigenes Verhalten gesetzeskonform ist.[23] Die Legalitätspflicht erstreckt sich nicht nur auf das eigene Verhalten, sondern auch auf das Verhalten der anderen Vorstandsmitglieder und der Mitarbeiter, die delegierte Tätigkeiten wahrnehmen. Denn die Delegation von Aufgaben und der dazugehörigen Verantwortung führt nicht zu einer Befreiung des Vorstandes von seiner Verantwortung. Vielmehr wandelt sich seine Legalitätspflicht in eine Legalitätskontrollpflicht, nach der er für eine sorgfältige Auswahl, Einweisung und Überwachung des beauftragten Mitarbeiters einzustehen hat.[24] Grenzen der Legalitätskontrollpflicht sind die Zumutbarkeit und die Erforderlichkeit von Kontrollmaßnahmen.[25]

Da der Vorstand die Gesellschaft jedoch unter eigener Verantwortung leitet, kommt ihm auch ein Leitungsermessen mit Spielraum für eigenständige

---

21 *Fleischer*, AG 2003, 291 (299).

22 *Goette*, in: FS 50 Jahre BGH, 123 (125); *Habersack*, in: FS U. H. Schneider, 429 (431); *Fleischer*, ZIP 2005, 141 (142).

23 Spindler, in: MüKo AktG, Goette/Habersack, et al., § 93 AktG, Rn. 74; Koch, in: Hüffer, § 93 AktG, Rn. 6; *BGH*, Urteil vom 15.11.1993 – II ZR 235/92, BGHZ 124, 111 (127); *Bunting*, ZIP 2012, 1542 (1543); *Bicker*, AG 2014, 8 (8); *BGH*, Urteil vom 27.08.2010 – 2 StR 111/09, BGHSt 55, 266 (275); *Habersack*, in: FS U. H. Schneider, 429 (432).

24 *Verse*, ZHR 2011, 401 (404); *Goette*, in: FS 50 Jahre BGH, 123 (131); *Bunting*, ZIP 2012, 1542 (1543); *BGH*, Urteil vom 13.04.1994 – II ZR 16/93, BGHZ 125, 366 (372); *BGH*, Urteil vom 08.07.1985 – II ZR 198/84, ZIP 1985, 1135 (1136).

25 *Verse*, ZHR 2011, 401 (407).

Entscheidungen zu.[26] Teil dieser Leitungsautonomie ist das Organisationsermessen.[27] Hierunter fallen zum Beispiel Entscheidungen über den Aufbau der Gesellschaft und die Besetzung von Positionen, soweit Gesetz und Gesellschaftsvertrag keine Vorgaben machen.

Aufgegriffen werden Legalitätspflicht und Organisationsermessen vom Haftungstatbestand des § 93 Abs. 2 AktG.[28] Die starke Position des Vorstandes durch seine Leitungsmacht nach § 76 Abs. 1 AktG wird durch seine Haftung für Pflichtverletzungen eingegrenzt,[29] wobei § 93 Abs. 1 S. 2 AktG eine Haftungserleichterung für unternehmerische Entscheidungen normiert.[30] Bei der Verletzung einer rechtlichen Pflicht hingegen kann sich der Vorstand nicht auf die Haftungserleichterung des § 93 Abs. 1 S. 2 AktG berufen. Der Regelungskomplex ist Teil der Lösung für den Prinzipal-Agenten-Konflikt in einer Gesellschaft: Der Vorstand als Handelnder einer Gesellschaft (Agent) soll für die Anteilseigner als Eigentümer (Prinzipal) Entscheidungen treffen, für deren wirtschaftliche Konsequenzen letztlich die Anteilseigner haften.[31] Wenn der Gewinn den Eigentümern der Gesellschaft zufließt, dann muss dies auch für Verluste aus unternehmerischen Entscheidungen gelten. Dies kann dazu führen, dass der Vorstand auf Grund der Primärhaftung der Eigentümer nicht die gleiche Sorgfalt walten lässt, die er in eigenen Angelegenheiten anzuwenden pflegt.[32] Die Eigentümer dagegen haben ein Interesse daran, dass sich die Entscheidungen des Vorstands als möglichst gewinnbringend erweisen, ohne wegen § 76 Abs. 1 AktG direkten Einfluss auf die jeweiligen Entscheidungen zu haben. Um ein Handeln des Vorstands im Interesse der Gesellschaft sicherzustellen, sieht das Aktienrecht daher mit § 93 Abs. 1 AktG die Verantwortung des Vorstands für die Einhaltung der Legalitätspflicht und für das Treffen vernünftiger unternehmerischer Entscheidungen vor. Für die Legalitätskontrollpflicht des Vorstands bedeutet dies: Verstößt ein Mitarbeiter gegen die Legalitätspflicht, so haftet der Vorstand, wenn er seine Aufsichtspflicht nicht gemäß der Sorgfalt eines ordentlichen und gewissenhaften Geschäftsleiters ausgeübt hat, so der Haftungsmaßstab des § 93 Abs. 1 S.1 AktG.

---

26 *Hüffer*, in: FS Raiser, 163 (163); Koch, in: Hüffer, § 76 AktG, Rn. 28.;

27 *BGH*, Beschluss vom 24.03.1981 – KRB 4/80 Revisionsabteilung, wistra 1982, 34; Koch, in: Hüffer, § 76 AktG, Rn. 8 ff; *Schneider*, in: FS Hüffer, 905 (915); *Pelz*, in: Hdb. Corporate Compliance (Rn. 34).

28 Zur Bedeutung des § 93 Abs. 1 AktG im Rahmen der Prinzipal-Agenten-Theorie siehe Teil 2 B III.

29 Spindler, in: MüKo AktG, Goette/Habersack, et al., § 93 AktG, Rn. 6.

30 *ders.*, in: MüKo AktG, Goette/Habersack, et al., § 93 AktG, Rn. 45. Zum Verhältnis von Compliance und unternehmerischem Ermessen siehe 2.B.III Business Judgment Rule, S. 42.

31 *Kock/Dinkel*, NZG 2004, 441 (441); *Birke,* Das Formalziel der Aktiengesellschaft, 39–41; *Wagner*, ZGR 2016, 112 (133).

32 *Jensen/Meckling*, Journal of Financial Economics 1976, 305 (308 f.); *Fama/Tensen*, Journal of Law and Economics 1983, 301 (304).; *Kock/Dinkel*, NZG 2004, 441 (441); *Birke,* Das Formalziel der Aktiengesellschaft, 40 f.

Für seine Organisationsentscheidungen als unternehmerische Entscheidung profitiert der Vorstand dagegen von der Haftungserleichterung des § 93 Abs. 1 S. 2 AktG.[33]

Hieraus folgt, dass Legalitätspflicht und Organisationsermessen die Anknüpfungspunkte für die Einrichtung eines Compliance-Programms im Gesellschaftsrecht darstellen. Die Legalitätspflicht bezieht sich auf die einzuhaltende Rechtstreue, dem ersten Element der Definition von Compliance. Daneben fällt die Einrichtung einer Organisation im Sinne einer kontrollierenden Institution, das zweite Element der Definition, unter das Organisationsermessen.

b) § 91 Abs. 2 AktG

Nachdem das Konzept der Compliance durch § 76 AktG zumindest mittelbar im Gesellschaftsrecht anzutreffen ist, besteht eine ausdrückliche Loslösung des Konzepts der Compliance aus dem aufsichtsrechtlichen Kontext seit der Einführung des § 91 Abs. 2 AktG durch das Gesetz zur Kontrolle und Transparenz im Unternehmensbereich (KonTraG).[34] Nach dieser Norm hat der Vorstand „geeignete Maßnahmen zu treffen, insbesondere ein Überwachungssystem einzurichten, damit den Fortbestand der Gesellschaft gefährdende Entwicklungen früh erkannt werden." Mit dieser Vorschrift wollte der Gesetzgeber jedoch keine neue Pflicht des Vorstandes normieren. Es ging ihm vielmehr darum hervorzuheben, dass zu den allgemeinen Leitungsaufgaben des Vorstandes gem. § 76 Abs. 1 AktG auch die Errichtung einer Organisation zur präventiven Kontrolle gehört.[35] Der Vorstand hat die Gesamtverantwortung für das Fortbestehen des Unternehmens. Um diese zu erfüllen, muss er, wie durch § 91 Abs. 2 AktG konkretisiert, zum einen geeignete Maßnahmen zur Früherkennung von Risiken ergreifen, und zum anderen die Entwicklung der Risiken überwachen. Was das Gesetz unter dem Begriff der geeigneten Maßnahmen versteht, wird dabei nicht konkretisiert. Dies geschieht, da jedes Unternehmen durch Größe, Struktur und Tätigkeitsfeld unterschiedlichen Herausforderungen gegenübersteht. Daher muss jedes Unternehmen individuell bestimmen, mit welchen Risiken es sich wie auseinandersetzt.[36]

---

33 *Bürkle*, in: Hdb. Corporate Compliance, § 8 (15–16). Dabei ist darauf hinzuweisen, dass der Sorgfaltsmaßstab nicht zur Disposition der Parteien steht. Wegen der Satzungsstrenge nach § 25 Abs. 5 AktG können sich Haftungserleichterungen weder aus der Satzung noch aus dem Anstellungsvertrag ergeben, *Fleischer*, ZIP 2014, 1305.
34 Gesetz zur Kontrolle und Transparenz im Unternehmensbereich vom 27.04.1998, BGBL. I 1998.
35 *RegE*, Entwurf eines Gesetzes zur Kontrolle und Transparenz im Unternehmensbereich (KonTraG), BT-Drucks. 13/9712, 15.
36 *RegE*, Entwurf eines Gesetzes zur Kontrolle und Transparenz im Unternehmensbereich (KonTraG), BT-Drucks. 13/9712, 15; *Kuhl/Nickel*, DB 1999, 133 (134); *Pollanz*, DB 2001, 1317.

Ab wann ein Risiko besteht und ab welchem Zeitpunkt Überwachungsmaßnahmen greifen müssen, wird unterschiedlich beurteilt. Der Zeitpunkt hat aber Auswirkungen auf die Anforderungen an die zu treffenden Maßnahmen. Vor allem die ökonomische Theorie geht von einem weiten Risikobegriff aus. Danach umfasst das Risiko die Streuung des künftigen Erfolgs, der sowohl positiv als auch negativ ausfallen kann. Risiko ist demnach die Wahrscheinlichkeit, mit der der Erfolg vom vorgestellten, beziehungsweise vom bezweckten, Erfolg abweicht.[37]

Die Vorschrift spricht von „den Fortbestand der Gesellschaft gefährdenden Entwicklungen." So wie Risiko auch die Wahrscheinlichkeit positiver Veränderungen umfassen kann, so könnte das Wort „Gefahr" im technischen Sinn auch die Wahrscheinlichkeit einer Veränderung bezeichnen, unabhängig davon, ob diese schlecht oder gut ausfällt. Denn auch positive Entwicklungen haben eine Auswirkung auf den Fortbestand der Gesellschaft. Der Vorstand wäre demnach verpflichtet ein System einzurichten, mit dem er positive und negative Entwicklungen erkennen könnte. Gegen die weite Auslegung nach der ökonomischen Theorie sprechen aber Sinn und Zweck der Vorschrift. Zweck der Vorschrift ist es, den Bestand der Gesellschaft durch Präventionsmaßnahmen zu sichern.[38] Mittelbar werden hierdurch auch die Gläubiger der Gesellschaft geschützt. Schutz bedürfen Gesellschaft und Gläubiger aber nur vor negativen Entwicklungen. § 91 Abs. 2 AktG soll den Umfang der Leitungspflicht des Vorstandes verdeutlichen, der für die Haftung nach § 93 Abs. 2 AktG relevant ist. Eine Haftung des Vorstandes macht aber nur bei einer nachteiligen Entwicklung der Gesellschaft Sinn. Daher sprechen Sinn und Zweck der Vorschrift für einen engen Risiko- beziehungsweise Gefahrenbegriff in § 91 Abs. 2 AktG.[39] Dieses Ergebnis entspricht auch dem Gebrauch der Begriffe in der Allgemeinsprache. Nach dieser wird unter dem Begriff Risiko nämlich eine Verschlechterungsgefahr verstanden. Will man die Möglichkeit einer Besserung andeuten, spricht man von einer Chance.[40]

Ist der Begriff der bestandsgefährdenden Entwicklung definiert, folgt die Frage, welche Anforderungen an die geeigneten Maßnahmen und das Überwachungssystem zu stellen sind. Auch hier gibt es unterschiedliche Ansätze: Zum einen könnte § 91 Abs. 2 AktG so auszulegen sein, dass der Vorstand ein umfassendes Risikomanagement zu betreiben hat. Da sich jedes Risiko potenziell zu einer wesentlichen Gefahr für die Vermögenslage entwickeln könne, müsste der Vorstand umfangreiche

---

37 *Kromschröder/Lück*, DB 1998, 1573.
38 *RegE*, Entwurf eines Gesetzes zur Kontrolle und Transparenz im Unternehmensbereich (KonTraG), BT-Drucks. 13/9712, 15.
39 *Kromschröder/Lück*, DB 1998, 1573; *Füser/Gleißner u.a.*, DB 1999, 753 (753 f.); *Eggemann/Konradt*, BB 2000, 503 (504).
40 *Kromschröder/Lück*, DB 1998, 1573.Vgl. auch die Definition des Risikos nach Duden – Die deutsche Rechtschreibung.:„ Ein möglicher negativer Ausgang bei einer Unternehmung, mit dem Nachteile, Verlust, Schäden verbunden sind" und für „Chance": „Eine günstige Gelegenheit, Möglichkeit, etwas Bestimmtes zu erreichen, Aussicht auf Erfolg".

und weitsichtige Maßnahmen treffen, um der Pflicht des § 91 Abs. 2 AktG gerecht zu werden.[41] Dem ist jedoch mit dem Hinweis zu widersprechen, dass das zu erkennende Risiko in der Norm durch das Merkmal der Bestandsgefährdung eingegrenzt wird. Außerdem kann eine Entscheidung, die sich noch im Rahmen des allgemeinen geschäftlichen Risikos bewegt, keine Haftung des Vorstandes auslösen, wie in § 93 Abs. 1 S. 2 AktG explizit normiert.[42] Darüber hinaus besitzt der Vorstand einen Ermessensspielraum, in dem sich die Entscheidung bewegen kann. Die Vorschriften für die Haftung des Vorstandes sollen diesem nicht die Risikobereitschaft nehmen, die bei unternehmerischen Entscheidungen stets erforderlich ist. Die zu treffenden Maßnahmen beziehen sich daher auf bestandsgefährdende Entwicklungen im engeren Sinn und nicht auf ein umfassendes Risikomanagementsystem.[43]

Auch rechtliche Verstöße können Risiken darstellen, die den Bestand der Gesellschaft gefährden. Sind solche Risiken erkennbar, sind nach § 91 Abs. 2 AktG auch Präventionsmaßnahmen gegen rechtliche Verstöße zu treffen. Im Zusammenspiel mit § 76 AktG lassen sich folglich ebenfalls in § 91 Abs. 2 AktG Grundlagen für Compliance-Maßnahmen feststellen.

c) Gesellschaft mit beschränkter Haftung (GmbH)

Auch im Recht der GmbH lässt sich die Compliance verorten. Dies ist nicht nur darauf zurückzuführen, dass viele Normen des Aktiengesetzes auf die GmbH als „kleine Schwester" der Aktiengesellschaft auch anwendbar sind.[44] Vielmehr enthält das GmbH-Gesetz eigene Vorschriften, die als Rechtsgrundlage für Compliance-Maßnahmen in Betracht kommen. So normiert § 43 Abs. 1 GmbHG in Verbindung mit § 35 Abs. 1 GmbHG, dass der Geschäftsführer bei der Leitung der Gesellschaft die Sorgfalt eines ordentlichen Geschäftsmannes anzuwenden habe. Zu den Leitungspflichten gehört es, den wirtschaftlichen Vorteil des Unternehmens zu mehren, hierbei aber innerhalb der von der Rechtsordnung gesetzten Grenzen zu bleiben.[45] Den Geschäftsführer trifft folglich, wie das Vorstandsmitglied, eine Legalitätspflicht, die sowohl die eigene Rechtstreue als auch die Kontrolle der Rechtstreue der Mitarbeiter – und auch der Mitgeschäftsführer – umfasst.[46] Die für § 76 Abs. 1 AktG in Verbindung mit § 93 Abs. 1 AktG dargestellten Grundsätze gelten für den Geschäftsführer einer GmbH entsprechend.[47] Etwas anderes ergibt sich auch nicht aus dem Unterschied, dass der GmbH-Geschäftsführer – im Gegensatz zum

---

41 *Pahlke*, NJW 2002, 1680 (1681).
42 Zur unternehmerischen Entscheidung vergleiche Teil 2 B III. *Pollanz*, DB 1999, 393 (395); Koch, in: Hüffer, § 93 AktG, Rn. 8.
43 Mit gleichem Ergebnis *Pahlke*, NJW 2002, 1680 (1681 f.).
44 *Fleischer*, GmbHR 2008, 673 (674).
45 Altmeppen, in: Altmeppen/Roth, § 43 GmbHG, Rn. 6.
46 Zöllner/Noack, in: Baumbach/Hueck, et al., § 43 GmbHG, Rn. 17; Altmeppen, in: Altmeppen/Roth, § 43 GmbHG, Rn. 21.
47 Altmeppen, in: Altmeppen/Roth, § 43 GmbHG, Rn. 8.

Vorstandsmitglied – gemäß § 37 Abs. 1 GmbHG an Weisungen der Gesellschafter gebunden ist. Die Weisungsgebundenheit besteht nämlich nur, soweit die Weisungen der Gesellschafter keinen Rechtsverstoß zur Folge haben.[48] Im Zusammenspiel mit der Unternehmensorganisationspflicht kommt dem Geschäftsführer bei der Umsetzung und Ausgestaltung der Legalitätskontrolle ebenfalls ein unternehmerischer Ermessensspielraum zu.[49] Auch wenn die Business Judgement Rule des § 93 Abs. 1 S. 2 AktG bei ihrer Kodifizierung nicht ebenfalls in das GmbHG eingeführt wurde, so gilt sie für die Haftung des GmbH-Geschäftsführers nach dem Willen des Gesetzgebers als allgemeines Prinzip[50] und nach § 43 Abs. 1 GmbHG doch entsprechend.[51] Für die Compliance als Erfüllung der Legalitätspflicht bedeutet dies, dass der Geschäftsführer ermitteln muss, ob die Einrichtung eines Compliance-Programmes erforderlich und dem Unternehmen zumutbar ist. Dies hängt auch bei der GmbH von der Art und Größe des Unternehmens, sowie Bedeutung der zu beachtenden Rechtsvorschriften ab.[52]

d) Personengesellschaften

Da bei Personengesellschaften der Grundsatz der Selbstorganschaft Anwendung findet, wird die Geschäftsführung grundsätzlich von den Gesellschaftern durchgeführt.[53] Da es hier nicht zu einem Prinzipal-Agenten-Konflikt kommen kann, sondern die Geschäftsführer gemäß § 714 BGB, beziehungsweise § 105 Abs. 1 HGB, persönlich und unbegrenzt haften, handeln sie auch in ihrem eigenen Interesse, wenn es um rechtskonformes Verhalten geht. Eine zusätzliche gesetzliche Normierung, die die Pflicht zur Rechtstreue aufgreift, ist somit entbehrlich.[54] Die Einrichtung von Compliance-Programmen hängt daher in Personengesellschaften von dem Ermessen der Gesellschafter ab, ohne dass das Gesetz in dieses Ermessen wie bei den Geschäftsleitern der Kapitalgesellschaften leitend eingreift.

3. Aus dem Ordnungswidrigkeitenrecht: § 130 OWiG

Neben dem Gesellschaftsrecht finden sich weitere Anhaltspunkte für Compliance-Programme in § 130 Abs. 1 OWiG. Danach handelt ordnungswidrig, wer „als Inhaber eines Betriebes oder Unternehmens vorsätzlich oder fahrlässig die

---

48 *ders.,* in: Altmeppen/Roth, § 43 GmbHG, Rn. 7.
49 Zöllner/Noack, in: Baumbach/Hueck, et al., § 43 GmbHG, Rn. 8.
50 *RegE,* Entwurf eines Gesetzes zur Unternehmensintegrität und Modernisierung des Anfechtungsrechts (UMAG), BT-Drucks. 15/5092, 12.
51 *OLG Oldenburg,* Urteil vom 22.06.2006 – 1 U 34/03, GmbHR 2006, 1263 (1264).*Fleischer,* GmbHR 2008, 673 (679).*Fleischer,* NZG 2011, 521 (524).; Altmeppen, in: Altmeppen/Roth, § 43 GmbHG, Rn. 9.
52 Zöllner/Noack, in: Baumbach/Hueck, et al., § 43 GmbHG, Rn. 17.
53 Der Grundsatz der Selbstorganschaft ergibt sich aus den Normen § 709 Abs. 1 BGB für die GbR und § 114 Abs. 1 HGB für die OHG.
54 *Müller,* Kartellrechtscompliance in Deutschland, 124.

Aufsichtsmaßnahmen unterläßt, die erforderlich sind, um in dem Betrieb oder Unternehmen Zuwiderhandlungen gegen Pflichten zu verhindern, die den Inhaber treffen und deren Verletzung mit Strafe oder Geldbuße bedroht ist [...]."

Mit dieser Norm soll einer erhöhten Gefahr im arbeitsteiligen Wirtschaftsleben Rechnung getragen werden. Um effizienter Wirtschaften zu können, werden Aufgaben und Pflichten delegiert. Dies hat zugleich eine Zersplitterung der Verantwortung zur Folge.[55] Hieraus entsteht wiederum eine erhöhte Gefahr für Dritte, die mithilfe einer zusätzlichen Verantwortung für Risiken aus der Arbeitsteilung kompensiert werden muss.[56] § 130 OWiG formuliert dabei einen eigenen Tatbestand und stellt nicht nur eine Zurechnungsnorm dar,[57] denn geahndet wird eine eigene Pflichtverletzung des Unternehmensinhabers. Die Zuwiderhandlung eines Mitarbeiters, die zum Beispiel in der Beteiligung an einem Kartellverstoß bestehen kann, stellt eine objektive Bedingung für die Ahndung dar.[58]

Die zu erfüllende Aufsichtspflicht muss betriebs- beziehungsweise unternehmensbezogen sein. Betrieb und Unternehmen stellen dabei zwei unterschiedliche Betrachtungsweisen von Einheiten dar. Unter einem Betrieb versteht man eine technisch-organisatorische Einheit,[59] unter einem Unternehmen eine rechtlich-wirtschaftliche Einheit, wobei einem Unternehmen ein oder mehrere Betriebe zugeordnet werden können.[60] Inhaltlich können sich betriebs- und unternehmensbezogene Pflichten überschneiden.[61] Die zu erfüllenden betriebs- und unternehmensbezogenen Pflichten werden mithilfe von Indizien ermittelt, die sich zum Beispiel aus der Organisations- und Vermögensstruktur, der Betriebsgröße und der Rechtsform ergeben.[62] Vorliegend geht es darum, inwiefern das Gesetz Anknüpfungspunkte für Compliance-Programme bietet. Da sich Compliance-Programme auf rechtliche Aspekte beziehen und organisatorische Anforderungen der Compliance nicht nur einzelne Produktionsbereiche betreffen,[63] soll der Fokus im Folgenden nur auf der Einheit „Unternehmen" und unternehmensbezogenen Pflichten liegen.

---

55 Rogall, in: KK-OWiG, Ellbogen/Senge, § 130 OWiG, Rn. 3 ff.
56 *Bosch,* Organisationsverschulden in Unternehmen, 143; *Koch,* WM 2009, 1013 (1016 f.); Gürtler, in: Göhler/Gürtler, et al., § 130 OWiG, Rn. 2.
57 *Achenbach,* in: FS Amelung, 367 (372); Rogall, in: KK-OWiG, Ellbogen/Senge, § 130 OWiG, Rn. 4.
58 *Achenbach,* in: FS Amelung, 367 (370); Gürtler, in: Göhler/Gürtler, et al., § 130 OWiG, Rn. 17.
59 *BAG,* Beschluss vom 23.09.1982 – 6 ABR 42/81, BAGE 40, 163 (165); *Hromadka/ Maschmann,* Arbeitsrecht, 66–67.
60 Rogall, in: KK-OWiG, Ellbogen/Senge, § 9 OWiG, Rn. 75 ff; *Koch,* AG 2009, 564 (567).
61 Rogall, in: KK-OWiG, Ellbogen/Senge, § 130 OWiG, Rn. 24.Teilweise wird daher auch argumentiert, dass es keinen inhaltlichen Unterschied zwischen den Begriffen Betrieb und Unternehmen gäbe, vgl. Bohnert, in: Bohnert/Krenberger, et al., § 130 OWiG, Rn. 4.
62 *Bosch,* Organisationsverschulden in Unternehmen, 148.
63 *Koch,* AG 2009, 564 (567).

Normadressat des § 130 OWiG ist der Inhaber des Unternehmens. Inhaber ist derjenige, der für die Einhaltung der Aufsichtspflichten nach §130 OWiG zu sorgen hat.[64] Neben natürlichen Personen können dies auch Gesellschaften sein. Bei juristischen Personen sind zum Beispiel nicht die Anteilseigner als Eigentümer, sondern die juristische Person selbst für die Einhaltung der unternehmensbezogenen Pflichten verantwortlich.[65] Die juristische Person als Normadressat ist jedoch weder handlungs- noch schuldfähig.[66] Dieses Problem löst § 30 Abs. 1 OWiG, indem der Gesellschaft das Verhalten eines vertretungsberechtigten Organs zugerechnet wird.

Aber nicht nur die Gesellschaft haftet für Verletzung der Aufsichtspflicht nach § 130 Abs. 1 OWiG, sondern auch ihr Vertreter. Dieser ist zwar nicht Inhaber des Unternehmens im Sinne der Norm, diese Eigenschaft wird ihm aber über § 9 OWiG zugerechnet. Damit ergeben sich Haftungsrisiken sowohl für die juristische Person als auch für deren vertretungsberechtigte Organe.

§ 130 Abs. 1 S. 2 OWiG konkretisiert nur teilweise, welche Maßnahmen zur Erfüllung der Aufsichtspflicht nach § 130 Abs. 1 S. 1 OWiG erforderlich sind. Hierzu gehört demnach die Bestellung, sorgfältige Auswahl und Überwachung von Aufsichtspersonen und Mitarbeitern.[67] Was weiterhin dazu gehört, ist im Einzelfall zu ermitteln.[68] Hierfür erfolgt ein Rückgriff auf die Unternehmenstypik, mit deren Hilfe Gefahren ermittelt werden, die abhängig sind zum Beispiel von Branche, Größe und Zusammensetzung der Mitarbeiter.[69] Die erforderlichen Maßnahmen müssen dabei zumutbar und angemessen sein.[70]

Der Regelungskomplex des § 130 Abs. 1 OWiG zusammen mit § 30 OWiG und § 9 OWiG stellt einen Sanktionstatbestand dar, der mittelbar eine Handlungspflicht setzt: Wer keine Sanktion riskieren will, muss die erforderlichen Aufsichtsmaßnahmen zur Vermeidung von Gesetzesverstößen treffen. Mittelbar gibt § 130 Abs. 1 OWiG folglich Anlass zur Einrichtung von Compliance-Maßnahmen, die sich unter Umständen zu einer ausführlichen Compliance-Organisation verdichten können.

---

64 Rogall, in: KK-OWiG, Ellbogen/Senge, § 130 OWiG, Rn. 25.
65 *ders.*, in: KK-OWiG, Ellbogen/Senge, § 130 OWiG, Rn. 25. Da § 130 OWiG alle Rechtsformen einschließt, trifft Personengesellschaften die gleiche Verantwortung. Im Folgenden wird jedoch nur auf juristische Personen Bezug genommen, die Ausführungen gelten für Personengesellschaften und natürliche Personen aber entsprechend.
66 *ders.*, in: KK-OWiG, Ellbogen/Senge, § 130 OWiG, Rn. 27.
67 *Pelz*, in: Hdb. Corporate Compliance (Rn. 18 ff.).
68 *Ransiek,* Unternehmensstrafrecht, 108; Rogall, in: KK-OWiG, Ellbogen/Senge, § 130 OWiG, Rn. 39; Gürtler, in: Göhler/Gürtler, et al., § 130 OWiG, Rn. 10.
69 *Achenbach*, in: FS Amelung, 367 (373 f.).
70 *OLG Düsseldorf,* Beschluss vom 12.11.1998 – 2 Ss (OWi) 385/98 – (OWi) 112/98 III, wistra 1999, 115 (116); Gürtler, in: Göhler/Gürtler, et al., § 130 OWiG, Rn. 12; *Pelz,* in: Hdb. Corporate Compliance (Rn. 15).

4. Weitere Rechtsgebiete

Verschiedene weitere Gesetze sehen Organisationspflichten vor, um bestimmte Risiken zu vermeiden. Die nachfolgend beschriebenen Regelungen sollen dies beispielhaft zeigen:

So findet sich im Umweltrecht gemäß § 5 Abs. 1 BImSchG die Pflicht, genehmigungsbedürftige Anlagen so zu errichten und zu betreiben, dass zur Gewährleistung eines hohen Schutzniveaus für die Umwelt die hierfür erforderlichen Maßnahmen getroffen werden. Gemäß § 52b Abs. 1 BImSchG muss eine Gesellschaft, die eine genehmigungspflichtige Anlagen betreibt, den zuständigen Behörden anzeigen, wer innerhalb der Gesellschaft dafür zuständig ist, die Pflichten wahrzunehmen, die ihm nach BImSchG und den Ausführungsnormen obliegen. Außerdem muss die Gesellschaft gemäß § 52b Abs. 2 BImSchG anzeigen, welche Maßnahmen sie trifft, um die Anforderungen von § 5 BImSchG zu erfüllen.

Gleichlautende Pflichten finden sich im Abfallrecht. Hier schreibt § 58 KrWG ebenfalls vor, dass den Behörden anzuzeigen ist, wer innerhalb der Gesellschaft für die Einhaltung der abfallrechtlichen Pflichten verantwortlich ist und welche Maßnahmen zur Einhaltung getroffen werden.

Auch das Datenschutzrecht kennt Organisationspflichten, um seine Wirksamkeit zu erhöhen. Nach § 4f BDSG muss die datenverarbeitende Stelle einen Beauftragten für Datenschutz bestellen, dessen Aufgabe es gemäß § 4g BDSG ist, auf die Einhaltung des BDSG hinzuwirken. Daneben haben datenverarbeitende Stellen nach § 9 BDSG die Pflicht, die technischen und organisatorischen Maßnahmen zu treffen, die erforderlich sind, um die Ausführung der Vorschriften des Gesetzes zu gewährleisten.

Seit dem 18.04.2016 ist die Compliance auch im GWB verortet, allerdings im Vergaberecht. Nach dem neuen § 125 Abs. 1 S. 1 Nr. 3 GWB wird ein Unternehmen, für das ein Grund zum Ausschluss vom Vergabeverfahren vorliegt, nicht ausgeschlossen, wenn es unter anderem „konkrete technische, organisatorische und personelle Maßnahmen ergriffen hat, die geeignet sind, weitere Straftaten oder weiteres Fehlverhalten zu vermeiden."

5. Zwischenfazit

Das Gesetz benutzt zwar nicht den Begriff der „Compliance", es finden sich aber Anknüpfungspunkte in vielfältigen Rechtsgebieten, die Teile des Konzeptes der Compliance aufgreifen. Auffällig ist, dass die genannten Vorschriften die Ziele und Risiken beschreiben, die durch „die erforderlichen Maßnahmen" erreicht werden sollen, aber keine konkreten Vorgaben machen, wie diese Maßnahmen auszusehen haben. Sie geben jedoch mittelbar Anlass zur Einrichtung von Compliance-Maßnahmen, im Einzelfall womöglich sogar zur Einrichtung einer ausführlichen Compliance-Organisation.

II. Funktionen der Compliance

Wichtigste Funktion der Compliance ist die Schutzfunktion.[71] Die Maßnahmen zur Haftungsvermeidung sollen neben dem Unternehmen auch alle Stakeholder[72] eines Unternehmens beschützen, darunter die Mitarbeiter, die Geschäftsleitung, die Kunden und die Gläubiger.[73] Der Schutz bezieht sich dabei nicht nur auf zivilrechtliche Haftungsrisiken und Schadensersatzansprüche, sondern auch auf straf- und bußgeldbewährte Sanktionen inklusive strafrechtlicher Verfolgung.[74]

Daneben erfüllt ein Compliance-Programm verschiedene weitere Funktionen. Zum einen werden durch das Programm Informationen und Beratung für die handelnden Mitarbeiter zur Verfügung gestellt. Denn nur wenn sie die Vorschriften kennen und Verhaltensanweisungen haben, können die Mitarbeiter ihr Verhalten an den Regeln ausrichten und so Haftungsrisiken vermeiden.[75] Dabei ist zu betonen, dass Compliance während des Wertschöpfungsprozesses stattfinden sollte und beispielsweise schon bei der Entwicklung eines neuen Produktes rechtliche Risiken beachtet werden sollten und nicht erst bei einer Kontrolle nach Abschluss dieses Prozesses.[76] Zum anderen erfüllt das Compliance-Programm eine Überwachungsfunktion, da für eine tatsächliche Risikoreduzierung erforderlich ist, dass die Umsetzung durch die Mitarbeiter auch kontrolliert wird.[77]

Darüber hinaus erfüllt das Compliance-Programm auch eine Marketing-Funktion.[78] Denn das Bekanntwerden von Regelverstößen kann zu einem Ansichtsverlust in der Öffentlichkeit führen, der sich mittelbar auch auf Geschäftsbeziehungen auswirkt.[79] Die Durchführung eines Compliance-Programmes hilft bei der Vermeidung von Imageschäden.[80] Eines der prominentesten Beispiele der letzten Jahre ist die Korruptionsaffäre der Siemens AG. Mitarbeiter der Siemens AG hatten seit den

---

71 *Kort*, NZG 2008, 81 (81).
72 Vgl. Aufzählung in 4.1.1 Deutschen Corporate Governance Kodex (DCGK), nach dem der Vorstand das Unternehmen „im Unternehmensinteresse, also unter Berücksichtigung der Belange der Aktionäre, seiner Arbeitnehmer und der sonstigen dem Unternehmen verbundenen Gruppen (Stakeholder)" leitet. Zum Begriff des Unternehmensinteresses siehe *Birke,* Das Formalziel der Aktiengesellschaft, 160 ff.
73 *Eisele/Faust*, in: Bankrechts-Handbuch, § 109 (Rn. 4); *Lösler*, NZG 2005, 104 (104).
74 *Eisele/Faust*, in: Bankrechts-Handbuch, § 109 (Rn. 4).
75 *Lösler*, NZG 2005, 104 (105).
76 *Kremer/Klahold*, ZGR 2010, 113 (126); *Lösler*, NZG 2005, 104 (105).
77 *Lösler*, NZG 2005, 104 (105).
78 *Lösler*, NZG 2005, 104 (105); *Kort*, NZG 2008, 81 (81).
79 Beispielhaft sei hier das Unternehmen Albert Ziegler GmbH & Co.KG angeführt, das durch die Teilnahme am Löschfahrzeugkartell einen Ansichtsverlust erlitt, der laut Angaben des Unternehmens auch für das Ausbleiben von Aufträgen verantwortlich war: *Albert Ziegler GmbH & Co. KG/Kübler*, ZIEGLER: Insolvenzbrand gelöscht, Schwäbischer Feuerlöschfahrzeugproduzent im Markt zurück Pressemitteilung vom 04.01.2013.
80 *Kremer/Klahold*, ZGR 2010, 113 (117).

1990er Jahren schwarze Kassen eingerichtet, aus denen Schmiergeldzahlungen bei Ausschreibungen bezahlt wurden. Dies geschah teilweise mit Wissen der Führungskräfte. Im Zusammenhang mit der Aufarbeitung seit 2006 wurde auch der Imageverlust des Unternehmens in der Presse diskutiert.[81] Reputationsverlust ist zwar nicht unmittelbar juristisch bedeutsam, kann aber für die weitere wirtschaftliche Entwicklung eines Unternehmens relevant werden[82] und ist daher für Vorstände gleichfalls zu berücksichtigen.

III. Inhaltliche und organisatorische Anforderungen

Die Anforderungen, die an Organisationspflichten eines Compliance-Systems zu stellen sind, können schon aus dem Wort „Organisations-Pflicht" abgeleitet werden. Die *Organisation* eines Unternehmens ist, abgesehen von den Vorschriften des Gesellschaftsrechts, ein Themenbereich der Betriebswirtschaftslehre, in dem es um Abläufe im Unternehmen geht. Die *Pflicht* steht für die rechtlichen Anforderungen, die sich aus dem Gesetz und anderen Vorschriften ergeben können. Die Interaktion von Betriebswirtschaftslehre und Recht ergibt somit das Korsett für Compliance-Anforderungen.[83] Die inhaltlichen Anforderungen beziehen sich vor allem auf die Ermittlung der Risikobereiche, auf das sich die Präventionsmaßnahmen beziehen sollen (1). Die Bestimmung der organisatorischen Anforderungen ist auf Grund der unternehmensspezifischen Situation schwieriger. Beispielmodelle effektiver Compliance-Programme geben hier erste Anhaltspunkte (2), aus denen sich konkrete organisatorische Anforderungen ableiten lassen (3).

1. Inhaltliche Anforderungen an Compliance

Die inhaltlichen Anforderungen an Compliance-Programme hängen von den individuellen Umständen des betroffenen Unternehmens ab.[84] Zunächst müssen die für das Unternehmen relevanten Regelungen, aus denen sich Haftungsrisiken ergeben können, ermittelt werden. Quelle hierfür ist vor allem das Gesetz, aus dem jedes Unternehmen die für sich relevanten Vorschriften extrahieren muss.

Als Beispiel seien hier enumerativ einige Rechtsgebiete benannt, aus denen sich relevante Haftungsrisiken ergeben können: Neben den schon behandelten Risiken des Kapitalmarkt- und Wertpapierhandelsrechts, können sich Haftungsrisiken im

---

81 Beispielhaft für Presseberichte über Imageschäden der SIEMENS AG: *Luther/Geil*, Ein Ende mit Schrecken, ZEIT online vom 23.03.2007; *Berghoff/Rauh*, Korruption rechnet sich nicht, F.A.Z. vom 06.02.2013.
82 *Passarge*, NZI 2009, 86 (86); *Ziegelmayer*, GRUR 2012, 761 (762).
83 *Goette*, ZHR 2011, 388 (389).
84 *OLG Düsseldorf*, Beschluss vom 22.05.1990 – 2 Ss (OWi) 144/90 – (OWi) 28/90, wistra 1991, 38 (39).

Umweltrecht, Produkthaftungsrecht, Arbeitsrecht finden.[85] Auch Verstöße gegen das Korruptionsverbot oder gegen das Kartellrecht[86] bergen signifikante Risiken.

Die Risikoanalyse ergibt für jedes Unternehmen eine andere „Beschlusslage". Eine Bank zum Beispiel, die 20.000 Mitarbeiter hat und auch auf dem internationalen Finanzmarkt tätig ist, wird in seiner Compliance-Arbeit den Schwerpunkt auf Kapitalmarkt-, Wertpapierhandels-, und Geldwäschevorschriften legen. Sie wird dabei nicht nur die deutschen Vorschriften berücksichtigen, sondern auch die Vorschriften aller anderen Jurisdiktionen, in denen sie tätig ist. Ein lokaler Bauunternehmer mit 50 Mitarbeitern wird sich eher auf die Korruptionsprävention, die Einhaltung der Sozialversicherungspflicht und die Sicherheit am Arbeitsplatz konzentrieren. Und ein Chemikalien-Lieferant mit nur drei Konkurrenten muss sich nicht nur besonders der Beachtung von Umweltvorschriften widmen, sondern auch der Analyse der Wettbewerbssituation und damit dem Kartellrecht.[87]

Compliance beschränkt sich dabei nicht auf die Einhaltung von Gesetzen. In vielen Compliance-Definitionen kann Compliance auch Vorschriften aus dem Innenrecht der Gesellschaft, wie Satzungen und die dazu gehörigen Ausführungsregeln,[88] oder *Soft Law* wie die *Principles of Corporate Governance* der OECD erfassen.[89] Der Grund für diese Erweiterung der Compliance wird deutlich, wenn man sich anschaut, in wessen Interesse das Compliance-Programm durchgeführt wird: Compliance erfolgt im Unternehmensinteresse und nicht im Allgemeininteresse.[90] Dieses wird insbesondere durch die Funktionen der Compliance deutlich, die auf das Unternehmen zentriert sind und nur mittelbar die Allgemeinheit oder andere Parteien außerhalb des Unternehmens schützen.[91] Anders kann dies bei gesetzlich vorgeschriebenen Compliance-Maßnahmen wie zum Beispiel nach § 25a KWG oder § 5 Abs. 1 BImSchG gesehen werden, da hier der Gesetzgeber explizit auch Interessen von Dritten stärken wollte.[92] Bei nicht gesetzlich angeordneten Compliance-Maßnahmen haben zwar die Allgemeinheit oder andere Dritte auch ein Interesse daran, dass sich die Unternehmen gesetzestreu verhalten. Dies soll aber im Rahmen der Selbstverwaltung der Gesellschaft und der Leitung des Vorstands mit der Pflicht zur Legalitätskontrolle nach § 76 Abs. 1 AktG sichergestellt werden. Im Fall des Versagens ist die Justiz zuständig.[93] Eine zusätzliche Kontrollinstanz im Unternehmen ist im Gesellschaftsrecht nicht vorgesehen und bisher wird hierfür auch nicht der Bedarf gesehen. Ansonsten hätte der Gesetzgeber nicht nur

---

85 Liste nach *Fleischer*, CCZ 2008, 1 (2).
86 Ausführlicher zum Kartellrecht: Teil 2 A IV.
87 Beispiele in Anlehnung an *Kremer/Klahold*, ZGR 2010, 113 (120).
88 *Goette*, ZHR 2011, 388 (390).
89 *Kort*, NZG 2008, 81 (82).
90 *Lösler*, NZG 2005, 104 (108).; *Kort*, in: FS Roth, 407 (409 f.).
91 *Lösler*, NZG 2005, 104 (108).; vgl. Teil 2 A II.
92 Für § 25a KWG ergibt sich dies aus der Präambel der Richtlinie 93/22/EWG vom 10.05.1993, ABl. L 141 vom 11.06.1993.
93 *Casper*, in: FS Schmidt, 199 (215).

Regelungen für spezifische Risiken erlassen, sondern die Pflicht zur Einrichtung eines allgemeinen Compliance-Systems eingeführt. Abgewogen werden müsste bei der Einführung einer solchen Pflicht das berechtigte Interesse der Allgemeinheit an dem gesetzeskonformen Verhalten der Unternehmen und der unternehmerischen (Organisations-) Freiheit des Unternehmers nach Art. 12 Abs. 1 S. 1 GG in Verbindung mit Art. 14 Abs. 1 GG und Art. 2 Abs. 1 GG.[94]

Im weiteren Verlauf der Arbeit soll der Zusammenhang zwischen Compliance-Programmen und den Folgen von Kartellverstößen im Mittelpunkt stehen. Bei Kartellverstößen handelt es sich um die Verletzung von (Kartell-) Gesetzen, die innenrechtliche Vorschriften unter Gesetzesrang überlagern würden. Daher soll es vorliegend beim Compliance-Begriff nur um die Einhaltung von Gesetzen gehen.

2. Beispiele von verschiedenen Institutionen für Compliance-Organisationen

Da sich jedes Unternehmen mit unterschiedlichen Risiken und Prozessen auseinandersetzen muss, bleiben wissenschaftliche Untersuchungen und Veröffentlichungen aus der Praxis notgedrungen abstrakt. Der Ermessensspielraum der Geschäftsleitung hat jedoch ein Bedürfnis nach Orientierungshilfen und Beratung geschaffen. Um diesem Bedürfnis entgegen zu kommen, wurden verschiedentlich Standards und Zertifikate für Compliance-Programme entwickelt. Unterschiedliche Institutionen, die sich mit dem Wirtschaftsleben beschäftigen oder von Unternehmen gegründet wurden, haben Richtlinien zur Compliance formuliert, so zum Beispiel die ISO,[95] die OECD[96] und sogar die UN,[97] in denen sich Merkmale einer Compliance-Organisation wiederfinden. Beispielhaft sollen hier kurz das Modell des Instituts der Wirtschaftsprüfer (IDW) (a), die Orientierungshilfe der Internationalen Handelskammer (International Chamber of Commerce, ICC) (b), und das Hamburger Compliance-Zertifikat vorgestellt werden (c). Danach wird von den Beispielen abstrahiert und untersucht, welche Elemente grundsätzlich Teil eines Compliance-Programms sein sollen.

---

94 *BAG*, Urteil vom 28.05.2009 – 8 AZR 536/08, NZA 2009, 1016 (1021 ff.); *Friauf*, DöV 1976, 624 (627 f.).*Ossenbühl*, AöR 1990, 1 (16 ff.); *Schrader/Siebert*, NZA-RR 2013, 113 (116 f.); *Pietzcker*, NVwZ 1984, 550 (553 f.); *Kort*, in: FS Roth, 407 (413).

95 *ISO*, ISO 19600:2014 Compliance Management Systems – Guidelines vom 05.12.2014; *Sünner*, CCZ 2015, 2.

96 *OECD*, Good Practice Guidance on Internal Controls, Ethics, and Compliance vom 18.02.2010.

97 *United Nations/Deloitte*, UN Global Compact Management Model.

a) Mindeststandard IDW PS 980

Seit März 2011 gibt es einen Prüfungsstandard für Compliance-Programme, der vom IDW erstellt wurde.[98] Das IDW bietet Unternehmen die externe Überprüfung von Compliance-Programmen in unterschiedlichem Umfang an. So kann ein Unternehmen nur die Überprüfung des Compliance-Konzeptes beauftragen (Auftragstyp 1), die Geeignetheit von Maßnahmen zur Verhinderung von Risiken untersuchen lassen (Auftragstyp 2) oder die Umsetzung und damit Wirksamkeit des Programmes überprüfen lassen (Auftragstyp 3).[99] Mit einer Überprüfung nach dem IDW-Standard sollen vor allem zwei Ziele verfolgt werden: Zum einen sollen Schwachstellen im bestehenden Compliance-Programm gefunden werden,[100] zum anderen eine Enthaftungsmöglichkeit durch professionellen Rat im Sinne des § 93 Abs. 1 S. 2 AktG und des § 130 Abs. 1 OWiG geschaffen werden.[101] Durch eine Konkretisierung des unbestimmten Rechtsbegriffes „gehörige Aufsicht" soll die Geschäftsleitung bei ihrer Ermessensentscheidung unterstützt werden. An diesem Punkt setzt auch die Kritik an. Da der Prüfungsstandard von Wirtschaftsprüfern angewendet werden soll, sei fraglich, inwiefern die erforderliche juristische Expertise vorliege. Denn eine betriebswirtschaftliche Prüfung könne keine Auskunft über rechtliche Fragen geben.[102] Auf der anderen Seite sieht die Berufsordnung der Wirtschaftsprüfer und der Prüfungsstandard selbst vor, dass juristische Experten an der Evaluation von Compliance-Programmen beteiligt werden, sobald dies erforderlich wird.[103] Des Weiteren ist für ein effektives Compliance-Programm die Überprüfung von betriebswirtschaftlichen Prozessen erforderlich, da sich in ihnen rechtliche Risiken verbergen können. Es gibt daher durchaus eine Berechtigung, dass sich Wirtschaftsprüfer der Frage nach einem wirksamen Compliance-Programm angenommen haben.

Schwerer wiegt die Frage, welchen Beweischarakter eine Prüfung nach dem IDW-Prüfungsstandard für die Enthaftung im Sinne des § 93 Abs. 1 S. 2 AktG und des § 130 Abs. 1 OWiG hat. Da es um die Auslegung von Rechtsbegriffen geht, erfolgt eine volle gerichtliche Überprüfung. Eine Garantie für eine Enthaftung besteht nicht.[104] Es besteht also nicht die Gefahr, dass die Evaluation nach IDW-Standard die Wirkung eines Persilscheins für die Geschäftsführung entwickeln kann. Andererseits haftet die Geschäftsführung dann nicht, wenn die Voraussetzungen der jeweiligen Enthaftungstatbestände vorliegen. Idealerweise sollten diese vom Compliance-Programm umgesetzt worden sein. Besteht Kongruenz zwischen

---

98   *IDW*, IDW Prüfungsstandard 980: Grundsätze ordnungsmäßiger Prüfung von Compliance Management Systemen.

99   *Gelhausen/Wermelt*, CCZ 2010, 208 (212).

100   *Gelhausen/Wermelt*, CCZ 2010, 208 (212).

101   *Rieder/Jerg*, CCZ 2010, 201 (202).

102   *Rieder/Jerg*, CCZ 2010, 201 (204).

103   Vgl. § 24b der Berufssatzung für Wirtschaftsprüfer und vereidigte Buchprüfer. *IDW*, IDW Prüfungsstandard 980: Grundsätze ordnungsmäßiger Prüfung von Compliance Management Systemen, 49.

104   *Rieder/Jerg*, CCZ 2010, 201 (204).

Tatbestand und Compliance-Programm, ist eine Enthaftung möglich. Der Evaluationsbericht des Wirtschaftsprüfers ist dann nicht konstitutiv für die Enthaftung, hat aber einen Beweischarakter, der durchaus nützlich für die Geschäftsführung ist.[105]

Die inhaltliche Prüfung des Compliance-Programmes umfasst beim Prüfungsstandard 980 die Bereiche Kultur, Ziele, Risiken, Programm, Organisation, Kommunikation, Überwachung und Verbesserung.[106] Da auch der Prüfungsstandard 980 die unternehmensindividuelle Situation in den Vordergrund stellt, beschränken sich die Ausführungen zu den einzelnen Teilbereichen auf einige Beispiele. So ist bei dem Grundelement „Compliance-Kultur" beispielsweise auf eine Kommunikation der Werte im Unternehmen, sowie eine Vorbildfunktion der Manager und leitenden Mitarbeiter zu achten.[107] Des Weiteren muss ein Unternehmen ein System zur Risiko-Analyse einrichten und Maßnahmen zur Erkennung und Verhinderung von Regelverstößen treffen.[108] Zu diesen Maßnahmen können ein Hinweisgebersystem und Kontrollen durch Funktionstrennung, Genehmigungsverfahren und Vier-Augen-Prinzip gehören. Daneben ist eine klare Festlegung von Zuständigkeiten und Berichtslinien erforderlich und der Einsatz von organisatorischen Hilfsmitteln wie Handbüchern und Checklisten denkbar.[109] Darüber hinaus soll das Compliance-Programm Maßnahmen zur Überwachung und Verbesserung vorsehen.

Bei der Evaluation des Compliance-Programms nach dem Prüfungsstandard wird untersucht, ob die aufgeführten Elemente beim bestehenden Programm vorliegen und inwiefern das Programm aus Sicht des Prüfers angemessen und wirksam ist.

b) Das Toolkit der International Chamber of Commerce (ICC)

Dass Compliance auch international mehr Bedeutung erhalten hat, zeigt sich durch den Versuch der ICC, ein „Compliance-Toolkit" zu formulieren.[110] Dieses Toolkit wurde am 22.04.2013 erstmals in englischer Sprache veröffentlicht, am 15.10.2014 folgte die deutschsprachige Fassung. Es begrenzt die vorgestellten Maßnahmen auf den Bereich des Kartellrechts und soll sowohl größeren als auch kleineren und mittleren Unternehmen (KMU) eine Hilfe bei der Erstellung von Compliance-Programmen sein, diesen gleichsam „Tipps und Orientierungshilfe" bieten.[111] Verfasst

---

105 *Busekist/Hein*, CCZ 2012, 41 (42); *Sünner*, CCZ 2015, 2 (3); *Rieder/Falge*, BB 2013, 778 (779).

106 *IDW*, IDW Prüfungsstandard 980: Grundsätze ordnungsmäßiger Prüfung von Compliance Management Systemen, Rn. 23.

107 *IDW*, IDW Prüfungsstandard 980: Grundsätze ordnungsmäßiger Prüfung von Compliance Management Systemen, Rn. A14 ff.

108 *IDW*, IDW Prüfungsstandard 980: Grundsätze ordnungsmäßiger Prüfung von Compliance Management Systemen, Rn. A16-A17 ff.

109 *IDW*, IDW Prüfungsstandard 980: Grundsätze ordnungsmäßiger Prüfung von Compliance Management Systemen, Rn. A18-A19 ff.

110 *ICC*, Das ICC Toolkit zur kartellrechtlichen Compliance., abrufbar unter http://www.iccwbo.org/advocacy-codes-and-rules/document-centre/.

111 *ICC*, Das ICC Toolkit zur kartellrechtlichen Compliance, 8.

wurde das Toolkit dabei vor allem von Unternehmensjuristen und von Anwälten, die Unternehmen beraten. Es spiegelt daher insbesondere Erfahrungswerte und bewährte Praktiken wieder.[112] Verbindliche Vorgaben oder vertiefte rechtliche Diskussionen sind nicht Ziel des Toolkit. Außerdem wird betont, dass jedes Unternehmen die für sich passenden Elemente herausfinden muss, da Compliance nur mit unternehmensspezifisch angepassten Maßnahmen effizient sei.[113]

Laut Toolkit soll ein Compliance-Programm integraler Bestandteil der Unternehmenskultur sein und durch alle Hierarchien mit einer Vorbildhaltung der jeweiligen übergeordneten Hierarchie („tone from the top") weitergegeben werden.[114] Die Organisation des Compliance-Programms soll konkret bestimmten Mitarbeitern zugewiesen und ein effizientes Berichterstattungssystem eingerichtet werden.[115] Das Unternehmen muss außerdem die relevanten (Kartellrechts-) Risiken ermitteln und in sein Risikomanagementsystem einbeziehen.[116] Des Weiteren wird vorgeschlagen, das erforderliche Wissen um Kartellrechtscompliance in regelmäßigen Schulungen und aktualisierten Handbüchern an die einzelnen Mitarbeiter zu vermitteln.[117] Abgerundet wird das Compliance-Programm durch ein Meldesystem für Verstöße oder Unsicherheiten,[118] sowie Maßnahmen zur Überwachung und Umsetzung der erstellten Regeln, inklusive Sanktionen.[119]

Auffällig ist, dass Tipps und Hinweise meist allgemein gehalten sind und vielfach betont wird, dass die individuelle Situation des Unternehmens der Ausgangspunkt für alle Maßnahmen ist. Das Problem bei dem Versuch, eine Orientierungshilfe für Compliance-Programme zu geben, wird hier deutlich: Durch rechtliche und wirtschaftliche Freiheiten ist die Ausgangsbasis in den verschiedenen Unternehmen sehr vielfältig. Anders als der Prüfungsstandard 980 des IDW, hat das Toolkit der ICC keine Standardisierung der Compliance-Programme zum Ziel, so dass eine Betonung der individuellen Umstände erforderlich ist. Es wird sich zeigen, inwiefern das Toolkit tatsächlich als Hilfsmittel für Unternehmen von Nutzen sein wird.

c) Hamburger Compliance-Modell

Eine andere Zielrichtung verfolgt das Hamburger Compliance-Modell, in dessen Rahmen ebenfalls ein Compliance-Standard formuliert wird. Im Dezember 2013 wurde in Hamburg durch Gesetz ein Register zum Schutz fairen Wettbewerbs

---

112   *ICC,* Das ICC Toolkit zur kartellrechtlichen Compliance, 9.
113   *ICC,* Das ICC Toolkit zur kartellrechtlichen Compliance, 12.
114   *ICC,* Das ICC Toolkit zur kartellrechtlichen Compliance, 17 ff.
115   *ICC,* Das ICC Toolkit zur kartellrechtlichen Compliance, 24 ff.
116   *ICC,* Das ICC Toolkit zur kartellrechtlichen Compliance, 31 ff.
117   *ICC,* Das ICC Toolkit zur kartellrechtlichen Compliance, 42 ff.
118   *ICC,* Das ICC Toolkit zur kartellrechtlichen Compliance, 50 ff.
119   *ICC,* Das ICC Toolkit zur kartellrechtlichen Compliance, 50 ff.

eingeführt.[120] In dieses Register sollen unzuverlässige juristische und natürliche Personen eingetragen werden, um Behörden in Vergabeverfahren bei der Auswahl zuverlässiger Bieter zu unterstützen.[121] Das Gesetz sieht in § 12 Abs. 1 S. 2 GRfW vor, dass bei Personen und Unternehmen, die nachweisen können, dass sie ein Compliance-Programm eingerichtet haben, auf die Registeranfrage verzichtet werden kann. Dieser Nachweis kann durch ein Compliance-Zertifikat erbracht werden. Hier setzt das Compliance-Modell der Handelskammer Hamburg an, die zusammen mit dem Verein Pro Honore e.V. ein Zertifikat für einen Compliance-Standard entwickelt hat.

Bei der Evaluation für das Zertifikat soll herausgefunden werden, ob ein Unternehmen die Voraussetzungen des Compliance-Standards erfüllt. Erstes und wichtigstes Element des Compliance-Standards ist die Risikoanalyse, mit der die individuellen Unternehmensstrukturen erfasst und auf mögliche Risiken untersucht werden sollen.[122] Des Weiteren ist es laut Standard erforderlich, dass ein Mitarbeiter als Compliance-Verantwortlicher beauftragt wird und eine angemessene Schulung sowie hierarchische Stellung erhält.[123] Ob dafür eine eigene Stelle oder ein eigenes Ressort geschaffen wird, oder ob ein Mitarbeiter diese Aufgabe zusätzlich zu anderen erledigen kann, soll dabei von der Größe und Struktur des Unternehmens abhängen.[124] Daneben müsse es eine angemessene Dokumentation der Compliance-Organisation und regelmäßige Berichte über deren Arbeit geben.[125] Außerdem sei die Beauftragung einer externen Hinweisgeberstelle erforderlich, um Hinweise auf Regelverstöße oder andere Compliance-Defizite zu erhalten, ohne dass die Hinweisgeber Angst vor arbeitsrechtlichen Sanktionen haben müssten.[126] Damit das Compliance-Programm umgesetzt werden könne, komme es auf die Kenntnis der Geschäftsleitung und der Mitarbeiter von den rechtlichen Risiken und den entsprechend anzuwendenden Präventionsmaßnahmen an. Wie diese Kenntnis vermittelt werde, stehe im Ermessen des Unternehmens. Denkbar seien zum Beispiel die Durchführung von Schulungen und Gruppengesprächen, in denen Mitarbeiter ihre Erfahrungen austauschen könnten.[127] Im Anschluss an diese – laut Handbuch des Zertifikats – „Grundstruktur"[128], folgen einige Maßnahmen, die zum Schutz vor Verstößen in bestimmten Rechtsgebieten getroffen werden müssten, zum Beispiel

---

120   Gesetz zur Einrichtung eines Registers zum Schutz fairen Wettbewerbs (GRfW) vom 17.09.2013, HmbGVBl. 2013.

121   § 1 Gesetz zur Einrichtung eines Registers zum Schutz fairen Wettbewerbs (GRfW) vom 17.09.2013, HmbGVBl. 2013, 1.

122   *Handelskammer Hamburg/Pro Honore e.V.,* Hamburger Compliance-Modell, 10.

123   *Handelskammer Hamburg/Pro Honore e.V.,* Hamburger Compliance-Modell, 9.

124   *Handelskammer Hamburg/Pro Honore e.V.,* Hamburger Compliance-Modell, 11.

125   *Handelskammer Hamburg/Pro Honore e.V.,* Hamburger Compliance-Modell, 9.

126   *Handelskammer Hamburg/Pro Honore e.V.,* Hamburger Compliance-Modell, 11.

127   *Handelskammer Hamburg/Pro Honore e.V.,* Hamburger Compliance-Modell, 12.

128   *Handelskammer Hamburg/Pro Honore e.V.,* Hamburger Compliance-Modell, 9.

die Erstellung von Richtlinien bezüglich des Umgangs mit Geschenken bei der Korruptionsprävention.[129]

Gegenstand der Zertifizierung sind mit der Überprüfung der Konzeption, Angemessenheit und Effektivität des Compliance-Programmes jedoch nur unternehmensinterne Prozesse. Nicht untersucht wird, ob Regelverstöße begangen wurden oder ob sich der Zertifizierte bisher rechtstreu verhalten hat.[130] Hier setzt auch die Kritik am Hamburger Compliance-Zertifikat an. Denn das Zertifikat prüft nicht, ob die erforderlichen Maßnahmen tatsächlich im Betrieb umgesetzt werden. Vielmehr basiert das Zertifikat auf der Evaluierung der Angaben des Unternehmens. Gespräche mit Mitarbeitern sind zum Beispiel nur optional.[131] Die fehlende Wirksamkeitsprüfung ist daher das größte Defizit, was die Beweiskraft des Zertifikates angeht.[132] Bei der Diskussion um Weiterentwicklung und Verbesserung des Zertifikates wird ein Schwerpunkt auf dieser Frage liegen.

3. Abstraktion: Allgemeine Anforderungen an Compliance-Programme

Auch wenn jedes Unternehmen individuell bestimmen muss, welche Compliance-Maßnahmen erforderlich sind, so gibt es doch Anforderungen, die allen Compliance-Programmen gemein sind. Aus den Beispielen lassen sich einige dieser Elemente abstrahieren. Die Grundlagen für die organisatorischen Anforderungen ergeben sich zum einen aus – soweit vorhanden – konkreten gesetzlichen Vorgaben, aus der konkretisierenden Rechtsprechung zu § 130 OWiG und § 93 Abs. 2 AktG, sowie aus organisationstheoretischen Überlegungen. Welche Maßnahmen konkret getroffen werden, liegt im unternehmerischen Ermessen des Vorstands.[133] Die wichtigsten Elemente, die auch von allen Beispielsmodellen angeführt werden, sind die Standortbestimmung (a), sowie Information (b), Überwachung (c) und Sanktion (d).

a) Vorbereitung/Standortbestimmung

Zuerst muss bestimmt werden, mit welchen Risiken sich das Unternehmen auseinanderzusetzen hat. Es müssen also Risikobereiche ermittelt und hinsichtlich der Eintrittswahrscheinlichkeit sowie möglicher Schadenshöhe bewertet werden.[134] Soweit es um Haftungsrisiken aus gesetzlichen Vorschriften geht, kann auf das zur inhaltlichen Compliance Ausgeführte verwiesen werden.[135] Weitere Faktoren können die Branche des Unternehmens sein, seine geografische Präsenz oder, ob

---

129 *Handelskammer Hamburg/Pro Honore e.V.,* Hamburger Compliance-Modell, 14.

130 *Handelskammer Hamburg/Pro Honore e.V.,* Hamburger Compliance-Modell, 3.

131 *Handelskammer Hamburg/Pro Honore e.V.,* Hamburger Compliance-Modell, 7.

132 *Withus,* CCZ 2014, 234 (236).

133 *Reichert/Ott,* ZIP 2009, 2173 (2174); *Dreher,* in: FS Hüffer, 161 (172).

134 *Bachmann,* in: Gesellschaftsrecht in der Diskussion 2007, 65 (81); *Busekist/Schlitt,* CCZ 2012, 86 (88).

135 Siehe Teil 2 A III 1.

es in der Vergangenheit Verstöße gegeben hat.[136] Die Standortbestimmung umfasst daher neben der Analyse von materiellen Vorschriften, auch die Erfassung von risikoanfälligen Strukturen im Betrieb.[137]

Schon in diesem Stadium sollte die Geschäftsführung beziehungsweise der Vorstand in die Erarbeitung und Umsetzung des Compliance-Konzeptes eingebunden werden. Die Beteiligung des Vorstandes erfolgt wegen der Leitungspflicht nach § 76 Abs. 1 AktG schon aus Eigeninteresse.[138] Darüber hinaus hat der Vorstand eine Vorbildfunktion. Mitarbeiter sind eher geneigt, Compliance-Vorschriften zu befolgen, wenn ihnen dies von ihren Vorgesetzten vorgelebt wird (sogenannter „Top-Down-Approach" oder „Tone from the Top").[139]

b) Umsetzung: Information und Kommunikation

Sind die Risikobereiche ermittelt, muss bei den Mitarbeitern ein Bewusstsein für diese geschaffen werden.[140] Denn es sind die Mitarbeiter, die bei ihrem alltäglichen Handeln mit den Risiken für das Unternehmen konfrontiert werden und gegebenenfalls Rechtsverletzungen begehen. Dafür muss zunächst ermittelt werden, welche Mitarbeiter mit den verschiedenen Risikobereichen in Berührung kommen. Üblicherweise sind dies vor allem Mitarbeiter in den Funktionen Vertrieb, Einkauf sowie in denjenigen technischen Abteilungen, die mit dem Vertrieb und dem Einkauf zusammenarbeiten.[141] Dabei kann ein Verstoß auch durch Unwissenheit über die rechtlichen Verpflichtungen des Unternehmens erfolgen.[142] Nicht immer ist es für Nicht-Juristen einfach, die rechtliche Zulässigkeit eines Verhaltens zu beurteilen, auch wenn dies häufig unterstellt wird.[143] Um dies zu vermeiden, müssen Mitarbeiter über unternehmensspezifische Gefahren aufgeklärt, ihnen rechtliche Anforderungen erklärt und Handlungsanweisungen mitgegeben werden.[144] Üblicherweise geschieht dies auf zwei Wegen: Die betroffenen Mitarbeiter werden zur regelmäßigen Teilnahme an Schulungen eingeladen, beziehungsweise hierzu verpflichtet, und erhalten zudem ein unternehmensinternes Handbuch, in dem Compliance-Regeln und Handlungsanweisungen verschriftlicht sind.[145]

---

136 Faktoren in Anlehnung an *Merkt*, ZIP 2014, 1705 (1709 f.).
137 *Lampert*, BB 2002, 2237 (2240); *Lampert*, in: Hdb. Corporate Compliance, § 9 (Rn. 8).
138 Siehe Teil 2 A I 2 a).
139 *Reichert/Ott*, ZIP 2009, 2173 (2176); *Burg*, J Bus Ethics 2009, 665 (677); *Lampert*, in: Hdb. Corporate Compliance, § 9 (Rn. 9 ff.); *Bussmann*, in: FS Achenbach, 57 (67 ff.); *Bicker*, AG 2012, 542 (546).
140 *Hauschka*, in: Gesellschaftsrecht in der Diskussion 2007, 51 (60); *Lampert*, in: Hdb. Corporate Compliance, § 9 (Rn. 27).
141 *Kremer/Klahold*, ZGR 2010, 113 (130 f.).
142 *Bürkle*, BB 2005, 565 (566).
143 *Kremer/Klahold*, ZGR 2010, 113 (128).
144 *Liese*, BB 2008, 17 (21); *Kremer/Klahold*, ZGR 2010, 113 (128 f.); *Meier-Greve*, BB 2009, 2555 (2556).
145 *Lampert*, in: Hdb. Corporate Compliance, § 9 (Rn. 19 ff.).

c) Umsetzung: Überwachung und Kontrolle

Da Compliance ein kontinuierlicher Prozess ist,[146] muss die Umsetzung der erarbeiteten Compliance-Regeln stetig überwacht werden. So hat es die Rechtsprechung im Rahmen des § 130 OWiG als erforderliche Maßnahme angesehen, dass wiederkehrende, möglicherweise auch unangekündigte Stichproben vorgenommen werden.[147]

Wie beschrieben liegen Leitungspflicht und Compliance nach § 76 Abs. 1 AktG in der Gesamtverantwortung des Vorstandes. Der Vorstand kann sich zwar nicht von dieser Gesamtverantwortung befreien. Er kann aber festlegen, welchem Vorstandsmitglied das Ressort „Compliance" zur Durchführung der Compliance-Maßnahmen zugewiesen wird.[148] Es kann also keine vollständige Delegation der Verantwortung, aber eine Delegation der Ausführung geben.[149] Der Vorstand kann auch entscheiden, ob er einen Mitarbeiter zum Compliance-Beauftragten, auch Compliance-Officer genannt, ernennt, der sich um die Umsetzung des Compliance-Programmes kümmert.[150] Entscheidet sich der Vorstand, die Überwachung der Einhaltung der Compliance-Regeln einem speziellen Mitarbeiter zu übertragen, so verbleibt beim Vorstand die Pflicht zur Überwachung dieses Mitarbeiters, auch Meta-Überwachung genannt.[151] Diese bezieht sich dann mit auf die ordnungsgemäße Auswahl und Überwachung des ernannten Mitarbeiters.[152] Es kommt folglich niemals zu einer vollständigen Delegation der Legalitätskontrollpflicht.[153] Ein Restrisiko für eine Haftung des Vorstands für Compliance-Verstöße bleibt stets bestehen.

Der Compliance-Beauftrage kann außerdem als Anlaufstelle dienen, wenn Mitarbeiter in einem konkreten Fall zweifeln, wie zu handeln sei, und Beratung brauchen. In diesem Zusammenhang tauchen häufig die Stichworte „Whistleblowing" bzw. „Hinweisgebersystem" auf.[154] Ein Unternehmen kann überlegen, ob es nicht nur eine Beratungsstelle einrichtet, sondern auch eine Anlaufstelle, bei der kritische Vorgänge gemeldet werden können. Dadurch erhält das Unternehmen intern schnell und vertraulich Kenntnis von möglichen Verstößen und kann gegen diese vorgehen. Gleichzeitig muss jedoch vorgebeugt werden, dass es zu einer Kultur des Denunzierens kommt.[155]

---

146   *Liese*, BB 2008, 17 (22).

147   *BGH*, Beschluss vom 24.03.1981 – KRB 4/80 Revisionsabteilung, wistra 1982, 34 (35). Vgl. auch Teil 2 A I 3.

148   *Kremer/Klahold*, ZGR 2010, 113 (125).

149   *Bicker*, AG 2012, 542 (546).

150   *Lampert*, in: Hdb. Corporate Compliance, § 9 (Rn. 14 ff.); *Kort*, in: FS Roth, 407 (410); *Wolf*, BB 2011, 1353 (1356 ff.); *Casper*, in: FS Schmidt, 199.

151   *Meier-Greve*, BB 2009, 2555 (2556).

152   *Rodewald/Unger*, BB 3/2006, 113 (115); *Kort*, in: FS Roth, 407 (409).

153   Vgl. *OLG Düsseldorf*, Beschluss vom 24.04.1991 – 5 Ss (OWi) 322/90 – (OWi) 79/90 III Grenzspediteur, wistra 1991, 275. Für das Bankenaufsichtsrecht: *Lösler*, NZG 2005, 104 (107).

154   *Lampert*, in: Hdb. Corporate Compliance, § 9 (Rn. 35).

155   *Lampert*, in: Hdb. Corporate Compliance, § 9 (Rn. 35); *Kort*, in: FS Roth, 407 (412).

Für die Umsetzung des Compliance-Programms ist es essentiell, dass ein wirksamer Informationsfluss erreicht wird, sowohl von oben nach unten als auch von unten nach oben.[156] Hierzu gehört ein genau beschriebenes Berichtssystem. Nur so kann gewährleistet sein, dass Gefahren erkannt und präventive Maßnahmen eingeleitet werden.[157]

Die Struktur des Compliance-Programmes und alle getroffenen Umsetzungsmaßnahmen sollten dokumentiert werden.[158] Bei längerfristigen Vorgängen können damit gefährliche Entwicklungen besser erkannt werden. Außerdem hilft die Dokumentation beim Vorbringen entlastender Tatsachen,[159] zum Beispiel in Verfahren gegen Vorstandsmitglieder nach § 130 Abs. 1 OWiG in Verbindung mit § 9 Abs. 1 OWiG oder nach § 93 Abs. 2 AktG.

d) Umsetzung: Sanktion

Damit das Compliance-Programm nicht nur auf dem Papier besteht, sondern tatsächlich seine Funktion der Haftungsminimierung erfüllt, muss sich das Unternehmen überlegen, welche Sanktionen es für Verstöße verhängt. Verstößt ein Mitarbeiter gegen Compliance-Regeln, setzt er das Unternehmen einem hohen Haftungsrisiko aus. Sanktionen bei Missachtung der Compliance-Vorgaben können aus disziplinarischen Maßnahmen bestehen, aber auch aus arbeitsrechtlichen Konsequenzen[160] und der Geltendmachung von Schadensersatzansprüchen.[161]

4. Zusammenfassende Betrachtung

Das wachsende Bewusstsein für Anforderungen an Compliance-Maßnahmen führt zu vielfältigen Ausgestaltungsüberlegungen. Es lassen sich Überschneidungen feststellen, ohne dass sich bisher ein verbindlicher Standard etablieren konnte. Es bleibt damit bei Einzelfallentscheidungen der Gerichte, durch die die Anforderungen an Compliance-Maßnahmen konkretisiert werden. Der Vorstoß verschiedenster Institutionen, Compliance-Modelle zu entwickeln, insbesondere das Hamburger Compliance-Modell, lässt aber erwarten, dass sich der Gesetzgeber ebenfalls mit der Thematik auseinandersetzen wird.

---

156   *Rodewald/Unger*, BB 3/2006, 113 (113 f.); *Lösler*, NZG 2005, 104 (108); *Kort*, in: FS Roth, 407 (411 f.).

157   *Schneider*, ZIP 2003, 645 (650); *Meier-Greve*, BB 2009, 2555 (2556).; *Lampert*, in: Hdb. Corporate Compliance, § 9 (Rn. 16); *Kort*, in: FS Roth, 407 (412); *Kiethe*, GmbHR 2007, 393 (399); *Rodewald/Unger*, BB 3/2006, 113 (114).

158   *Kiethe*, GmbHR 2007, 393 (399); *Goette*, ZHR 2011, 388 (397); *Rodewald/Unger*, BB 3/2006, 113 (115).

159   *Kiethe*, GmbHR 2007, 393 (399).*Lampert*, in: Hdb. Corporate Compliance, § 9 (Rn. 34); *Reichert/Ott*, ZIP 2009, 2173 (2176); *Rodewald/Unger*, BB 3/2006, 113 (115).

160   *Liese*, BB 2008, 17 (22); *Reichert/Ott*, ZIP 2009, 2173 (2179).

161   *Reichert/Ott*, ZIP 2009, 2173 (2179).

IV. Übertragung der Anforderungen auf das Kartellrecht

Dem Kartellrecht kommt bei der Compliance eine besondere Bedeutung zu, da ein Verstoß zu weitreichenden Konsequenzen führen kann. Diese werden nachfolgend dargestellt (1) und sodann überlegt, ob sich aus dem Kartellrecht besondere Anforderungen an die organisatorische Gestaltung der Compliance-Maßnahmen ergeben (2).

1. Besondere Motivation zur Kartellrechtscompliance

a) Der Tatbestand des Kartellverbots

Das Kartellrecht soll den Wettbewerb schützen, indem es einige Verhaltensweisen verbietet, die diesen beeinträchtigen.[162] Art 101 AEUV sowie sein Pendant auf nationaler Ebene, § 1 GWB, verbieten Vereinbarungen zwischen Unternehmen, die zu einer Beeinträchtigung des Wettbewerbs führen. Hierzu zählen sowohl horizontale als auch vertikale Vereinbarungen. Bei horizontalen Vereinbarungen handelt es sich um Absprachen zwischen Unternehmen, die auf demselben Markt und derselben Marktstufe tätig sind, sodass sie – wenn auch nur potenziell – in einem Wettbewerbsverhältnis zueinander stehen.[163] Beispiele für horizontale Vereinbarungen sind Absprachen über die Aufteilung von Gebieten[164] oder über Preise.[165] Vertikale Vereinbarungen hingegen werden von Unternehmen getroffen, die auf unterschiedlichen Wirtschaftsstufen tätig sind.[166] Verboten sind hier beispielsweise Exklusivitätsvereinbarungen und Preisbindungen.[167] Der andere Komplex, der vom

---

162 Bechtold, in: Bechtold, Einführung GWB, Rn. 50.
163 Bechtold, in: Bechtold, § 1 GWB, Rn. 48; Zimmer, in: Immenga/Mestmäcker, Art. 101 Abs. 1 AEUV, Rn. 230.
164 Für das EU-Recht: Vgl. Fallbeispiel des Art. 101 Abs. 1 lit. c) AEUV, *EuGH*, Urteil vom 16.12.1975 – C-40/73, ECLI:EU:C:1975:174 Suiker Unie, Slg. 1975, II-1663 (Rn. 145); Zimmer, in: Immenga/Mestmäcker, Art. 101 Abs. 1 AEUV, Rn. 242 ff. Für das deutsche Recht: *BGH*, Beschluss v. 26.02.2013 vom 26.02.2013 – KRB 20/12 Grauzement, NJW 2013, 1972.Zimmer, in: Immenga/Mestmäcker, et al., § 1 GWB, Rn. 225 ff.
165 Für das EU-Recht: Vgl. Fallbeispiel des Art. 101 Abs. 1 lit. a) AEUV, *EuG*, Urteil vom 14.05.1998 – T-295/94, ECLI:EU:T:1998:88 Kartonkartell, Slg. 1998, II-813 (Rn. 78 ff.).Zimmer, in: Immenga/Mestmäcker, Art. 101 Abs. 1 AEUV, Rn. 233 ff. Für das deutsche Recht: *BGH*, Beschluss vom 19.06.2007 – KRB 12/07 Papiergroßhandel, NJW 2007, 3792.*OLG Düsseldorf*, Urteil vom 10.02.2014 – 4 Kart 5/11 (OWi) Kaffeeröstereien, GWR 2015, 15.Krauß, in: Bunte/Langen, et al., § 1 GWB, Rn. 126 ff; Zimmer, in: Immenga/Mestmäcker, et al., § 1 GWB, 209 ff.
166 Bechtold, in: Bechtold, § 1 GWB, Rn. 61; *EuGH*, Urteil vom 13.07.1966 – C-56/64, ECLI:EU:C:1966:41 Consten/Grundig, Slg. 1966, II-325 (387); Emmerich/Zimmer, in: Immenga/Mestmäcker, Art. 101 Abs. 1 AEUV, Rn. 230 ff.
167 Für das EU-Recht: *EuGH*, Urteil v. 06.04.1962 vom 06.04.1962 – C-13/61, ECLI:EU:C:1962:11 de Geus, Slg. 1962, II-105 (115); *EuGH*, Urteil vom 13.07.1966 –

Kartellrecht im engeren Sinne umfasst wird,[168] ist das Verhalten von Unternehmen mit marktbeherrschender Stellung. So verbieten Art. 102 AEUV und seine nationalen Pendants § 18 und § 19 GWB, dass Unternehmen mit einer starken Position im Markt diese dazu benutzen, andere Wettbewerber zu beeinträchtigen oder den Eintritt von neuen Wettbewerbern zu verhindern. Ein Unternehmen hat dann eine beherrschende Stellung, wenn es die Fähigkeit hat, einen wirksamen Wettbewerb auf dem fraglichen Markt zu verhindern.[169] Die beherrschende Stellung wird in zwei Schritten ermittelt:[170] Zuerst wird der relevante Markt in räumlicher, zeitlicher und sachlicher Hinsicht abgegrenzt. Danach wird der Beherrschungsgrad des Unternehmens ermittelt. Größtes Kriterium ist der Marktanteil, aber auch andere Merkmale werden herangezogen, wie zum Beispiel die Marktstruktur und das Verhalten des Unternehmens auf dem jeweiligen Markt. Im deutschen Recht wird gemäß § 18 Abs. 4 GWB bei einem Marktanteil von 40% vermutet, dass eine marktbeherrschende Stellung besteht. Im europäischen Recht wurde auf eine ähnliche Vermutungsregelung verzichtet, um eine dynamische Auslegung des Begriffs „beherrschende Marktstellung" zu ermöglichen.[171] Wann der Missbrauch einer marktbeherrschenden Stellung vorliegt, wird sowohl in der europäischen als auch in der nationalen Norm mit Regelbeispielen angegeben, darunter beispielsweise die willkürliche Diskriminierung von Vertragspartnern.

C-56/64, ECLI:EU:C:1966:41 Consten/Grundig, Slg. 1966, II-325 (387); Emmerich/ Zimmer, in: Immenga/Mestmäcker, Art. 101 Abs. 1 AEUV, Rn. 274 ff. Für das deutsche Recht: *BGH*, Urteil vom 15.03.1973 – KZR 11/72 Bremsrolle, BGHZ 60, 312; *BKartA*, Entscheidung vom 25.09.2009 – B 3 – 123/08 Kontaktlinsen; *BKartA*, Entscheidung vom 25.04.2007 – B 7 – 42/06 Haushaltskleingeräte; Zimmer, in: Immenga/Mestmäcker, et al., § 1 GWB, Rn. 318.

168 Zum Kartellrecht im engeren Sinne sollen hier sowohl Verstöße gegen Art. 101 AEUV bzw. § 1 GWB und gegen Art. 102 AEUV bzw. §§ 18f. GWB gelten. Je nach verwendeter Terminologie, wird zum Kartellrecht aber auch die Fusionskontrolle gerechnet. Diese soll präventiv verhindern, dass Märkte durch Unternehmenszusammenschlüsse beschränkt werden, indem Unternehmenszusammenschlüsse bei den Kartellbehörden angemeldet und genehmigt werden müssen. Vgl. Verordnung (EG) Nr. 139/2004 vom 20.01.2004, Abl. L 24 vom 29.01.2004.; Siebter Abschnitt des GWB (§ 35 GWB ff.). Vorliegend soll es jedoch nur um Verstöße gegen Kartellrecht im engeren Sinn gehen.

169 *EuGH*, Urteil vom 16.12.1975 – C-40/73, ECLI:EU:C:1975:174 Suiker Unie, Slg. 1975, II-1663 (Rn. 456 ff.); *EuGH*, Urteil vom 14.02.1978 – C-27/76, ECLI:EU:C:1978:22 United Brands, Slg. 1978, II-209 (Rn. 63 ff.).

170 *EuG*, Urteil vom 06.07.2000 – T-02/98, ECLI:EU:T:2000:180 Volkswagen, Slg. 2000, II-2707 (Rn. 230).Fuchs/Möschel, in: Immenga/Mestmäcker, Art. 102 AEUV, 42; *Kommission*, Mitteilung zu Art. 102 AEUV, Abl. C 45 vom 24.02.2009, Rn. 9 ff.

171 Fuchs/Möschel, in: Immenga/Mestmäcker, Art. 102 AEUV, 73 f.

b) Sanktionen

Die europäischen und deutschen Tatbestände der Kartellverbote sind auf Grund der europarechtskonformen Auslegung inhaltlich weitgehend gleich.[172] Hinsichtlich der Rechtsfolgen unterscheiden sich die beiden Kartellrechtsregime jedoch teilweise erheblich. Zurück zu führen ist dies vor allem auf die fehlende Kompetenz der EU bei der Sanktionierung von Individuen im Kartellrecht[173] und auf eine unterschiedliche Anwendung des Rechtsträgerprinzips.

(1) Zivilrechtliche Sanktionen für das Unternehmen

Zivilrechtlich sind die Rechtsgeschäfte, mit denen Kartellanten gegen Kartellrecht verstoßen, nichtig. Dies ergibt sich direkt aus Art. 101 Abs. 2 AEUV[174] und für die übrigen Kartellnormen aus § 134 BGB in Verbindung mit dem jeweiligen Kartellgesetz als Verbotsgesetz.[175]

Dritte, die durch ein Kartell geschädigt werden, können für erlittene Schäden Ersatz verlangen. Dies ergab sich bisher aus § 33 Abs. 3 GWB. Das EU-Recht sieht keine entsprechende Norm vor, so dass sich Kartellschadensersatzansprüche grundsätzlich nach dem nationalen Recht richten. Das deutsche Recht sieht ausdrücklich auch Schadensersatzansprüche bei Verstößen gegen EU-Kartellrecht vor, indem

---

172 Für die Anwendung des EU-Kartellrechts ist zusätzlich erforderlich, dass ein zwischenstaatlicher Sachverhalt vorliegt, vgl. 101 Abs. 1 AEUV bzw. Art. 102 Abs. 1 AEUV: „[...] Handel zwischen Mitgliedstaaten zu beeinträchtigen". Dann wird der Vorrang des EU-Rechts ausgelöst. Vgl. auch § 22 GWB und Art. 3 VO 1/2003; *RegE*, Entwurf eines Siebten Gesetzes zur Änderung des Gesetzes gegen Wettbewerbsbeschränkungen, BT-Drucks. 15/3640, 46 f; *BGH*, Urteil vom 23.06.2009 – KZR 58/07 Gratiszeitung Hallo, ZIP 2009, 2263 (2264 f.); Bechtold, in: Bechtold, Einführung GWB, Rn. 87.

173 Adressat der Art. 101 und Art. 102 AEUV sind „Unternehmen". Auf Grund des Prinzips der begrenzten Einzelermächtigung der EU nach Art. 5 Abs. 1 und Abs. 2 EUV, können Geldbußen auch nur gegen diese verhängt werden. Eine Ermächtigung für die Verhängung von Sanktionen gegen natürliche Personen bzw. Individuen ergibt sich auch nicht aus Art. 103 Abs. 2 a) AEUV, der sich bezüglich des Adressaten an Art. 101 und Art. 102 AEUV orientiert. Dies wird auch deutlich durch Art. 23 Abs. 5 VO 1/2003, in dem klar gestellt wird, dass Bußgeldentscheidungen „keinen strafrechtlichen Charakter" hätten. Vgl. *EuGH*, Urteil vom 23.10.2007 – C-440/05, ECLI:EU:C:2007:625 Kommission / Rat, Slg. 2007, I-9128 (Rn. 66).; Dannecker/ Biermann, in: Immenga/Mestmäcker, Art. 23 VO 1/2003, Rn. 328.

174 Schmidt, in: Immenga/Mestmäcker, Art. 101 Abs. 2 AEUV, Rn. 2.

175 Bzgl. Art. 102 AEUV vergleiche Fuchs/Möschel, in: Immenga/Mestmäcker, Art. 102 AEUV, Rn. 415 ff. Bzgl. § 1 GWB vergleiche Bechtold, in: Bechtold, § 1 GWB, Rn. 90. Für eine direkte Herleitung der Nichtigkeit aus § 1 GWB: Zimmer, in: Immenga/Mestmäcker, et al., § 1 GWB, Rn. 184. Bzgl. § 19 GWB, vergleiche Fuchs, in: Immenga/Mestmäcker, et al., § 19 GWB, Rn. 78; Bechtold, in: Bechtold, § 19 GWB, Rn. 99.

der bisherige § 33 Abs. 3 in Verbindung mit § 33 Abs. 1 GWB auf Verstöße nach Art. 101 und Art. 102 AEUV verwies. Auf Grund der vielen verschiedenen nationalen Rechtsregime für die Durchsetzung von Kartellschadensersatzansprüchen hat die EU eine Richtlinie erlassen, mit der die Durchsetzung dieser Ansprüche harmonisiert werden soll.[176] Betroffen von der Richtlinie sind vor allem Verfahrensvorschriften. In Deutschland soll die Richtlinie mit der 9.GWB-Novelle in nationales Recht umgesetzt werden, die Schadensersatzansprüche nun in den §§ 33a bis 33h GWB normiert.

Die Geltendmachung von Kartellschäden durch andere Marktteilnehmer stellt dabei aus Sicht der Wettbewerbsbehörden neben ihren eigenen Aktivitäten eine weitere Säule für die Effektivität und Durchsetzung des Wettbewerbsrechts dar,[177] daher auch die Rede von der „zivilrechtlichen (beziehungsweise privaten) Durchsetzung" des Wettbewerbsrechts.

(2) Bußgeld für das am Verstoß beteiligte Unternehmen

Bisher bedeutendste Sanktion eines Kartellverstoßes ist das Bußgeld, das von den Wettbewerbsbehörden gegen am Kartell beteiligte Unternehmen verhängt wird. Rechtsgrundlage hierfür sind auf EU-Ebene Art. 23 Abs. 1 und Abs. 2 VO 1/2003, und auf nationaler Ebene § 81 Abs. 1 bis Abs. 4 GWB.

(1) Bußgeld für Kartellverstöße nach EU-Recht

Auf EU-Ebene wird das Bußgeld gemäß Art. 23 Abs. 1 VO 1/2003 gegen Unternehmen verhängt. Ein Unternehmen zeichnet sich durch eine wirtschaftliche Einheit aus, die nicht notwendigerweise kongruent mit einer dahinterstehenden juristischen Person ist, sondern aus mehreren juristischen Personen bestehen kann.[178] Dies ist besonders relevant bei Konzernstrukturen. Stellen Mutter- und Tochtergesellschaft eine wirtschaftliche Einheit im Sinne des EU-Rechts dar, so haften beide gesamtschuldnerisch, auch wenn der Verstoß möglicherweise nur durch Mitarbeiter der Tochtergesellschaft begangen wurde.[179]

---

176 Erwägungsgrund (3) und (4) der Richtlinie 2004/39/EG vom 21.04.2004, Abl. L 145 vom 30.04.2004.

177 Erwägungsgrund (6) der Richtlinie 2014/104/EU vom 26.11.2014, ABl. L 349 vom 05.12.2014; *Kersting*, WuW 2014, 1156; *Kersting*, WuW 2014, 564.

178 *EuGH*, Urteil vom 14.07.1972 – C-48/69, ECLI:EU:C:1972:70 ICI, Slg. 1972, 619 (Rn. 132).; *EuGH*, Urteil vom 10.09.2009 – C-97/08 P, ECLI:EU:C:2009:536 Akzo Nobel, Slg. 2009, I-8237 (Rn. 55); Emmerich, in: Immenga/Mestmäcker, Art. 101 Abs. 1 (a) AEUV, Rn. 9 ff; *EuG*, Urteil vom 13.07.2011 – T-138/07, ECLI:EU:T:2011:362 Schindler Holding, Slg. 2011, II-4819 (64); *EuG*, Urteil vom 13.07.2011 – T-138/07, ECLI:EU:T:2011:362 Schindler Holding, Slg. 2011, II-4819 (Rn. 64).

179 Vgl. ausführliche Diskussion in Teil 3 A. *EuGH*, Urteil vom 14.07.1972 – C-48/69, ECLI:EU:C:1972:70 ICI, Slg. 1972, 619 (132); *EuG*, Urteil vom 13.07.2011 – T-138/07,

Hat die Kommission bestimmt, wer den Verstoß begangen hat, und wer Adressat des Bußgeldbescheides ist, so verhängt sie ein Bußgeld, das sich gemäß Art. 23 Abs. 2 und Abs. 3 VO 1/2003 an dem Umsatz des Unternehmens, sowie an der Schwere und Dauer der Rechtsverletzung orientiert. Adressat des Bußgeldbescheides ist der Rechtsträger der wirtschaftlichen Einheit.[180] AEUV und die VO 1/2003 machen keine genaueren Angaben zur Berechnung des Bußgeldes und eröffnen somit der Kommission einen weiten Ermessensspielraum. Darum hat die Kommission Leitlinien veröffentlicht, in denen sie die Methoden beschreibt, mithilfe derer sie die Bußgeldbeträge ermittelt.[181] So wird das Bußgeld für Kartellverstöße in zwei Stufen festgesetzt: Zuerst wird der Grundbetrag der Geldbuße ermittelt, der dann auf Grund von erschwerenden oder mildernden Umständen angepasst werden kann.[182] Der Grundbetrag besteht in dem Umsatz, der im letzten vollen Geschäftsjahr der Zuwiderhandlung auf dem betroffenen Markt erwirtschaftet wurde. Außerdem werden die Schwere und die Dauer der Zuwiderhandlung berücksichtigt.[183] Im zweiten Schritt wird der so berechnete Grundbetrag wegen erschwerender Umstände erhöht, beziehungsweise wegen mildernder Umstände verringert. Erschwerende Umstände liegen beispielsweise dann vor, wenn ein beteiligtes Unternehmen Anführer des Kartells war, ein Wiederholungstäter ist, oder wenn das Unternehmen die Kommission während ihrer Ermittlungen behindert hat.[184] Mildernde Umstände liegen unter anderem vor bei einer fahrlässigen Begehung des Verstoßes, bei einer geringfügigen Beteiligung oder bei guter Kooperation mit der Kommission während der Ermittlungen.[185] Neben dieser Zwei-Stufen-Berechnung kann die Kommission den Betrag erhöhen, falls dies zur Abschreckung erforderlich ist, oder, um Gewinn abzuschöpfen.[186] Die Kommission kann dem betroffenen Unternehmen im Rahmen eines Kronzeugenantrags aber auch die Geldbuße erlassen, wenn das Unternehmen seine „Beteiligung an einem mutmaßlichen, die Gemeinschaft betreffenden Kartell offenlegt, [...] sofern das Unternehmen als erstes Informationen und Beweismittel

---

ECLI:EU:T:2011:362 Schindler Holding, Slg. 2011, II-4819 (70).; Dannecker/Biermann, in: Immenga/Mestmäcker, Vorb zu Art. 23 VO 1/2003, 82.

180   *EuG*, Urteil vom 20.04.1999 – T-305/94, ECLI:EU:T:1999:80 Limburgse Vinyl Maatschappij, Slg. 1999, II-931 (Rn. 978); *EuGH*, Urteil vom 07.01.2004 – C-204/00 P, ECLI:EU:C:2004:6 Aalborg Portland, Slg. 2004, I-403 (60).*EuGH*, Urteil vom 10.09.2009 – C-97/08 P, ECLI:EU:C:2009:536 Akzo Nobel, Slg. 2009, I-8237 (57); Dannecker/Biermann, in: Immenga/Mestmäcker, Vorb zu Art. 23 VO 1/2003, Rn. 77; Kienapfel, in: Groeben, Hans von der/Schwarze, et al., Art. 23 VO 1/2003, Rn. 20.

181   *Kommission*, Bußgeldleitlinien, Abl. C 210 vom 01.09.2006.

182   *Kommission*, Bußgeldleitlinien, Abl. C 210 vom 01.09.2006, Rn. 10 ff.

183   Abschnitt 1 der *Kommission*, Bußgeldleitlinien, Abl. C 210 vom 01.09.2006.

184   *Kommission*, Bußgeldleitlinien, Abl. C 210 vom 01.09.2006, Rn. 29.

185   *Kommission*, Bußgeldleitlinien, Abl. C 210 vom 01.09.2006, Rn. 29.

186   *Kommission*, Bußgeldleitlinien, Abl. C 210 vom 01.09.2006, Rn. 30 ff.

[zum Kartell] vorlegt."[187] Die Qualität des beigebrachten Beweismaterials und der Kooperation während des Verfahrens sind weitere Voraussetzung für einen Erlass der Geldbuße.[188] Ist das Unternehmen nicht der erste Kartellteilnehmer, der sich mit Beweismaterial an die Kommission wendet, so kann seine Geldbuße unter bestimmten Voraussetzungen noch ermäßigt werden, insbesondere wenn das Beweismaterial einen erheblichen Mehrwert darbietet.[189]

Unternehmen können eine weitere Minderung der Buße erreichen, indem sie einem Vergleich mit der Kommission zustimmen. Diese Möglichkeit wird durch die VO 773/2004 im Zusammenspiel mit der Mitteilung der Kommission über das Vergleichsverfahren geboten. Die Unternehmen erkennen im Vergleich den Kartellvorwurf an und kooperieren mit der Kommission. Im Gegenzug wird das Unternehmen für die Kooperation und die Teilnahme am beschleunigten Verfahren belohnt. Nicht zur Verhandlung steht dagegen die Frage des Vorliegens der Zuwiderhandlung.[190] Erhält das Unternehmen eine Belohnung im Rahmen des Vergleichs, so mindert die Kommission die Geldbuße, die vorher nach den allgemeinen Regeln ermittelt wurde, um 10 Prozent.[191]

Wenn man Beispiele der in den letzten Jahren verhängten Geldbußen betrachtet, wird deutlich, dass sich diese bilanzrechtlich relevant auswirken. Das bisher höchste Bußgeld, das gegen ein Unternehmen im Sinne des EU-Kartellrechts verhängt wurde, ist die Geldbuße in Höhe von mehr als EUR 1 Mrd., die die Kommission gegen den Daimler-Konzern für die Beteiligung am LKW-Kartell verhängt hat.[192] Bis zum LKW-Kartell war das höchste je verhängte Bußgeld von der Saint-Gobain-Gruppe im Autoglas-Kartell zu zahlen, nämlich EUR 896 Mio., auch wenn dieser Betrag vom EuG auf EUR 715 Mio. gesenkt wurde.[193] Für ihre Teilnahme am Kartell über

---

187 *Kommission*, Mitteilung der Kommission über den Erlass und die Ermäßigung von Geldbußen in Kartellsachen, Abl. C 298 vom 08.12.2006, 17, Rn. 8.

188 *Kommission*, Mitteilung der Kommission über den Erlass und die Ermäßigung von Geldbußen in Kartellsachen, Abl. C 298 vom 08.12.2006, 17, Rn. 9 ff.

189 *Kommission*, Mitteilung der Kommission über den Erlass und die Ermäßigung von Geldbußen in Kartellsachen, Abl. C 298 vom 08.12.2006, 17, 17, 24.

190 *Kommission*, Mitteilung der Kommission über die Durchführung von Vergleichsverfahren bei dem Erlass von Entscheidungen nach Artikel 7 und Artikel 23 der Verordnung (EG) Nr. 1/2003 des Rates in Kartellfällen, Abl. C 167 vom 02.07.2008, 1, Rn. 2.

191 *Kommission*, Mitteilung der Kommission über die Durchführung von Vergleichsverfahren bei dem Erlass von Entscheidungen nach Artikel 7 und Artikel 23 der Verordnung (EG) Nr. 1/2003 des Rates in Kartellfällen, Abl. C 167 vom 02.07.2008, 1, Rn. 32.

192 *Kommission*, Entscheidung vom 19.07.2016 – AT.39824 LKW-Kartell, *Kommission, Cartel Statistics*.

193 *Kommission*, Entscheidung vom 12.11.2008 – COMP/39125 Autoglas, Abl. EU C 173, 25.7.2009, 13; *EuG*, Urteil vom 27.03.2014 – T-56/09, ECLI:EU:T:2014:160 Saint-Gobain, noch nicht veröffentlicht; *Kommission, Cartel Statistics*. Im Einzelnen – aber gesamtschuldnerisch – betroffen waren die juristischen Personen

Bildröhren für Fernseher und Computer erhielten die Koninklijke Philips Electronics N.V. (Philips) eine Geldbuße von ca. EUR 705 Mio. und die LG Electronics Inc. eine Buße von ca. EUR 687 Mio. von der Kommission.[194] Da bei der Berechnung der Geldbuße die individuelle finanzielle Situation des Unternehmens, sein Beitrag zum Kartellverstoß, sowie seine Kooperation während der Ermittlungen berücksichtigt werden, ist die Aussagekraft dieser Beispiele für andere Unternehmen begrenzt. Sie zeigen aber, dass sich die Bußgelder in einem Umfang bewegen, der das Unternehmensvermögen erheblich mindern kann. Hieraus ergibt sich das Interesse der Leitungsorgane, Verstöße gegen Kartellrecht zu verhindern. Im Einzelfall kann das Bußgeld sogar ein bestandsgefährdendes Risiko im Sinne des § 91 Abs. 2 AktG darstellen. Dies wird dadurch verstärkt, dass sich das Bußgeld am tatbezogenen Umsatz orientiert, nicht am Gewinn. Gerade bei wenig diversifizierten Unternehmen oder bei Unternehmen mit Produkten mit geringer Marge, könnte die Höhe der Bußgelder zu Zahlungsproblemen führen. Beispiel hierfür – wenn auch ein Fall des Bundeskartellamtes und damit aus dem deutschen Recht – ist die Kartellbuße gegen das Unternehmen Albert Ziegler GmbH & Co.KG. Am 10.02.2011 verhängte das Bundekartellamt eine Geldbuße gegen das Unternehmen wegen seiner Beteiligung am Löschfahrzeugkartell.[195] Am 01.11.2011 wurde das Insolvenzverfahren über die Albert Ziegler GmbH & CO.KG eröffnet.[196] Mitursache für die Zahlungsunfähigkeit soll die gegen das Unternehmen verhängte Geldbuße von EUR 8 Mio. gewesen sein.[197] Auf europäischer Ebene zeigt sich die existenzbedrohende Dimension von Bußgeldern durch den Einwand der „Inability to Pay" nach Rn. 35 der Bußgeldleitlinien. Im Jahr 2010 konnten zum Beispiel 15% der bebußten Unternehmen diesen Einwand erfolgreich geltend machen und ein Reduktion der Geldbuße erreichen.[198] Neben der möglicherweise signifikanten Höhe, ist zu beachten, dass Bußgelder steuerlich nach § 4 Abs. 5 Nr. 8 EStG nicht als Verlust geltend gemacht werden können, soweit durch die Festsetzung des Bußgeldes nur eine Ahndung des Kartellverstoßes und nicht auch eine Abschöpfung des Vorteils erfolgen soll.[199]

La Compagnie de Saint-Gobain SA, Saint-Gobain Glass France SA, Saint-Gobain Sekurit Deutschland GmbH & Co.KG und Saint-Gobain Sekurit France SA.

194 *Kommission*, Entscheidung vom 05.12.2012 – AT/39437 Bildröhrenkartell, Abl. EU C 303, 19.10.2013, 13.

195 *Bundeskartellamt*, Entscheidung vom 10.02.2011 – B12 – 11/09 Feuerlöschfahrzeuge.

196 *AG Aalen*, Beschluss vom 01.11.2011 – 1 IN 244/11, abrufbar im Internet: <www.insolvenzbekanntmachungen.de> (Stand: 17.04.2015).

197 *Palzer*, NZI 2012, 67 (67); *Albert Ziegler GmbH & Co. KG/Kübler*, ZIEGLER: Insolvenzbrand gelöscht, Schwäbischer Feuerlöschfahrzeugproduzent im Markt zurück Pressemitteilung vom 04.01.2013.

198 *Meyer-Lindemann*, WuW 2011, 1235 (1239).

199 Vgl. Wortlaut § 4 Abs. 5 Nr. 8 S. 4 EStG, *BVerfG*, Beschluss vom 23.01.1990 – 1 BvL 4/87, BVerfGE 81, 228.*BFH*, Urteil vom 09.06.1999 – I R 100/97, BB 2000, 234 (235); *Schall*, DStR 2008, 1517 (1522).

(ii) Bußgeld für Kartellverstöße nach deutschem Recht

Adressat des Bußgeldbescheides kann nach deutschem Recht zum einen die juristische Person sein, deren Mitarbeiter an dem Verstoß beteiligt war. Ihr wird das Verhalten des Mitarbeiters über § 81 Abs. 2 GWB in Verbindung mit § 30 Abs. 1 OWiG zugerechnet. Ist die juristische Person eine Tochtergesellschaft, so kann nach § 81 Abs. 3a GWB auch die Muttergesellschaft haften, wenn diese einen bestimmenden Einfluss auf das Marktverhalten der Tochter ausgeübt hat. Neben der Haftung für Verstöße gegen Kartellgesetze kommt auch ein Bußgeld für die juristische Person nach § 130 Abs. 1 OWiG in Verbindung mit §§ 30 Abs. 1, 9 Abs. 1 OWiG in Betracht, wenn das Leitungspersonal Aufsichtspflichten verletzt hat.[200]

Auch im deutschen Recht orientiert sich die Höhe des Bußgeldes an der Schwere und der Dauer der Zuwiderhandlung, § 81 Abs. 4 S. 6 GWB. Des Weiteren hat das Bundeskartellamt, wie die Kommission, Leitlinien veröffentlicht, mit denen das Amt beschreibt, nach welchen Richtlinien es sein Ermessen bei der Bußgeldberechnung ausüben will.[201] Rechtsgrundlage für die Leitlinien ist § 81 Abs. 7 GWB. Ausgangspunkt für das Bundeskartellamt ist ebenfalls der Umsatz, den das Unternehmen im Jahr vor der Behördenentscheidung erwirtschaftet hat. Der entsprechend den Leitlinien ermittelte Grundbetrag[202] wird im zweiten Schritt durch den Einbezug von mildernden und erschwerenden Umständen angepasst.[203] Wie im EU-Recht, sieht auch das Bundeskartellamt Bußgeldminderungen als Belohnung für die Kooperation von Unternehmensseite vor, sowohl im Rahmen eines Kronzeugenantrags[204] als auch im Vergleichsverfahren.[205]

Ein Unterschied bei der Berechnungsmethode des Bundeskartellamtes im Vergleich zur Methode der Kommission besteht hauptsächlich bei dem Verständnis der Obergrenze von 10 % des Gesamtumsatzes.[206] Nach Art. 23 Abs. 2 S. 2 VO 1/2003 darf das Bußgeld 10 % des vom Unternehmen im jeweiligen vorausgegangenen Geschäftsjahr erzielten Gesamtumsatzes nicht übersteigen. Hierbei handelt es sich nach der europäischen Rechtspraxis um eine Kappungsgrenze.[207] Schwere Kartellverstöße

---

200 Zum Sanktionskomplex nach § 130 Abs. 1 OWiG siehe Teil 2 A I 3.

201 *Bundeskartellamt*, Bußgeldleitlinien vom 25.06.2013.

202 *Bundeskartellamt*, Bußgeldleitlinien vom 25.06.2013, Rn. 9 ff.

203 *Bundeskartellamt*, Bußgeldleitlinien vom 25.06.2013, Rn. 16.

204 *Bundeskartellamt*, Bekanntmachung Nr. 9/2006 über den Erlass und die Reduktion von Geldbußen in Kartellsachen vom 07.03.2006.

205 *Bundeskartellamt*, Das Settlement-Verfahren des Bundeskartellamtes in Bußgeldsachen vom 23.12.2013.

206 *Bundeskartellamt*, Bericht über seine Tätigkeit in den Jahren 2013/2014 sowie über die Lage und Entwicklung auf seinem Aufgabengebiet und Stellungnahme der Bundesregierung, BT-Drucks. 18/5210, 27.

207 Leitlinien für das Verfahren zur Festsetzung von Geldbußen gemäß Artikel 23 Absatz 2 Buchstabe a) der Verordnung (EG) Nr. 1/2003 (32–33); *Kommission*, Entscheidung vom 05.12.2001 – COMP/E-1/36604 Zitronensäure, Abl. L 239, 06.09.2002, 18 (292–293).; *EuGH*, Urteil vom 28.06.2005 – C-189/02 P, ECLI:EU:C:2005:408

können demnach dazu führen, dass ein Bußgeld oberhalb der 10%-Grenze ermittelt wird. Die Zahlungsverpflichtung wird aber auf 10% des entsprechenden Umsatzes begrenzt.[208] Das deutsche Straf- und Ordnungswidrigkeitenrecht hingegen arbeitet mit Sanktionsrahmen, innerhalb der sich die Richter bei der Beurteilung angemessener Sanktionen bewegen.[209] In seinem Grauzement-Urteil hat der BGH daher entschieden, dass die 10%- Grenze als normative Obergrenze eines Bußgeldrahmens zu verstehen sei.[210] Die Verfassung verlange von den Richtern einen eigenständigen Erkenntnisakt, mit dem die Berechnung des Bußgeldes vollumfänglich gerichtlich überprüft werde.[211] Das Bestimmtheitsgebot erfordere, dass den Richtern für ihre Entscheidung ein durch das Gesetz bestimmter Rahmen für die Sanktionsbestimmung zur Verfügung stehe. Daher zielten zwar Wortlaut und historischer Wille des Gesetzgebers bei der Formulierung des § 81 Abs. 4 S. 2 GWB auf einen Gleichlauf mit der europäischen Regelung. Eine verfassungskonforme Auslegung erfordere aber, die 10%-Grenze als Obergrenze des Bußgeldrahmens zu interpretieren.[212] Ein Bußgeld von 10% des Gesamtumsatzes sei daher nur im denkbar schwersten Fall eines Verstoßes zu verhängen.

(3) Sanktionen für natürliche Personen

Neben den Sanktionen für Unternehmen können Leitungspersonen und Mitarbeiter, die einen Kartellverstoß begehen, von individuellen Sanktionen betroffen sein.

So sehen GWB und das deutsche Ordnungswidrigkeitenrecht auch eine Bebußung von natürlichen Personen vor. Rechtsgrundlagen hierfür sind § 81 Abs. 2 GWB für die Beteiligung an Kartellverstößen und § 130 Abs. 1 OWiG in Verbindung mit § 9 OWiG für die Verletzung von Aufsichtspflichten, wenn eine zu beaufsichtigende Person an einem Kartellverstoß beteiligt war.

Neben der Geldbuße können Beteiligte an Kartellabsprachen auch strafrechtlich belangt werden. Das deutsche Recht begrenzt die Strafbarkeit hierbei auf wettbewerbsbeschränkende Absprachen bei Ausschreibungen gemäß § 298 StGB und auf den Submissionsbetrug nach § 263 StGB.[213] Der Strafrahmen beträgt bei beiden Grundtatbeständen Freiheitsstrafe bis zu 5 Jahren oder Geldstrafe. Liegt ein

---

Dansk Rorindustri, Slg. 2005, I-5425 (278–279).; *Dannecker/Biermann*, in: Art. 23 VO 1/2003, Nr. 115; Dannecker/Biermann, in: Immenga/Mestmäcker, et al., § 81 GWB, Rn. 344.

208 *Kommission*, Entscheidung vom 05.12.2001 – COMP/E-1/36604 Zitronensäure, Abl. L 239, 06.09.2002, 18 (293).; *EuGH*, Urteil vom 28.06.2005 – C-189/02 P, ECLI:EU:C:2005:408 Dansk Rorindustri, Slg. 2005, I-5425 (283).

209 Dannecker/Biermann, in: Immenga/Mestmäcker, et al., § 81 GWB, Rn. 346 ff; Mitsch, in: KK-OWiG, Ellbogen/Senge, § 17 OWiG, 1.

210 *BGH*, Beschluss vom 26.02.2013 – KRB 20/12, NJW 2013, 1972.

211 *BGH*, Beschluss vom 26.02.2013 – KRB 20/12, NJW 2013, 1972 (1973).

212 *BGH*, Beschluss vom 26.02.2013 – KRB 20/12, NJW 2013, 1972 (1974).

213 Gesetzentwurf zur Bekämpfung der Korruption, BT-Drucks. 13/5584, 13–14.; Hohmann, in: MüKo StGB, Joecks, § 298 StGB, 12; Heine/Eisele, in: Schönke/Schröder,

besonders schwerer Fall eines Submissionsbetruges gemäß § 263 Abs. 2 StGB vor, so erhöht sich das Strafmaß auf eine Freiheitsstrafe von 6 Monaten bis 10 Jahre.[214]

Nicht direkt eine Sanktion im Sinne einer Strafe, aber doch eine negative Folge besteht in dem Schadensersatzanspruch, der sich aus dem Innenverhältnis zwischen Gesellschaft und Vorstandsmitglied beziehungsweise Mitarbeiter ergeben kann. Bei Vorstandsmitgliedern ergibt sich der Anspruch aus § 93 Abs. 2 S. 1 AktG, bei Aufsichtsratsmitgliedern aus § 116 S. 1 AktG. Gegen Unternehmensangehörige, die kein Vorstands- oder Aufsichtsratsmitglied sind, ergibt sich der Anspruch aus § 280 Abs. 1 BGB wegen Verletzungen von Pflichten aus dem Arbeitsvertrag. Zwar stellt die Kartellbuße selbst keinen regressfähigen Schaden dar.[215] Trotzdem kann der ersatzfähige Schaden schnell einen Betrag erreichen, der aus dem Vermögen natürlicher Personen schwer zu erfüllen sein wird. Beispielhaft sei hier das Urteil des LG München genannt, in dem der Siemens AG ein Regressanspruch gegen ein Vorstandsmitglied in Höhe von EUR 15 Mio. aus § 93 Abs. 2 S. 1 AktG zugesprochen wurde.[216]

Eine weitere individuelle zivilrechtliche Sanktion sieht das britische Recht in Sect. 9A-9E des Company Directors Disqualification Act 1986 (CDDA) vor: Bei Kartellverstößen kann die britische Kartellbehörde, die Competition and Market Authority (CMA),[217] bei Gericht ein Berufsverbot für Vorstandsmitglieder beantragen. Voraussetzung hierfür ist gemäß Sect. 9A CDDA, dass eine Gesellschaft an einem Kartellverstoß beteiligt war und der Betroffene als Vorstandsmitglied dieser Gesellschaft entweder an dem Verstoß selbst beteiligt war oder von ihm hätte wissen können. Das Gericht beurteilt, ob das Vorstandsmitglied auf Grund seines Verhaltens als ungeeignet zum Führen von Unternehmen einzuschätzen ist (Sect. 9A subs. 2 CDDA). In diesem Fall spricht das Gericht ein Berufsverbot in Form einer Disqualification Order aus. Das Berufsverbot kann bis zu 15 Jahre

---

§ 298 StGB, 1; *Dannecker/Müller*, in: Hdb. Wirtschafts- und Steuerstrafrecht, 18. Kapitel (2).;

214 Andere Rechtsordnungen hingegen sehen eine strafrechtliche Verfolgung für sämtliche Kartelltatbestände vor. Beispielhaft seien hier die USA und das Vereinigte Königreich genannt. So sehen s. 1 und s. 2 des Sherman Act seit 1890 eine Freiheitsstrafe bei Verstöße gegen das Kartell- und gegen das Missbrauchsverbot vor, wobei die Höchstgrenze der Freiheitsstrafe 1890 ein Jahr betrug, im Laufe der Jahren aber erhöht wurde und seit 2004 10 Jahre beträgt; *Wagner-von Papp*, WuW 2009, 1236 (1238). Auch das Recht des Vereinigten Königreiches sieht in ss. 188–190 Enterprise Act 2002 eine Strafbarkeit sämtlicher Kartelltatbestände vor. Das Strafmaß beträgt gemäß s. 190 subs. 1 Enterprise Act 2002 eine Freiheitsstrafe bis zu 5 Jahren oder Geldstrafe.

215 *LAG Düsseldorf*, Urteil vom 27.11.2015 – 14 Sa 800/15 Regress Schienenkartell.

216 *LG München*, Urteil vom 10.12.2013 – 5 HKO 1387/10 Neubürger, AG 2014, 332.

217 Durch den Enterprise and Regulatory Reform Act 2013 wurde das bisher für die Verfolgung von Kartellverstößen zuständige Office of Fair Trading mit der Competition Commission 01.04.2014 zusammengelegt und fungiert nun als Competition and Markets Authority (CMA).

betragen (Sect. 9A subs. 9 CDDA). Ein Verstoß gegen das Berufsverbot stellt gemäß Sect. 13 CDDA eine Straftat dar und kann mit Geldstrafe oder Freiheitsstrafe bis zu 2 Jahren geahndet werden. Ziel der Disqualification Order ist es, durch individuelle Sanktionen die Verantwortlichen in Unternehmen vor der Begehung von Kartellverstößen abzuschrecken und zur Ergreifung präventiver Maßnahmen zu bewegen.[218] Trotz der Erwartungen an den gesteigerten Abschreckungsfaktor, wird das Berufsverbot jedoch bisher selten als Sanktionsmöglichkeit genutzt.[219] Auf EU-Ebene wird über die Einführung eines Berufsverbotes als individuelle Sanktion nachgedacht, auf Grund der Unternehmenszentriertheit des EU-Kartellrechts[220] und der fehlenden Erfahrungen im Vereinigten Königreich, aber bisher verworfen.[221]

(4) Zwischenfazit

Da sich die private Kartellrechtsdurchsetzung (Private Enforcement) noch in der Entwicklung befindet, sind für Unternehmen besonders die Bußgelder relevant. Für Manager erhalten auch die individuellen Sanktionen immer stärkere Bedeutung. Das Ausmaß der Sanktionen führt dazu, dass das Kartellrecht ein relevantes Rechtsgebiet für Vorsorgemaßnahmen innerhalb eines Compliance-Programms ist. Nachfolgend wird daher untersucht, inwiefern sich spezielle Eigenheiten des Kartellrechts auf organisatorische Anforderungen von Compliance-Maßnahmen auswirken.

2. Besondere Anforderungen an Kartellrechtscompliance

Die oben beschriebenen organisatorischen Anforderungen[222] sind entsprechend der spezifischen Gefahren des Kartellrechts anzupassen. Grundsätzlich ergeben sich die Antworten auf die Frage, welche Maßnahmen geeignet und erforderlich sind, um Kartellverstöße zu verhindern, aus dem Risikoprofil des Unternehmens und den Tatbestandsmerkmalen der Kartellnormen. Auf einige Spezifika soll im Folgenden eingegangen werden.

So ist zum Beispiel zu untersuchen, wie die Branche aufgestellt ist, in der das Unternehmen tätig ist, und welche Marktanteile ein Unternehmen in dieser Branche hat. Nur wenn ein Unternehmen ermittelt hat, dass es eine beherrschende Position im Sinne des Art. 102 AEUV, beziehungsweise § 18 GWB, hat, muss es sein Marktverhalten auf Missbrauchsgefahren untersuchen. Daneben ist zu ermitteln, welche verbotenen Verhaltensweisen am ehesten im Unternehmen vorkommen könnten. So muss sich ein Unternehmen mit häufigem Wettbewerberkontakt eher auf die Vermeidung von horizontalen Absprachen konzentrieren, ein Unternehmen, das

---

218 *Stephan*, Journal of European Competition Law & Practice 6/2011, 529 (530).
219 *Stephan*, Journal of European Competition Law & Practice 6/2011, 529 (532).
220 World Competition 2011, 1 (2).
221 *Stephan*, Journal of European Competition Law & Practice 6/2011, 529 (534).
222 Vgl. Teil 2 A III 3.

in eine umfassende Vertriebsstruktur eingebunden ist, eher auf die Verhinderung vertikaler Absprachen.

Schulungen sollten mit Mitarbeitern erfolgen, die tatsächlich oder potenziell Kontakt zu Wettbewerbern haben. Dies sind zum Beispiel die Mitarbeiter in Einkauf und Vertrieb oder Mitarbeiter, die das Unternehmen auf Messen und in Verbänden vertreten.[223] Für Verbandsaktivitäten ist es zudem ratsam, konkrete Handlungsanweisungen zu geben.[224] Dies geht besonders auf die strenge Ahndungspolitik der Kommission zurück. Werden bei einem Verbandstreffen wettbewerbsrelevante Informationen ausgetauscht, so reicht es laut Kommission nicht, dass ein Vertreter des Unternehmens nur passiv an der Veranstaltung teilgenommen habe. Auch ein Hinweis des Mitarbeiters, dass dieser Austausch wettbewerbswidrig und sofort zu unterlassen sei, reiche nicht aus. Vielmehr müsse der Vertreter seinen Protest in das Protokoll der Veranstaltung eintragen lassen und danach den Raum verlassen.[225]

Dass Vorstand und Vorgesetzte mit gutem Beispiel vorangehen und ein entsprechendes „Compliance Commitment" kommunizieren, ist besonders im Kartellrecht relevant. Gerade bei wettbewerbswidrigen Absprachen denken die handelnden Mitarbeiter häufig, sie handelten im Interesse des Unternehmens.[226] Sie nehmen zum Beispiel an, dass abgesprochene höhere Preise oder „gesicherte Gebiete" dem Unternehmen mehr Gewinn bringen und deswegen zum Vorteil des Unternehmens wären. Der Mitarbeiter selbst profitiert nur mittelbar von seinem Verhalten, zum Beispiel in Form höherer Prämien beim Erreichen eines höheren Umsatzes.[227] Hier muss die Unternehmensführung ihren Mitarbeitern bewusst machen, dass die drohenden hohen Bußgelder sowie individuellen Sanktionen dem Unternehmen und Mitarbeitern einen erheblichen Schaden zufügen können. Ferner muss deutlich gemacht werden, dass die Unternehmensführung wettbewerbswidriges Verhalten weder wünscht noch billigt.

Denkbar ist auch die Vorbereitung des „Ernstfalles". Kartellermittlungen der Behörden beginnen häufig mit Durchsuchungen in den verdächtigten Unternehmen. Rechtsgrundlage für diese ist Art. 20 Abs. 2 VO 1/2003 für die Kommission und § 59 Abs. 1 Nr. 3 GWB für das Bundeskartellamt. Für den Fall der Fälle kann es hilfreich sein, dass Mitarbeiter über ihre Rechte und Pflichten informiert sind. Es ist insbesondere erforderlich, dass diese kein vermeintlich belastendes Material vernichten. Zum einen kann dieses nur vermeintlich belastend sein, tatsächlich aber entlastend oder unbedeutend. Zum anderen haben die Kooperationsbemühungen des Unternehmens mit den Behörden während der Ermittlungen auch Einfluss auf die Sanktion. Nicht nur der Kronzeuge, auch alle anderen betroffenen Unternehmen

223 *Lampert/Matthey*, in: Hdb. Corporate Compliance, § 26 (Rn. 52).
224 *Lampert/Matthey*, in: Hdb. Corporate Compliance, § 26 (Rn. 60).
225 *EuGH*, Urteil vom 07.01.2004 – C-204/00 P, ECLI:EU:C:2004:6 Aalborg Portland, Slg. 2004, I-403 (Rn. 81 ff.); *Möhlenkamp*, WuW 2008, 428 (436).
226 *Lampert/Matthey*, in: Hdb. Corporate Compliance, § 26 (Rn. 53).
227 *Markham, Jr.*, S.D.L.Rev., 499 (505 f.).

können wegen „positivem Nachtatverhalten" gemäß Rn. 29 der Bußgeldleitlinien der Kommission, beziehungsweise gemäß Rn. 7 der Bußgeldleitlinien des Bundeskartellamtes, ihre Geldbuße durch kooperatives Verhalten mindern.

Letzteres ist der wichtigste praktische Vorteil der Kartellrechtscompliance. Zwar hat das Compliance-Programm im Einzelfall nicht verhindern können, dass ein Kartellverstoß begangen wurde. Durch Dokumentationsmechanismen und festgelegte Berichtsströme sollte ein Unternehmen mit effektivem Compliance-Programm aber schneller in der Lage sein, kritische Sachverhalte zu untersuchen und somit einen Vorteil bei der Kooperation mit den Kartellbehörden haben. Dies gilt insbesondere für den Fall, dass ein Kartellverstoß durch das Compliance-Programm aufgedeckt wurde und ein Kronzeugenantrag gestellt werden soll, aber auch für die allgemeine Kooperation des Unternehmens nach Beginn der Kartellermittlungen, die ebenfalls honoriert wird.

B. Abgrenzung zu anderen Begriffen und Konzepten

I. Corporate Governance und der Deutscher Corporate Governance Kodex

Corporate Governance ist wie die Compliance ein Begriff aus dem anglo-amerikanischen Rechtsraum, der aber ein Konzept benennt, das seit langem auch in der deutschen Rechtsordnung bekannt ist. Unter Corporate Governance versteht man nämlich die Grundsätze guter Unternehmensführung, die zum Ziel haben, eine nachhaltige und rechtmäßige Wertschöpfung im Unternehmen zu sichern.[228] Adressat sind die an der Führung einer Gesellschaft beteiligten Organe. Welche Standards zu einer guten Unternehmensführung gehören, hängt davon ab, welche konkreten Ziele im jeweiligen Wirtschaftskontext als erstrebenswert erscheinen, zum Beispiel die Entscheidung über eine Ausrichtung auf den Shareholder Value oder über den Stakeholder Value. Je nachdem, welchem Ansatz von den herrschenden Akteuren der Vorzug gegeben wird, zählen andere Grundsätze zu einer guten Unternehmensführung.[229]

Einer der Führungsgrundsätze lautet, dass ein Unternehmen innerhalb des geltenden Rechts geführt werden muss, um nachhaltig erfolgreich zu sein. Dieser Führungsgrundsatz entspricht dem Begriff der Compliance.[230] Neben der Compliance gibt es noch vielfältige andere Standards guter Unternehmensführung. Diese betreffen vor allem allgemeine Führungsgrundsätze, Rechte der Aktionäre und Transparenz gegenüber Anteilseignern und Öffentlichkeit.[231] Corporate Governance

---

228 Koch, in: Hüffer, § 76 AktG, Rn. 37; Präambel, Deutscher Corporate Governance Kodex; *Bayer*, NZG 2013, 1 (2).

229 *Hopt*, ZHR 2011, 444 (451–452).; *Simon*, NZG 2013, 19.

230 *Bürkle*, BB 2007, 1797 (1800–1801).; *Kort*, NZG 2008, 81.

231 Vgl. Aufbau Deutscher Corporate Governance Kodex; Koch, in: Hüffer, § 76 AktG, Rn. 37; *Hopt*, ZHR 2011, 444 (450).

kann daher als Oberbegriff zur Compliance verstanden werden, beziehungsweise Compliance als eine Unterkategorie der Corporate Governance.[232]

Einen inhaltlichen Kodifikationsansatz der Grundsätze zur „guten und verantwortungsvollen Unternehmensführung"[233] enthält der Deutsche Corporate Governance Kodex (DCGK). Dieser wurde durch eine vom Bundesministerium der Justiz eingesetzte Kommission erarbeitet und eine erste Fassung am 26.02.2002 verabschiedet.[234] Als Kodex einer Regierungskommission hat der DCGK keine gesetzliche Verbindlichkeit. In der Präambel des Kodex selbst wird demgemäß auch nur von „Empfehlungen" und „Anregungen" gesprochen. Durch die Einführung des § 161 AktG hat der Kodex aber Eingang in das Aktienrecht erhalten.[235] Gemäß § 161 Abs. 1 S. 1 AktG haben „Vorstand und Aufsichtsrat der börsennotierten Gesellschaft jährlich zu erklären, dass den vom Bundesministerium der Justiz im amtlichen Teil des Bundesanzeigers bekannt gemachten Empfehlungen der „Regierungskommission Deutscher Corporate Governance Kodex" entsprochen wurde und wird oder welche Empfehlungen nicht angewendet wurden oder werden und warum nicht." Damit wird die Befolgung der Standards des DCGK zwar nicht rechtsverbindlich vorgeschrieben. Der „Comply or Explain"- Ansatz[236] zwingt die Leitungsorgane aber, sich mit den Regelungen des DCGK auseinanderzusetzen.

Adressat des DCKG und des § 161 Abs. 1 S. 1 AktG sind deutsche börsennotierte Unternehmen und nach § 161 Abs. 1 S. 2 AktG ebenso Unternehmen, die andere Wertpapiere als Aktien an organisierten Märkten ausgegeben haben. Empfehlungen, die einen spezifischen Bezug zur Börsenzulassung oder Ausgabe von Wertpapieren haben, werden für nichtbörsennotierte Gesellschaften nicht relevant sein, da es vor allem um Transparenz für (potenzielle) Anteilsinhaber geht.[237] Anders verhält es sich mit den Empfehlungen, die keinen spezifischen Bezug zur Börsenzulassung oder Ausgabe von Wertpapieren haben. Bei diesen Empfehlungen handelt es sich vorwiegend um allgemeine Standards guter Unternehmensführung.[238] Diese können von den Leitungsorganen nicht börsennotierter Gesellschaften bei der Umsetzung guter Unternehmensführung zur Orientierung genutzt werden. Der DCGK richtet sich damit an börsennotierte Gesellschaften, ist aber auch für nicht börsennotierte Gesellschaften relevant.

---

232 Koch, in: Hüffer, § 76 AktG, Rn. 37.
233 Präambel, Deutscher Corporate Governance Kodex.
234 Deutscher Corporate Governance Kodex, EBAnz AT 1/2002 v. 30.08. 2002, B1.
235 Gesetz zur weiteren Reform des Aktien- und Bilanzrechts, zu Transparenz und Publizität vom 19.07.2002, BGBL. I 2002.
236 Präambel, Deutscher Corporate Governance Kodex; *Bayer*, NZG 2013, 1 (4).
237 Werder, in: Kremer/Bachmann, et al., Präambel DCGK, Rn. 168.
238 Werder, in: Kremer/Bachmann, et al., Präambel DCGK, Rn. 167; *Bayer*, NZG 2013, 1 (3).

Seit seiner Fassung vom 20.07.2007[239] nimmt der DCGK an drei Stellen Bezug zur Compliance. Gemäß Ziffer 4.1.3 DCGK hat der Vorstand „für die Einhaltung der gesetzlichen Bestimmungen und der unternehmensinternen Richtlinien zu sorgen und wirkt auf deren Beachtung durch die Konzernunternehmen hin (Compliance)." Daneben hat der Vorstand den Aufsichtsrat gemäß Ziffer 3.4 DCGK über relevante Fragen der Compliance zu informieren. Gemeinsam mit dem Vorstand soll der Aufsichtsratsvorsitzende nach Ziffer 5.2 DCGK Fragen der Compliance beraten. Die Definition der Compliance in Ziffer 4.1.3 DCGK macht deutlich, dass diese der Leitungsverantwortung und der Legalitätspflicht des Vorstandes zuzuordnen ist.[240] Die Worte „sorgen" und „hinwirken" stellen dabei klar, dass Compliance auch organisatorische Maßnahmen umfasst und nicht nur das eigene Verhalten des Vorstandes betrifft. Welche inhaltlichen oder formalen Anforderungen an diese organisatorischen Maßnahmen gestellt werden, wird im DCGK jedoch nicht benannt. Die Formulierung der Ziffer 4.1.3 DCGK lässt dies aber auch nicht zu, will sie sich in das Konzept des DCGK einfügen. Denn der DCGK enthält zwar an anderen Stellen Empfehlungen oder Vorschläge, macht diese aber durch den Gebrauch der Worte „soll" beziehungsweise „sollte" kenntlich.[241] In Ziffer 4.1.3 DCGK stellt der Kodex durch seine Verbwahl fest, was schon gilt: Der Vorstand hat (auf Grund seiner Leitungs- und Legalitätspflicht) für die Einhaltung der gesetzlichen Bestimmungen und der unternehmensinternen Richtlinien zu sorgen.

II. Risikomanagement

Die Analyse von Gewinn- und Verlustpotenzialen ist Teil des Wirtschaftens. Unter Risikomanagement versteht man die Quantifizierung und Bewertung von Risiken nach festgeschriebenen Kriterien.[242] Für eine Risikobeurteilung werden Eintrittswahrscheinlichkeit eines Verlustes und dessen Höhe miteinander in Relation gesetzt.[243] Auf dieser Grundlage können dann Entscheidungen hinsichtlich Präventionsmaßnahmen getroffen werden.

Rechtliche Grundlagen für das Risikomanagement finden sich unter anderem in § 91 Abs. 2 AktG und § 107 Abs. 3 S. 2 AktG, wobei sich § 91 Abs. 2 AktG nur auf ein Risikomanagement für bestandsgefährdende Risiken bezieht.[244] § 107 Abs. 3 S. 2 AktG hingegen, eingeführt durch das Bilanzmodernisierungsgesetz

---

239   *Bürkle*, BB 2007, 1797. Ältere Fassungen des DCGK sind abrufbar unter http://www.dcgk.de/de/kodex/archiv.html.
240   *Bürkle*, BB 2007, 1797 (1798).
241   Präambel, Deutscher Corporate Governance Kodex.
242   *Füser/Gleißner u.a.*, DB 1999, 753 (754 ff.); *Eggemann/Konradt*, BB 2000, 503; *Pauli/Albrecht*, CCZ 2014, 17 (17).
243   *Lück*, DB 1998, 1925 (1926 f.); *Pollanz*, DB 1999, 393 (394); *Wolf*, BC 2003, 7 (8); *Powilleit*, GWR 2010, 28 (29).
244   Siehe oben 2.A.I.2.b) § 91 Abs. 2 AktG, S. 7.

2009,[245] bezieht sich auf das Risikomanagement, ohne dieses auf bestimmte Risiken zu beschränken. Es wird aber ebenfalls offen gelassen, was unter Risikomanagement verstanden wird. Aus dem Wortlautvergleich mit § 91 Abs. 2 AktG ergibt sich jedenfalls, dass das Risikomanagement nach § 107 Abs. 3 S. 2 AktG eine größere Reichweite und einen größeren Umfang hat als das Risikomanagement zur Ermittlung von bestandsgefährdenden Risiken.[246]

Auch rechtliche Risiken lassen sich betriebswirtschaftlich quantifizieren. So kann zum Beispiel vor einem Vertragsbruch berechnet werden, wie hoch eine eventuelle Vertragsstrafe sein wird und in welchem Umfang Schadensersatzforderungen anfallen können.[247] Hier ergibt sich die Schnittstelle zur Compliance. Mithilfe der Quantifizierung von rechtlichen Risiken lassen sich Schadenspotenziale entdecken und die nötigen Präventionsmaßnahmen ermitteln. Das Risikomanagement ist folglich ein wichtiger Baustein in Compliance-Programmen. Allerdings umfasst das Risikomanagement nicht nur die Quantifizierung von rechtlichen Risiken, sondern auch von betriebswirtschaftlichen (unternehmerischen) Entscheidungen.[248] Bei der Bewertung von unternehmerischen Entscheidungen, die rechtlich gesehen unproblematisch sind, endet die Schnittmenge mit der Compliance.[249]

III. Business Judgment Rule

Die Business Judgment Rule definiert, welche Sorgfaltspflichten bei der Vornahme von unternehmerischen Entscheidungen zu berücksichtigen sind. Dass unternehmerische Entscheidungen besonders zu behandeln sind, ist in der deutschen Rechtsordnung schon seit dem Entwurf des ersten aktienrechtlichen Reformgesetzes von 1884 anerkannt.[250] Inhaltlich stärker entwickelt wurde der Sorgfaltsmaßstab bei unternehmerischen Entscheidungen aber in den USA,[251] so dass sich im wissenschaftlichen Diskurs der englische Begriff „Business Judgment Rule" etabliert hat.

Sinn und Zweck der Business Judgment Rule ist es, zu vermeiden, dass durch Rückschaufehler dem Entscheidungsträger ein zu striktes Haftungsregime zugemutet wird.[252] Unternehmerische Entscheidungen sind durch Unsicherheiten hinsichtlich der wirtschaftlichen Entwicklung geprägt.[253] Bei einer nachträglichen Beurteilung der unternehmerischen Entscheidung besteht die Gefahr, dass ein

---

245 Gesetz zur Modernisierung des Bilanzrechts vom 25.05.2009, BGBL. I 2009.
246 *Pauli/Albrecht*, CCZ 2014, 17 (19).
247 Beispiel inspiriert von *Powilleit*, GWR 2010, 28 (29).
248 *Pauli/Albrecht*, CCZ 2014, 17 (18); *Kort*, in: FS Roth, 407 (413).
249 *Dreher*, in: FS Hüffer, 161 (171).
250 Allgemeine Begründung: Kommanditgesellschaften auf Aktien und die Aktiengesellschaften vom 7. März 1884 (Aktenstück Nr. 21). Teil 3, in: 100 Jahre Modernes Aktienrecht, Schubert/Hommelhoff, 508.; *Lutter*, ZIP 2007, 841 (841).
251 *Schneider*, DB 2005, 707 (707).
252 *Kocher*, CCZ 2009, 215 (216); *Schneider*, in: FS Hüffer, 905 (907).
253 *Schneider*, DB 2005, 707 (709).

Dritter in Kenntnis der tatsächlichen Entwicklung die Risiken und Chancen einer Entscheidung anders einschätzt. Der Handelnde kann die Entscheidung aber nur ex ante beurteilen.[254] Des Weiteren ergibt sich eine Haftungsproblematik des Handelnden aus der typischen Prinzipal-Agenten-Beziehung in Körperschaften, da der Handelnde (Agent/Vorstand) ex ante entscheiden muss, der für die Entscheidung Haftende (Prinzipal/Gesellschaft oder Anteilseigner) aber möglicherweise ex post Regress beim Handelnden sucht, wenn sich herausstellt, dass die wirtschaftlichen Folgen der Entscheidung negativ sind.[255] Die Business Judgment Rule dient auch der Lösung dieses Prinzipal-Agenten-Konfliktes und dem dazugehörigen Haftungsproblem, da sie definiert, welchen Sorgfaltsmaßstab der Handelnde beachten muss.[256]

Der BGH formulierte die Business Judgment Rule für das deutsche Gesellschaftsrecht als erstes in der ARAG/Garmenbeck-Entscheidung. In dieser stellte er fest: „Bei seiner Beurteilung, ob der festgestellte Sachverhalt den Vorwurf eines schuldhaft pflichtwidrigen Vorstandsverhaltens rechtfertigt, hat der Aufsichtsrat zu berücksichtigen, daß dem Vorstand bei der Leitung der Geschäfte des Gesellschaftsunternehmens ein weiter Handlungsspielraum zugebilligt werden muß, ohne den eine unternehmerische Tätigkeit schlechterdings nicht denkbar ist."[257]

Diese Formulierung wurde vom Gesetzgeber aufgegriffen und mit dem UMAG 2005 in § 93 Abs. 1 S. 2 AktG kodifiziert.[258] Dieser legt fest, dass eine Pflichtverletzung nicht vorliegt, „wenn das Vorstandsmitglied bei einer unternehmerischen Entscheidung vernünftigerweise annehmen durfte, auf der Grundlage angemessener Information zum Wohle der Gesellschaft zu handeln."[259] Dabei soll der Sorgfaltsmaßstab nicht nur für Geschäftsleiter einer Aktiengesellschaft gelten, sondern als allgemeines Prinzip auch für andere Geschäftsleiter.[260]

Bei einer unternehmerischen Entscheidung bestehen verschiedene Handlungsalternativen. Bei der Wahl einer Handlungsoption muss der Vorstand die wirtschaftliche Entwicklung der Option betrachten und einschätzen, mit welcher Wahrscheinlichkeit positive oder negative Folgen eintreten werden.[261] Bei der Wahl zwischen den Handlungsalternativen steht dem Vorstand nach der Business Judgment Rule ein Ermessen zu. Die Ausübung dieses Ermessens kann aber unter

---

254   *Kocher*, CCZ 2009, 215 (215 f.).

255   *Lutter*, ZIP 2007, 841 (841).

256   Vgl. Teil 2 A I 2 a).

257   *BGH*, Urteil vom 21.04.1997 – II ZR 175/95 ARAG, NJW 1997, 1926 (1927).

258   Gesetz zur Unternehmensintegrität und Modernisierung des Anfechtungsrechts vom 22.09.2005, BGBL. I 2005.

259   Die Business Judgment Rule ist zwar nur für die Aktiengesellschaft kodifiziert, gilt aber als allgemeines Prinzip für alle Körperschaftsformen: *Lutter*, ZIP 2007, 841 (847).

260   *RegE*, Entwurf eines Gesetzes zur Unternehmensintegrität und Modernisierung des Anfechtungsrechts (UMAG), BT-Drucks. 15/5092, 12.

261   *Schneider*, DB 2005, 707 (709); *Semler*, in: FS Ulmer, 627; *Schneider*, in: FS Hüffer, 905 (908).

Umständen wirtschaftlich oder rechtlich begrenzt sein. So sind Handlungsalternativen nur solche Entscheidungen, die rechtlich zulässig sind.[262] Es kann sogar eine gebundene Entscheidung vorliegen, wenn nur eine der Handlungsoptionen rechtmäßig wäre.[263] Auf Grund der Legalitätspflicht des Vorstandes aus § 76 Abs. 1 AktG[264] trifft er keine unternehmerische Entscheidung, wenn eine Handlung durch Gesetz oder durch eine andere verbindliche Regelung – zum Beispiel durch Satzung der Gesellschaft oder durch Anstellungsvertrag – ge- beziehungsweise verboten ist.[265]

Hier wird die Bedeutung der Business Judgment Rule für Compliance-Maßnahmen deutlich: Der erste Teil der Definition, die Rechtstreue, ist durch die Legalitätspflicht nach § 76 Abs. 1 geboten. Bei der Frage nach der Rechtstreue bei Entscheidungen, handelt es sich nicht um unternehmerische Entscheidungen.[266]

Beim zweiten Teil Compliance-Definition stellt sich dies hingegen anders dar. Bei der Wahl der Mittel zur Umsetzung der Rechtstreue und zur Art der Ausgestaltung von Compliance-Maßnahmen kann der Vorstand aus verschiedenen Handlungsoptionen wählen.[267] Dabei können dem Vorstand im Einzelfall auch bei der Ausgestaltung von Compliance-Maßnahmen Grenzen gesetzt sein. Zum einen kann die Risikoanalyse als Informationsgrundlage die erforderlichen Maßnahmen indizieren, so dass der Vorstand nicht mehr völlig frei ist in der Wahl seiner Mittel.[268] Zum anderen können durch das Gefahrenpotenzial für einen Verstoß die Handlungsmöglichkeiten so dezimiert sein, dass nur eine rechtmäßige Option übrig bleibt.

C. Gibt es eine „Pflicht zur Compliance"?

Nach der Darstellung der Rechtsgrundlagen und Anforderungen an Compliance-Programme stellt sich nun die Frage, ob es eine „Pflicht zur Compliance" gibt. Hierüber herrscht Uneinigkeit im Schrifttum, die teilweise nur durch die Verwendung

---

262 *RegE*, Entwurf eines Gesetzes zur Unternehmensintegrität und Modernisierung des Anfechtungsrechts (UMAG), BT-Drucks. 15/5092, 11; *Schneider*, DB 2005, 707 (709 ff.); *Lutter*, ZIP 2007, 841 (843); *Kocher*, CCZ 2009, 215 (216 ff.); *Schneider*, in: FS Hüffer, 905 (909).

263 *BGH*, Urteil vom 15.11.1993 – II ZR 235/92, BGHZ 124, 111 (127).; *Schneider*, DB 2005, 707 (710); *Bicker*, AG 2012, 542 (543); *Kocher*, CCZ 2009, 215 (217–218).

264 Siehe oben 2.A.I.2.a) § 76 Abs. 1 AktG und § 93 AktG, S.5.

265 *Schneider*, DB 2005, 707 (710–711); *Lutter*, ZIP 2007, 841 (843); *Schneider*, DB 2005, 707 (710–711).

266 *Müller*, Kartellrechtscompliance in Deutschland, 89 f; *Bicker*, AG 2012, 542 (545); *Schneider*, in: FS Hüffer, 905 (912). Abgestellt wird nur auf Rechtstreue bezüglich gesetzlicher Pflichten. Etwas anderes gilt für die Verletzung von vertraglichen Pflichten, da diese zur Disposition der Parteien stehen: *Schneider*, in: FS Hüffer, 905 (910 ff.); *Habersack*, in: FS U. H. Schneider, 429 (436).

267 *Kremer/Klahold*, ZGR 2010, 113 (120).; *Bicker*, AG 2012, 542 (546).

268 *Bicker*, AG 2012, 542 (545); *Reichert/Ott*, ZIP 2009, 2173 (2174).

verschiedener Begrifflichkeiten oder die ungenaue Formulierung der Ausgangsfrage verursacht wird.

Für die vorliegende Untersuchung ist die Beantwortung dieser Frage relevant, da es um die Enthaftungsmöglichkeit durch Compliance geht. Sollte eine Pflicht zur Ergreifung von Compliance-Maßnahmen bestehen, dann könnte ein Defizit an Compliance an sich schon zu einer Haftung führen. Ein Erfüllen der Compliance-Pflicht hingegen könnte neutral sein, da nur erfüllt würde, was rechtlich vorgegeben ist.

Bei der Beantwortung der Frage, ob es eine Compliance-Pflicht gibt, muss genau auf den Umfang der Definition von Compliance geschaut werden. Denn auch wenn es – wie oben festgestellt[269] – keine verbindliche Definition von Compliance gibt, so beinhaltet sie doch von allen unbestritten zwei Komponenten: Die Pflicht zur Einhaltung von Gesetzen (Rechtstreue des Unternehmens) und die organisatorische Umsetzung, um dieses Ziel zu erreichen. Wenn nun nach der „Pflicht zur Compliance" gefragt wird, müssen diese zwei Komponenten untersucht werden.

I. „Pflicht zur Compliance" – Allgemeine Pflicht zur Rechtstreue und spezialgesetzliche Regelungen

Der erste Teil der Compliance-Definition umfasst die Rechtstreue der Unternehmen. Dabei ist unstrittig, dass Unternehmen eine Pflicht haben, sich rechtskonform zu verhalten. Diese ergibt sich, wie oben ausgeführt, aus dem Wesen des Rechtsstaates.[270] Dieser Teil der Compliance-Definition ist daher auch zu Recht als „Binsenweisheit" bezeichnet worden.[271] Wesentlich wichtiger ist die tatsächliche Umsetzung der Rechtstreue. Verantwortlich für die Umsetzung der Rechtstreue im Unternehmen ist der Vorstand durch seine Leitungsmacht nach § 76 Abs. 1 AktG. Die Rechtstreue muss unter dem Stichwort „Legalitätspflicht" nicht nur für das eigene Verhalten, sondern auch für das Verhalten von Mitarbeitern gewährleistet werden (Legalitätskontrolle).[272]

Des Weiteren ist unstrittig, dass der Vorstand durch seine Leitungsmacht nach § 76 Abs. 1 AktG und durch seine Haftung nach § 93 Abs. 2 AktG, diejenigen Maßnahmen treffen muss, die zur Durchsetzung des rechtstreuen Verhaltens erforderlich sind.[273] Der Vorstand ist jedoch nur zur Vornahme solcher Maßnahmen verpflichtet, die im Rahmen des Erforderlichen und des Zumutbaren liegen.[274] Verschiedentlich gibt es spezialgesetzliche Regelungen, die einzelne Maßnahmen vorschreiben, die als Compliance-Maßnahmen bezeichnet werden können. Dies ist zum Beispiel bei den oben erwähnten § 25a KWG und § 33 WpHG der Fall. Weitere Beispiele sind

---

269   Teil 2 A I.
270   *Bethge*, NJW 1982, 2145 (2150).
271   *Schneider*, ZIP 2003, 645 (646).
272   *Fleischer*, AG 2003, 291.
273   *Koch*, WM 2009, 1013.
274   *OLG Düsseldorf*, Beschluss vom 12.11.1998 – 2 Ss (OWi) 385/98 – (OWi) 112/98 III, wistra 1999, 115; *Fleischer*, AG 2003, 291 (300).

die §§ 3–9 Geldwäschegesetz und § 54 BImSchG. Diese Vorschriften schreiben Maßnahmen vor, die spezifischen Risiken vorbeugen sollen. Indem das Gesetz selbst bestimmte Maßnahmen vorsieht, ordnet es sozusagen eigene Compliance-Maßnahmen an. Es gibt somit eine „Pflicht zur Compliance", soweit man hierunter die allgemeine Pflicht zur Rechtstreue und die Pflicht, gesetzliche Vorgaben umzusetzen, versteht.

II. „Pflicht zur Compliance" – Allgemeine Rechtspflicht zur Errichtung eines institutionalisierten Compliance-Programms?

Uneinigkeit besteht erst bei der Frage, ob es eine allgemeine Rechtspflicht zur Einrichtung eines Compliance-Programms gibt. Zwar wird an verschiedenen Stellen die Leitungspflicht des Vorstandes aus § 76 Abs. 1 AktG konkretisiert, zum Beispiel durch § 91 Abs. 2 AktG, § 93 AktG, § 130 OWiG, sowie durch spezialgesetzliche Regelungen. Es ist aber umstritten, inwiefern diese eine allgemeine Rechtspflicht des Vorstandes begründen, ein institutionalisiertes Compliance-Programm einzurichten. Von einigen Stimmen wird das Bestehen einer solchen Pflicht bejaht, allerdings erfolgt die juristische Herleitung auf verschiedenen Wegen. Im Folgenden sollen unterschiedliche Ansätze dargestellt und untersucht werden.

1. Pflicht aus § 76 Abs. 1 AktG in Verbindung mit § 93 Abs. 1 S. 2 AktG?

Eine allgemeine Rechtspflicht zur institutionalisierten Compliance könnte sich aus der Leitungspflicht des Vorstandes nach § 76 Abs. 1 AktG ergeben. Der Vorstand hat die Gesellschaft in *eigener* Verantwortung zu leiten. Ihm steht daher ein gewisses Ermessen bei der Leitung der Gesellschaft zu, das er aber pflichtgemäß ausüben muss, um nicht nach § 93 Abs. 2 S. 1 AktG zu haften.[275] Auch Bestandteil der Leitungspflicht, aber mit etwas anderer Rechtsnatur, ist die unternehmerische Entscheidung. Zur unternehmerischen Freiheit gehören alle Entscheidungen, zu denen der Vorstand nicht schon qua Gesetz verpflichtet ist und die sich deshalb dadurch auszeichnen, dass sich der Vorstand für die eine oder für die andere Option entscheiden kann.[276]

a) Schlägt die Legalitätspflicht die Leitungsbefugnis?

Für die Frage nach der Pflicht zur Einrichtung eines Compliance-Programms ist zunächst zu bestimmen, ob es sich um eine unternehmerische Entscheidung im vorgenannten Sinne handelt oder nicht. Die Legalitätspflicht, die ebenfalls Bestandteil der Leitungsbefugnis des Vorstandes ist, verlangt vom Vorstand, für die

---

275 Vgl. Teil 2 A I a).
276 *Lutter*, ZIP 2007, 841 (843); *Müller*, Kartellrechtscompliance in Deutschland, 87.

eigene Rechtstreue und für die der Mitarbeiter zu sorgen.[277] Hier zählt vor allem das Ergebnis, die Pflicht gilt ausnahmslos und unabdingbar.[278] Wie der Vorstand die Rechtstreue sicherstellen soll, wird vom Gesetz an dieser Stelle jedoch nicht vorgeschrieben. Die Art und Weise, wie der Vorstand die Rechtstreue sicherstellen will, zum Beispiel mit Hilfe einer Compliance-Organisation, könnte daher im Ermessen des Vorstandes stehen. Gegen eine Ermessensentscheidung argumentiert der folgende Gedankengang:

- Ausgangspunkt/Definition: Der Vorstand ist zur Rechtstreue verpflichtet.
- Untersatz: Eine Compliance-Organisation ist ein probates Mittel, die Rechtstreue durchzusetzen.
- Conclusio: Ergo ist der Vorstand auch zur Einrichtung einer Compliance-Organisation verpflichtet ist.[279]

Diese Herleitung der Pflicht zur Compliance stützt sich auf die Annahme, dass zur Erfüllung der Legalitätspflicht erforderlich ist, die Rechtslage zu identifizieren und zu analysieren. Da dies wesentliche Bestandteile der Compliance-Organisation sind,[280] wird daraus geschlossen, dass die Einrichtung eines Compliance-Systems stets erforderlich sei. Dem Vorstand komme bei dieser Entscheidung folglich kein Ermessen zu.

Diese Überlegung vermischt jedoch die beiden Elemente der Compliance-Definition, nämlich Compliance als Rechtstreue und Compliance als organisatorische Sicherstellung eben dieser. Nur weil das eine Element (Rechtstreue) eine Pflicht ist und das andere Element (Compliance-Programm) ein Hilfsmittel zur Durchsetzung der ersten, überträgt sich nicht der Pflichtcharakter von dem einen auf das andere Element. Es ist auch nicht ersichtlich, dass ausschließlich ein Compliance-Programm zur Durchsetzung der Legalitätspflicht geeignet ist. Auch Einzelmaßnahmen können genügen. Nicht umsonst wird bei der konkreten Ausgestaltung der Compliance stets darauf hingewiesen, dass diese von der Situation des Unternehmens abhänge. Dies gilt auch für die Frage, ob ein Unternehmen überhaupt ein solches Programm nötig habe, sofern sich dies nicht aus dem Gesetz ergibt. Dass es im Einzelfall geboten sein kann, eine Compliance-Organisation einzurichten, wird dabei nicht ausgeschlossen. Dadurch fällt die Errichtung einer Compliance-Organisation aber nicht aus dem Spektrum der Ermessensentscheidung. Es entfällt dann vielmehr die Haftungsbefreiung auf Grund des zweiten Teils des Befreiungstatbestandes nach § 93 Abs. 1 S. 2 AktG: Der Vorstand durfte in diesem Fall bei seiner unternehmerischen Entscheidung – hier: kein Compliance-Programm einzurichten – nicht „vernünftigerweise annehmen, auf der Grundlage angemessener Information zum Wohle der Gesellschaft zu handeln." Kommt es dagegen zu einem

---

277   Fleischer, in: Spindler/Stilz, § 93 AktG, Rn. 14. Vgl. Teil 2 A I 2 a).
278   Bicker, AG 2012, 542 (543).
279   Müller, Kartellrechtscompliance in Deutschland, 89 f.
280   Vgl. Teil 2 A II 3 a).

Rechtsverstoß, ohne dass ein Compliance-Programm bestand und ohne, dass dies im Einzelfall erforderlich gewesen war, so profitiert der Vorstand beim fehlenden Compliance-Programm von der Haftungsbefreiung nach § 93 Abs. 1 S. 2 AktG.[281] Er haftet aber noch stets wegen des Rechtsbruches an sich als Verletzung der Legalitätspflicht. Eine Haftungslücke entsteht daher nicht.[282] Die Einrichtung einer Compliance-Organisation stellt somit eine unternehmerische Entscheidung dar und fällt unter das Leitungs- und Organisationsermessen des Vorstandes. Die Legalitätspflicht beseitigt dieses Ermessen nicht.

b) Reduziert die Legalitätspflicht das Leitungsermessen?

Aus dem Zusammenspiel der verschiedenen Pflichten des Vorstandes könnte konkludiert werden, dass das Entschließungsermessen des Vorstandes zur Einrichtung eines Compliance-Programms auf Null reduziert sei.[283] In der Theorie sei dem Vorstand und allen Mitarbeitern des Unternehmens bekannt, dass sie sich rechtstreu zu verhalten hätten. In der Praxis sei dies jedoch nicht der Fall. Zur Durchsetzung der Legalitätspflicht sei der Vorstand daher verpflichtet, entsprechende Maßnahmen zu treffen, namentlich zur Einführung eines organisatorischen Compliance-Systems. Die Legalitätspflicht verdichte das Ermessen des Vorstandes zur Handlungspflicht, so dass der Ermessensspielraum für die Einführung eines Compliance-Programms schließlich auf Null reduziert werde.[284] Lediglich beim Auswahlermessen bestehe grundsätzlich ein Ermessensspielraum. Dieses müsse sich am Unternehmensinteresse orientieren, so dass der Maßstab für das Compliance-System die Geeignetheit, die Erforderlichkeit und die Angemessenheit des Systems sei. Auch dieses Ermessen könne durch spezialgesetzliche Anforderungen, allgemeiner Branchenstandards oder Behördenauflagen reduziert sein.[285]

Dieser Ansatz verkennt allerdings die Reichweite der Leitungsautonomie. Die unternehmerische Freiheit ist die Prämisse für das Handeln des Vorstands.[286] Das bedeutet nicht, dass der Vorstand nach Belieben verfahren kann. Wie oben ausgeführt, ist die Autonomie des Vorstandes durch verschiedene Normen, so auch durch die Legalitätspflicht, eingeschränkt. Die Legalitätspflicht schreibt dem Vorstand aber lediglich vor, welche Faktoren er unter anderem bei der Entscheidungsfindung zu berücksichtigen hat. Es muss gewissermaßen eine praktische Konkordanz zwischen Legalitätspflicht und Organisationsermessen hergestellt werden, die von dem

---

281 Ebenso *Bachmann*, in: Gesellschaftsrecht in der Diskussion 2007, 65 (85).
282 Daher erübrigen sich auch die längeren Ausführungen gegen die Dispositionsfähigkeit der Legalitätspflicht bei *Müller*, Kartellrechtscompliance in Deutschland, 89.
283 *Bürkle*, BB 2005, 565.
284 *Bürkle*, BB 2005, 565 (569).
285 *Bürkle*, BB 2005, 565 (569 f.).
286 *BGH*, Urteil vom 21.04.1997 – II ZR 175/95 ARAG, NJW 1997, 1926; *Hauschka*, ZIP 2004, 877 (878); Koch, in: Hüffer, § 93 AktG, Rn. 18.

situativen Kontext des Unternehmens abhängt.[287] Dabei trifft den Vorstand eine Pflicht zur Selbsteinschätzung bezüglich der meisten Entscheidungen ex ante.[288] Im Einzelfall kann dies zur Verdichtung des Organisationsermessens führen. Die Legalitätspflicht führt aber nicht zwingend dazu, dass die Entscheidungsfindung des Vorstandes stets zu dem gleichen Beschluss führt, nämlich pro Einführung eines Compliance-Programms. Eine allgemeine Ermessensreduzierung auf Null besteht folglich nicht. Daher rechtfertigt die Legalitätspflicht keine allgemein geltende Rechtspflicht zur Compliance-Organisation für alle Unternehmen. Die Pflicht zur Einrichtung einer Compliance-Organisation ergibt sich somit nicht unmittelbar aus § 76 Abs. 1 AktG in Verbindung mit § 93 Abs. 1 S. 2 AktG.

2. Pflicht aus § 91 Abs. 2 AktG?

Die Einrichtung einer Compliance-Organisation könnte durch § 91 Abs. 2 AktG gefordert sein. Auch wenn man nicht dem betriebswirtschaftlichen Ansatz folge, dass alle Risiken möglichst früh erfasst werden müssen,[289] so gebe es doch die Gefahr, dass sich rechtliche Risiken kumulativ zu einer Bedrohung für den Fortbestand des Unternehmens entwickelten.[290]

Dem ist entgegen zu halten, dass die Herleitung einer allgemeinen Rechtspflicht zur Compliance-Organisation nicht vom Wortlaut gedeckt wird. § 91 Abs. 2 AktG bezieht sich explizit nur auf bestandsgefährdende Risiken. Nicht jeder Rechtsverstoß stellt eine Existenzgefährdung in diesem Sinne dar.[291] Zwar kann eine Kumulation von Verstößen zu einer Existenzgefährdung führen. Die Präventionsanforderungen des § 91 Abs. 2 AktG verlangen aber nicht generell, dass alle Rechtsverstöße durch ein präventives System verhindert werden. Außerdem hat § 91 Abs 2 AktG nur klarstellenden Charakter bezüglich des Umfangs der Leitungspflicht nach § 76 Abs. 1 AktG.[292] Er hat daher keinen neuen Regelungsumfang und kann keine neue Pflicht begründen. Die Leitungspflicht nach § 76 Abs. 1 AktG beinhaltet aber gerade die Leitungsautonomie in den Grenzen des Gesellschaftsrechts, zum Beispiel dem Unternehmensgegenstand und dem Unternehmensinteresse.[293]

---

287 *Hauschka*, ZIP 2004, 877 (878).

288 *Schwintowski*, NZG 2005, 200 (201).

289 *RegE*, Entwurf eines Gesetzes zur Kontrolle und Transparenz im Unternehmens-bereich (KonTraG), BT-Drucks. 13/9712, 15. Es bleibt bei einer Einzelfallbetrach-tung, eine allgemeine Pflicht kann nicht hergeleitet werden. Im Ergebnis ebenso: *Dreher*, in: FS Hüffer, 161 (168).

290 *Kuhl/Nickel*, DB 1999, 133; *Schwintowski*, NZG 2005, 200 (201); *Berg*, AG 2007, 271 (274).

291 *Hauschka*, ZIP 2004, 877 (878); *Koch*, WM 2009, 1013 (1014); *Bachmann*, in: Gesellschaftsrecht in der Diskussion 2007, 65 (72).

292 *RegE*, Entwurf eines Gesetzes zur Kontrolle und Transparenz im Unternehmens-bereich (KonTraG), BT-Drucks. 13/9712, 15.

293 Koch, in: Hüffer, § 76 AktG, Rn. 28; *Dreher*, in: FS Hüffer, 161 (162).

§ 91 Abs. 2 AktG kann hierfür keine neue Grenze sein und begründet daher auch keine Rechtspflicht zur Errichtung eines Compliance-Programms.

3. Pflicht aus Einzelanalogie – § 91 Abs. 2 AktG?

Wie oben ausgeführt,[294] konkretisiert § 91 Abs. 2 AktG die Leitungspflicht des Vorstandes hinsichtlich der Einführung eines Risikomanagementsystems. Die Pflicht nach § 91 Abs. 2 AktG umfasst die Früherkennung bestandsgefährdender Risiken. Ein Compliance-Programm, das Rechtsverstößen vorbeugen soll, die den Bestand des Unternehmens gefährden, fällt direkt unter die Regelung des § 91 Abs. 2 AktG. Anders ist dies bei den Maßnahmen des Compliance-Programms, die die Vermeidung von weniger folgenreichen Rechtsbrüchen zum Ziel haben. Fraglich ist, ob die Norm nicht durch Herleitung einer Einzelanalogie auch die Einführung eines allgemeinen Compliance-Systems umfassen könnte. Dafür muss der vom Gesetz geregelte Sachverhalt dem vorliegenden Sachverhalt so ähnlich sein, dass sich die Rechtsfolge übertragen lässt.[295] Sowohl die angeführte Norm § 91 Abs. 2 AktG als auch der vorliegende Sachverhalt müssen analogiefähig sein. Eine Norm ist dann analogiefähig, wenn sie einen verallgemeinerungsfähigen Rechtsgedanken verkörpert. Dies ist dann nicht der Fall, wenn die Auslegung der Norm ergibt, dass der geregelte Tatbestand „den Anwendungsbereich der angeordneten Rechtsfolge abschließend beschreibt oder nicht. Ergibt sich, dass der Gesetzgeber die Rechtsfolge auf die im Tatbestand beschriebenen Fälle beschränken wollte, kommt eine Analogie nicht in Betracht."[296]

Der Gesetzgeber hat mit § 91 Abs. 2 AktG die Leitungspflicht konkretisiert, aber nicht abschließend geregelt.[297] § 91 Abs. 2 AktG ist daher analogiefähig. Des Weiteren muss auch der zu untersuchende Sachverhalt analogiefähig sein. Dies ist dann der Fall, wenn er dem geregelten Sachverhalt so stark ähnelt, dass eine Übertragung der Rechtsfolge beziehungsweise des Rechtsgedankens erfolgen kann. Auch die Ähnlichkeit bestimmt sich nach der Auslegung der analog anzuwendenden Norm: Maßstab sind die Systematik, das Telos und die Historie der Norm. Entspricht der zu beurteilende Sachverhalt unter einem dieser drei Aspekte der Norm, dann kann er als ähnlich genug bewertet werden, um eine Analogie zu bilden.[298] Die Einrichtung eines allgemeinen Compliance-Programmes muss also mit der Einrichtung eines Früherkennungssystems im Sinne des § 91 Abs. 2 AktG so vergleichbar sein, dass die Rechtsfolge der Norm, hier die Pflicht zur Einrichtung eines solchen Programmes, übertragen werden kann. Eine Analogie würde jedenfalls nicht an der Entstehungsgeschichte des § 91 Abs. 2 AktG scheitern. Als § 91 Abs. 2 AktG durch das KonTraG im Jahr 1998 eingeführt wurde, begann die Diskussion um Umfang und

---

294 Vgl. Teil 2 A I 2 b).
295 *Luther*, Jura 2013, 449 (453).
296 *Luther*, Jura 2013, 449 (450). Paradebeispiel hierfür ist Art. 103 Abs. 2 GG.
297 Vgl. Teil 2 A I 2 b).
298 *Luther*, Jura 2013, 449.

Ausgestaltung des Compliance-Begriffes erst. Allerdings dürften einer Analogie-bildung auch nicht Telos und Systematik entgegenstehen. Hieran scheitert es aber auf Grund der unterschiedlichen Gefahrenpotenziale, die die Pflicht zum Risiko-management nach § 91 Abs. 2 AktG und die Pflicht zur institutionalisierten Compliance haben. Das Organisationsermessen des Vorstandes wird dort beschränkt, wo es um den Fortbestand der Gesellschaft geht. Rechtsbrüche mit weniger gravierenden Folgen rechtfertigen hingegen keinen Eingriff in die Organisationsfreiheit des Vorstandes. Daher scheitert eine Einzelanalogie zu § 91 Abs. 2 AktG an der fehlenden Vergleichbarkeit der Sachverhalte.

4. Pflicht aus Gesamtanalogie?

Die Verpflichtung der Unternehmen zur Errichtung einer Compliance-Organisation könnte sich mit einer Gesamtanalogie begründen lassen.[299] Nach dieser Ansicht sehe das Gesetz zwar nicht ausdrücklich eine Pflicht zur Einrichtung einer Compliance-Organisation vor. Jedoch könne der Rechtsgedanke der Vorschriften des Gesellschaftsrecht, des § 130 OWiG und spezialgesetzlicher Normen, die sich auf bestimmte Compliance-Maßnahmen beziehen, analogiefähig sein. Zu diesen spezialgesetzlichen Pflichten zähle zum Beispiel die Meldepflichten über die Betriebsorganisation des § 52b BImSchG und des § 58 KrWG, oder auch die internen Sicherungsmaßnahmen nach § 9 Geldwäschegesetz.[300] Aus den vielen Einzelvorschriften könne eine allgemeine Rechtspflicht hergeleitet werden.[301]

Es ist daher zu untersuchen, ob die Voraussetzungen für eine Gesamtanalogie vorliegen. Bei einer Gesamtanalogie schließt man von einem oder mehreren Einzelfällen auf eine Regel.[302] Wie bei der Einzelanalogie müssen die vom Gesetz geregelten Sachverhalte dem vorliegen Sachverhalt so ähnlich sein, dass sich die Rechtsfolge übertragen lässt. Dafür müssen sowohl die angeführten Normen als auch der vorliegende Sachverhalt analogiefähig sein.[303]

Die Vorschriften des Gesellschaftsrechts und § 130 OWiG sind auf Grund ihres allgemeinen Charakters nicht abschließend und daher grundsätzlich analogiefähig. Die verschiedenen spezialgesetzlichen Vorschriften, die für die Bildung einer Gesamtanalogie angeführt werden, hat der Gesetzgeber eingeführt, um unterschiedliche (bereichsspezifische) Risiken zu verhindern, zum Beispiel die Belastung von Nachbarn und Allgemeinheit durch Immissionen (§ 52b BImSchG) oder die Belastung von Ressourcen und der Umwelt (§ 58 KrWG). Die „Rechtsfolge" besteht bei diesen Vorschriften in einer Berichtspflicht darüber, welche Maßnahmen das Unternehmen zur

---

299 *Schneider*, ZIP 2003, 645 (648 f.).
300 Der von *Schneider* angeführte § 14 Abs. 2 Geldwäschegesetz wurde im Rahmen der Reform vom 13.08.2008 aufgehoben und findet sich nun sinngemäß in § 9 Geldwäschegesetz n.F. wieder.
301 *Schneider*, ZIP 2003, 645 (649).
302 *Luther*, Jura 2013, 449 (452).
303 *Luther*, Jura 2013, 449 (453).

Erfüllung des BImSchG und des KrWG trifft. Dies impliziert, dass organisatorische Maßnahmen getroffen werden müssen, also eine Rechtspflicht zu organisatorischen Compliance-Maßnahmen besteht. Die verschiedenen Vorschriften sind in Wortlaut oder Systematik nicht so gefasst, dass sich eine Haftung nur auf diese spezifischen Risiken und Maßnahmen erstrecken soll. Vielmehr stellen die Normen Unterfälle der Risikohaftung dar. Es ist nicht zu erkennen, dass der Gesetzgeber eine abschließende oder ausschließliche Regelung treffen wollte. Eine Übertragung der „Rechtsfolge" auf ähnliche Fälle bei ähnlichen Risiken ist daher grundsätzlich möglich. Die von den Befürwortern einer Gesamtanalogie angeführten Einzelnormen sind folglich analogiefähig.

Des Weiteren muss auch der zu untersuchende Sachverhalt analogiefähig sein. Dies ist dann der Fall, wenn er dem geregelten Sachverhalt so stark ähnelt, dass eine Übertragung der Rechtsfolge beziehungsweise des Rechtsgedankens möglich ist.[304] Dies soll im Folgenden für die verschiedenen Normen einzeln untersucht werden.

a) § 52b Abs. 2 BImSchG und § 58 KrWG

Um analogiefähig zu sein, muss der zu untersuchende Sacherhalt „Betrieb eines Unternehmens" und der in den § 52b Abs. 2 BImSchG und § 58 KrWG geregelte Sachverhalt „Betrieb einer gefährlichen Anlage" vergleichbar sein. Der Gesetzgeber hat die Berichtspflicht für Compliance-Maßnahmen in Gesetzen untergebracht, die spezifische Gefahren bekämpfen sollen. Die restlichen Vorschriften des BImSchG und des KrWG regeln Abläufe und Anforderungen in den jeweiligen Bereichen, die der Gesetzgeber als so komplex oder gefahrvoll erachtet hat, dass spezifische Regelungen erforderlich waren. Die Berichtspflicht über die Beachtung der Vorschriften in der innerbetrieblichen Organisation soll den Regelungskomplex abrunden. Ziel und Zweck der Maßnahmen ist in erster Linie die Gewährleistung einer umfassenden Durchsetzung der Regelungen des BImSchG und des KrWG. Nach der Systematik und dem Telos der verschiedenen Normen scheidet eine Analogie folglich aus. Hingegen wäre denkbar, dass ein Unternehmen ebenfalls zu einer innerbetrieblichen Compliance-Organisation verpflichtet ist, wenn es durch seinen Betrieb ein gleich großes Risiko schafft wie die von § 52b Abs. 2 BImSchG und § 58 KrWG betroffenen Unternehmen. Dagegen spricht aber die Systematik der Rechtsordnung, dass der Gesetzgeber grundsätzlich nur besonders gefahrvolle Aktivitäten regelt, damit Eingriffe in die unternehmerische Freiheit verhältnismäßig bleiben. Außerdem geht es bei der vorliegend zu prüfenden Pflicht zur Compliance-Organisation um die Frage nach einer allgemeinen Pflicht, die Rechtstreue des Unternehmens durch organisatorische Maßnahmen zu garantieren. Das Gefahrenpotenzial bezüglich der Verletzung der allgemeinen Rechtstreue müsste vergleichbar sein mit dem Gefahrenpotenzial von Anlagen im Sinne des § 4 BImSchG. Allein das Betreiben eines Unternehmens stellt aber kein ähnliches Gefahrenpotenzial dar. Ansonsten hätte der Gesetzgeber auch das Gesellschaftsrecht anders ausgestaltet, dass sich in erster

---

304 *Luther*, Jura 2013, 449.

Linie mit den Gefahren in Unternehmen beschäftigt. Die Sachverhalte „Betrieb eines Unternehmens" und „Betrieb einer gefährlichen Anlage" sind also nicht vergleichbar und damit auch nicht analogiefähig. Eine Analogie aus § 52b Abs. 2 BImSchG und § 58 KrWG scheidet daher aus.

b) § 9 Geldwäschegesetz

Ähnlich stellt sich der Vergleich mit der Gefahrenlage nach § 9 Geldwäschegesetz dar, so dass kann auch eine Analogie aus § 9 Geldwäschegesetz zu verneinen ist. Laut § 9 Abs. 1 Geldwäschegesetz besteht der Zweck der vorgeschriebenen internen Sicherungsmaßnahmen darin, zu verhindern, dass Finanz- und Versicherungsunternehmen zur Geldwäsche und zur Terrorismusfinanzierung missbraucht werden. Diese Gefahren gehen vor allem von Dritten aus, die verdeckt agieren. Bei der Geldwäsche soll verhindert werden, dass illegale Geldströme legal werden, bei der Terrorismusfinanzierung steht die Richtung der Geldströme im Mittelpunkt.[305] Bei dem Betrieb anderer Unternehmen als denjenigen, die zu den Maßnahmen nach Geldwäschegesetz verpflichtet sind, entstehen jedoch keine entsprechend hohen Risiken. Die Risiken, denen mit einem institutionalisierten Compliance-Programm vorgebeugt werden soll, umfassen möglicherweise auch vergleichbar starke Rechtsbrüche wie diejenigen, die nach dem Geldwäschegesetz eingeschränkt werden sollen, aber nicht ausschließlich diese Risiken. Da das Gefahrenpotenzial bei dem Betrieb eines Unternehmens, das nicht zur Anwendung des Geldwäschegesetzes verpflichtet ist, nicht entsprechend groß ist, sind die Sachverhalte nicht vergleichbar. Es zeigt sich, dass branchenspezifische öffentlich-rechtliche Normen nur unter restriktiven Kriterien verallgemeinert und auf das Gesellschaftsrecht übertragen werden können.[306] Eine Analogiebildung scheidet im vorliegenden Fall aus.

c) Gesellschaftsrecht und § 130 OWiG

Auch für die analoge Anwendung der Organisationspflichten des Gesellschaftsrechts müssen vergleichbare Sachverhalte vorliegen. Das Gesellschaftsrecht sieht, wie oben beschrieben, mit § 76 AktG und § 93 Abs. 2 AktG Vorschriften vor, die sich mit der Legalitätspflicht und der Haftung der Leitungsorgane beschäftigen und auch Organisationspflichten festlegen. Allerdings fehlt, wie oben ebenfalls festgestellt,[307] eine Vorschrift für die Einrichtung eines Compliance-Programms beziehungsweise die Vorschrift konkreter Compliance-Maßnahmen. Daher ist zunächst fraglich, aus welchen konkreten Normen eine Gesamtanalogie hergeleitet werden soll. Zu denken wäre an die Legalitätspflicht und die Organisationspflicht. Hier fehlt aber gerade die Vorschrift zur Institutionalisierung von Maßnahmen. Dieses Fehlen kann zwar als Defizit empfunden werden, entspricht aber dem gesetzlichen Duktus im

---

305 Warius, in: Herzog, § 9 GWG, Rn. 1.
306 *Bicker*, AG 2012, 542 (544).
307 Teil 2 C II 1 und 2.

Gesellschaftsrecht. Dieses soll nämlich die unternehmerische Freiheit, die als Teil der Berufsfreiheit durch Art. 12 Abs. 1 GG verfassungsrechtlich geschützt ist, nur dort beschränken, wo dies erforderlich ist. Der Gesetzgeber hat dem Vorstand gerade ein Organisationsermessen zugebilligt. Dieses umschließt auch die Leitungs- und Legalitätspflicht des Vorstandes im AktG. Die Normen des Gesellschaftsrechts sind zwar grundsätzlich analogiefähig, eignen sich vorliegend aber nicht für eine Gesamtanalogie, da ein vergleichbarer Sachverhalt wie die Rechtspflicht zur Einrichtung einer Compliance-Organisation nicht geregelt ist. Einzig § 91 Abs. 2 AktG könnte mit der Pflicht zur Einrichtung eines Risikomanagementsystems einen Sachverhalt vergleichbar einer Compliance-Organisation regeln. Dessen analoge Anwendung ist aber oben auf Grund Telos und Systematik abgelehnt worden.[308] Aus § 91 Abs. 2 AktG allein könnte sowieso keine Gesamtanalogie gebildet werden, da bei dieser die Herleitung eines allgemeinen Rechtsgedankens aus mehreren ähnlichen Einzelfallregelungen erfolgt.[309]

Ähnlich wie beim Gesellschaftsrecht verhält es sich mit der Analogiefähigkeit des von § 130 OWiG geregelten Sachverhaltes. Auch hier sieht der Gesetzgeber zwar eine Haftung für das Unterlassen „der erforderlichen Maßnahmen" vor. Zu den erforderlichen Maßnahmen kann auch eine Institutionalisierung gehören.[310] Dies ist allerdings schon vom Tatbestand der Norm erfasst, eine analoge Anwendung daher nicht erforderlich. Falls eine Institutionalisierung der Maßnahmen jedoch immer als erforderlich angesehen wird, d.h. ohne Betrachtung des Einzelfalles, müsste wieder über eine Analogie nachgedacht werden. Hier kommen aber die gleichen Argumente zum Tragen wie bei der Untersuchung des Gesellschaftsrechtes. Der Gesetzgeber hat dem Unternehmensinhaber gerade ein Organisationsermessen zugebilligt und auf das Vorschreiben konkreter Maßnahmen verzichtet. Außerdem besteht ein Unterschied in den geschützten Rechtsgütern: § 130 OWiG schützt Rechtsgüter der Allgemeinheit, durch Compliance-Maßnahmen sollen in erster Linie Unternehmensinteressen geschützt werden.[311] Die Herleitung einer allgemeinen Rechtspflicht zur institutionalisierten Compliance würde daher auch gegen Systematik und Zweck des § 130 OWiG verstoßen. Mangels vergleichbarer Sachverhalte kann daher auch § 130 OWiG nicht für eine Analogie herangezogen werden.

d) Zusammenfassung der Überlegungen zur Gesamtanalogie

Die für eine Gesamtanalogie angeführten Normen lassen sich nicht so auslegen, dass eine Gesamtanalogie gebildet werden kann. Die betreffenden Normen repräsentieren zwar einen allgemeinen Rechtsgedanken – nämlich das Prinzip, dass derjenige, der eine Gefahrenquelle eröffnet, die erforderlichen Maßnahmen treffen muss, damit die Gefahr sich nicht in einem Schaden realisiert. Dieses Prinzip kommt aber in

---

308   Teil 2 C II 3.
309   *Luther*, Jura 2013, 449 (452).
310   Vgl. Teil 2 A I 3.
311   *Busekist/Hein*, CCZ 2012, 41 (44).

vielen verschiedenen Normen zum Ausdruck, nicht nur in den oben Angeführten.[312] All diesen Normen ist gemein, dass sie eine Haftung für die Realisierung der jeweiligen Gefahr vorschreiben, aber in den wenigsten Fällen, welche Schutzmaßnahmen getroffen werden sollen. Eine Rechtspflicht zur institutionalisierten Compliance kann daher nicht durch Gesamtanalogie hergeleitet werden.

5. Rechtspflicht aus DCGK?

Möglicherweise ergibt sich eine Pflicht zur Compliance aus dem DCGK. Dies ist insbesondere dann der Fall, wenn die Formulierung der Ziffer 4.1.3 DCGK - beziehungsweise überhaupt die Aufnahme der Compliance in den Kodex - eine Bedeutung über die bloße Feststellung des Status Quo hinaus hat. So wird zum Beispiel durch die Formulierung der Ziffer 4.1.3 DCGK im Indikativ ein Beleg gesehen, dass der Kodex eine Rechtspflicht des Vorstandes zur Compliance bejahe. Da vorher keine Klarheit bestanden habe, ob der Vorstand eine Pflicht zur Compliance habe, sei Ziffer 4.1.3 DCGK eine Klarstellung der Rechtslage.[313] Diese Ansicht zur Reichweite der Ziffer 4.1.3 DCGK ist allerdings zu weitgehend. Denn zum einen kann der DCGK als Werk einer Regierungskommission keine verbindlichen Entscheidungen treffen, die die Rechtslage verändern. War diese vorher verworren, so kann der DCGK höchstens als Auslegungshilfe, nicht aber als Entscheidung eines Rechtsproblems hinzugezogen werden. Zum anderen ist überhaupt fraglich, ob die Rechtslage verworren war. Denn durch § 76 AktG normiert das Gesetz unstreitig die Leitungspflicht des Vorstandes; dass hiervon auch die Legalitäts- und die Organisationspflicht umfasst wird, ist ebenso anerkannt.[314] Die Legalitätspflicht umfasst im Zusammenspiel mit der Organisationspflicht und der Möglichkeit der Verantwortungsdelegation, die Kontrolle des gesetzeskonformen Verhaltens von Mitarbeitern. Von hier ist es nur ein kleiner logischer Schritt zu der Feststellung, dass diese Kontrolle möglicherweise nur durch organisatorische Maßnahmen umgesetzt werden kann. Daher stand schon vor der Einführung der Compliance in den DCGK fest, dass die Rechtspflicht zur Legalitätskontrolle auch die Vornahme von Compliance-Maßnahmen umfassen kann. Eine Pflicht zur Einrichtung eines Compliance-Programmes bestand jedoch nicht und wird auch nicht durch den DCGK eingeführt.

6. Zwischenfazit

Es mag viele praktische Gründe für die Einrichtung einer Compliance-Organisation geben. Im Einzelfall können in Unternehmen Umstände auftreten, die die Einrichtung eines Compliance-Programmes erforderlich machen, will der Vorstand seinen

---

312 Vgl. beispielhaft Haftung aus Verkehrspflicht gem. § 823 Abs. 1 BGB, Tierhalterhaftung des § 833 BGB, Halterhaftung des § 7 StVG.
313 *Bürkle*, BB 2007, 1797 (1798).
314 Vgl. Teil 2 A I 2 a).

Leitungspflichten genügen. Zu diesen gehört zum Beispiel das Gefahrenpotenzial auf Grund der Größe und Tätigkeit des Unternehmens[315] oder die Wiederholungsgefahr, falls es Verstöße in der Vergangenheit gab.[316] Eine allgemeine Rechtspflicht zur Einrichtung eines Compliance-Programms lässt sich allerdings nicht herleiten.

Diese Auslegung wird durch die neueste Rechtsprechung bestätigt. Beispielhaft ist das Neubürger-Urteil des LG München.[317] In dem Fall Neubürger warf die Siemens AG ihrem Vorstandsmitglied Neubürger vor, nicht genug getan zu haben, sowohl gegen das „System der schwarzen Kassen" als auch gegen die Praxis von Scheinberaterverträgen, mit denen jeweils Bestechungen finanziert und vertuscht wurden. Die Siemens AG verlangte von Neubürger Schadensersatz wegen Verletzung seiner Aufsichtspflicht gemäß § 93 Abs. 2 AktG. Das LG München stellt in seinem Urteil fest, dass „ein Vorstandsmitglied im Außenverhältnis sämtliche Vorschriften einhalten [muss], die das Unternehmen als Rechtssubjekt treffen. [...] Einer derartigen Organisationspflicht genügt der Vorstand bei entsprechender Gefährdungslage nur dann, wenn er eine auf Schadensprävention und Risikokontrolle angelegte Compliance-Organisation einrichtet [...]."[318] Das Gericht lässt jedoch offen, ob sich diese Pflicht dogmatisch aus § 91 Abs. 2 AktG oder aus der allgemeinen Leitungspflicht des § 76 Abs. 1 AktG in Verbindung mit § 93 Abs. 1 AktG ergibt. Umfang und Ausgestaltung hingen jedenfalls von den Umständen des einzelnen Unternehmens ab, wie zum Beispiel Art, Größe, Organisation und geographische Präsenz.[319] Diese Pflicht obliegt dem Vorstand in Gesamtverantwortung, so dass sich ein einzelnes Mitglied nicht dadurch exkulpieren kann, dass der Verstoß in einem anderen Ressort begangen wurde. Da Neubürger als Vorstandsmitglied von den schwarzen Kassen und den Scheinberaterverträgen Kenntnis erhalten hatte, hätte er sich auf Ebene des Gesamtvorstandes für ein effizienteres Compliance–System einsetzen müssen.[320]

Das Gericht geht folglich von einer Pflicht zur Compliance aus, aber nur bei „entsprechender Gefährdungslage".[321] Es bleibt – wie festgestellt – dabei, dass eine allgemeine Rechtspflicht zur Einrichtung eines Compliance-Programmes nicht besteht. Zu untersuchen ist stets, ob die Einrichtung eines Compliance-Programms im Einzelfall erforderlich und zumutbar ist.

---

315   *Kiethe*, GmbHR 2007, 393 (397); *Winter*, in: FS Hüffer, 1103 (1105); *Bachmann*, in: Gesellschaftsrecht in der Diskussion 2007, 65 (68).

316   *Reichert/Ott*, ZIP 2009, 2173 (2174); *Winter*, in: FS Hüffer, 1103 (1105 f.).

317   *LG München*, Urteil vom 10.12.2013 – 5 HKO 1387/10 Neubürger, AG 2014, 332.

318   *LG München*, Urteil vom 10.12.2013 – 5 HKO 1387/10 Neubürger, AG 2014, 332 (333 f.).

319   *LG München*, Urteil vom 10.12.2013 – 5 HKO 1387/10 Neubürger, AG 2014, 332 (334).

320   *LG München*, Urteil vom 10.12.2013 – 5 HKO 1387/10 Neubürger, AG 2014, 332 (334).

321   *LG München*, Urteil vom 10.12.2013 – 5 HKO 1387/10 Neubürger, AG 2014, 332 (334).

3. Teil: Compliance Defence im EU-Kartellrecht

A. Wer haftet im Kartellbußgeldverfahren?

Um zu untersuchen, auf welche Weise sich Compliance-Programme auf die Haftung für Kartellverstöße auswirken können, muss zunächst festgestellt werden, wer eigentlich von der Haftung betroffen ist. Auf europäischer Ebene steht das Unternehmen als Haftungseinheit an zentraler Stelle. Da es für das Unternehmen keine Legaldefinition gibt,[322] ist auf die Konkretisierung durch Entscheidungspraxis der Kommission und darauffolgender Rechtsprechung des EuGHs zu schauen (I). Die Situation von Gemeinschaftsunternehmen wird in einem eigenen Abschnitt betrachtet (II). Gleichzeitig hat die Bestimmung des Begriffes von Kommission und EuGH mannigfaltige Kritik hervorgerufen (III).

I. Das Unternehmen als wirtschaftliche Einheit und die Bedeutung für Konzerne

Wie im zweiten Teil kurz beschrieben, ist Adressat des europäischen Kartellverbots nach Art. 101 Abs. 1 AEUV das Unternehmen.[323] Dieses besteht nach ständiger Entscheidungspraxis der Kommission und ständiger Rechtsprechung des EuGHs aus einer wirtschaftlichen Einheit, unabhängig von ihrer juristischen Organisation. Ein Unternehmen kann daher auch aus mehreren juristischen Personen bestehen.[324] Dieser Definitionsansatz trägt der Tatsache Rechnung, dass eine bestimmte wirtschaftliche Tätigkeit nicht zwingend von einer juristischen Person ausgeführt

---

322 Auch die Kartellschadensersatzrichtlinie definiert den Unternehmensbegriff nicht. Nach Art. 1 Abs. 1 der Richtlinie 2014/104/EU vom 26.11.2014 ist Anspruchsgegner bei Schadensersatzforderungen aus Kartellschäden das Unternehmen. Der Begriff des Unternehmens wird jedoch in der Richtlinie nicht bestimmt. Es bleibt daher bei einem Rückgriff auf Entscheidungs- und Rechtsprechungspraxis.

323 Der Unternehmensbegriff ist von entscheidender Bedeutung für die Möglichkeit der Compliance Defence, stellt aber in sich einen Gegenstand dar, der eine umfangreiche Untersuchung rechtfertigt. Er soll daher in angemessener Länge behandelt werden, ohne jedoch den Fokus der Untersuchung zu verschieben.

324 *EuGH*, Urteil vom 14.07.1972 – C-48/69, ECLI:EU:C:1972:70 ICI, Slg. 1972, 619 (132/135); *EuGH*, Urteil vom 11.12.2007 – C-280/06, ECLI:EU:C:2007:775 ETI, Slg. 2007, I-10893 (Rn. 38); *EuGH*, Urteil vom 28.06.2005 – C-189/02 P, ECLI:EU:C:2005:408 Dansk Rorindustri, Slg. 2005, I-5425 (Rn. 112); *EuG*, Urteil vom 27.03.2014 – T-56/09, ECLI:EU:T:2014:160 Saint-Gobain, noch nicht veröffentlicht (Rn. 206).

wird. Verschiedene Gründe können für einer Aufteilung über mehrere juristische Personen sprechen, das tatsächliche Marktverhalten erfolgt aber einheitlich. Das Kartellverbot des Art. 101 Abs. 1 AEUV adressiert alle juristischen Einheiten, die an diesem Marktverhalten beteiligt sind.

1. Der Konzern als wirtschaftliche Einheit

Für Konzerne bedeutet dies, dass eine Muttergesellschaft für kartellrechtliche Verstöße ihrer Tochtergesellschaft mithaften kann. Eine eigenhändige Beteiligung der Mutter am Verstoß ist nicht erforderlich, wenn sie zusammen mit ihrer Tochter als wirtschaftliche Einheit gilt.[325] Wann eine wirtschaftliche Einheit vorliegt, ergibt sich aus den Umständen und ist im Einzelfall zu bestimmen. Anhaltspunkte ergeben sich aus den rechtlichen, wirtschaftlichen und organisatorischen Verbindungen einzelner Unternehmensteile.[326] Bei Mutter- und Tochtergesellschaften wird darauf abgestellt, inwiefern sich die Tochter autonom am Markt verhält. Übt die Mutter einen bestimmenden Einfluss auf die Geschäftspolitik der Tochter aus, dann bilden Mutter und Tochter eine wirtschaftliche Einheit.[327] Verschiedene Indizien werden hierfür herangezogen, „auch wenn keiner dieser Umstände für sich allein genügt, um das Bestehen einer solchen Einheit zu belegen."[328] Zu diesen Umständen gehören zum Beispiel die Gestaltung der Preispolitik, die Vertriebsaktivitäten, die Vorgabe von Umsatzzielen und Margen sowie die Organisation von Lagerung und Marketingmaßnahmen.[329] Häufig wird in diesem Zusammenhang von einem Weisungsverhältnis zwischen Mutter und Tochter gesprochen.[330] Dieses bezieht sich jedoch nicht auf gesellschaftsrechtliche Strukturen wie die Weisungsbefugnis in einem

---

325 *EuG*, Urteil vom 13.07.2011 – T-138/07, ECLI:EU:T:2011:362 Schindler Holding, Slg. 2011, II-4819 (Rn. 82).

326 *EuGH*, Urteil vom 28.06.2005 – C-189/02 P, ECLI:EU:C:2005:408 Dansk Rorindustri, Slg. 2005, I-5425 (Rn. 117); *EuGH*, Urteil vom 10.09.2009 – C-97/08 P, ECLI:EU:C:2009:536 Akzo Nobel, Slg. 2009, I-8237 (Rn. 74).

327 *EuGH*, Urteil vom 14.07.1972 – C-48/69, ECLI:EU:C:1972:70 ICI, Slg. 1972, 619 (Rn. 132); *EuGH*, Urteil vom 16.11.2000 – C-286/98 P, ECLI:EU:C:2000:630 Stora Kopparbergs, Slg. 2000, I-9945 (Rn. 29); *EuGH*, Urteil vom 10.09.2009 – C-97/08 P, ECLI:EU:C:2009:536 Akzo Nobel, Slg. 2009, I-8237 (Rn. 72); *EuG*, Urteil vom 27.03.2014 – T-56/09, ECLI:EU:T:2014:160 Saint-Gobain, noch nicht veröffentlicht (Rn. 209).

328 *EuGH*, Urteil vom 01.07.2010 – C 407/08 P, ECLI:EU:C:2010:389 Knauf Gips, Slg. 2010, I-06375 (Rn. 65).

329 Liste in Anlehnung an *EuGH*, Urteil vom 10.09.2009 – C-97/08 P, ECLI:EU:C:2009:536 Akzo Nobel, Slg. 2009, I-8237 (Rn. 64); *Voet van Vormizeele*, WuW 2010, 1008 (1012).

330 *EuGH*, Urteil vom 14.07.1972 – C-48/69, ECLI:EU:C:1972:70 ICI, Slg. 1972, 619 (132/135); *EuGH*, Urteil vom 21.02.1973 – C-6/72, ECLI:EU:C:1973:22 Continental Can, Slg. 1973, 215 (Rn. 15); *EuGH*, Urteil vom 28.06.2005 – C-189/02 P, ECLI:EU:C:2005:408 Dansk Rorindustri, Slg. 2005, I-5425 (Rn. 117); *EuG*, Urteil vom 13.07.2011 – T-144/07, ECLI:EU:T:2011:364 ThyssenKrupp Liften (Rn. 311);

Vertragskonzern nach § 308 AktG, sondern auf ein faktisches Weisungsverhältnis.[331] Der Einfluss der Mutter muss sich dabei nicht auf den spezifischen Bereich erstrecken, in dem der Kartellverstoß begangen wurde, und erst recht nicht auf die konkrete Zuwiderhandlung. Auch ein konkreter Einfluss auf operative Bereiche oder auf das Tagesgeschäft ist nicht erforderlich.[332]

Wenn eine Muttergesellschaft 100% der Kapitalanteile an der Tochter hält, besteht zumindest die Möglichkeit der Ausübung von bestimmendem Einfluss. Der EuGH steht der Kommission zu, dass sie in diesem Fall vermuten darf, dass dieser Einfluss auch geltend gemacht wurde. Sie muss dann keine zusätzlichen Beweise für das Vorliegen einer wirtschaftlichen Einheit vorbringen. Die Muttergesellschaft kann diese Vermutung widerlegen, wenn sie darbringt, dass sie keinen Einfluss auf das Marktverhalten der Tochter ausgeübt hat.[333] Der Gegenbeweis kann sich wie der Beweis der wirtschaftlichen Einheit aus wirtschaftlichen, rechtlichen oder organisatorischen Verhältnissen ergeben.

Denkbar sind folgende Konstellationen, in denen eine wirtschaftliche Einheit trotz 100% Kapitalbeteiligung nicht besteht:[334] So könnte die Mutter den Gegenbeweis erfolgreich führen, wenn Mutter und Tochter zu marktüblichen Bedingungen miteinander Geschäfte machten. Des Weiteren kann es an der Ausübung bestimmender Kontrolle fehlen, wenn die hundertprozentige Kapitalbeteiligung nur von kurzer Dauer ist und daher die Muttergesellschaft kein Interesse an der Ausübung ihrer Bestimmungsrechte hat. Auch bei einem Treuhand-Verhältnis könnte es an einem Weisungsverhältnis mangeln, da die Muttergesellschaft die Beteiligungsrechte nicht im eigenen Interesse führen würde. Schließlich könnte auch bei einer Beteiligung als reiner Finanzinvestor der Einfluss auf das Marktverhalten fehlen.

Die letzte Konstellation – die Beteiligung als reiner Finanzinvestor – ist allerdings nicht gleichbedeutend mit dem Argument der Holdingstruktur. Allein die Tatsache,

---

    EuG, Urteil vom 27.03.2014 – T-56/09, ECLI:EU:T:2014:160 Saint-Gobain, noch nicht veröffentlicht (289, 311).

331   *Aberle*, Sanktionsdurchgriff und wirtschaftliche Einheit im deutschen und europäischen Kartellrecht, 57.

332   *EuGH*, Urteil vom 29.09.2011 – C-520/09 P, ECLI:EU:C:2011:619 Arkema, Slg. 2011, I-08901 (Rn. 48 ff.); *EuG*, Urteil vom 13.07.2011 – T-138/07, ECLI:EU:T:2011:362 Schindler Holding, Slg. 2011, II-4819 (Rn. 85).

333   *EuGH*, Urteil vom 25.10.1983 – C-107/82, ECLI:EU:C:1983:293 AEG, Slg. 1983, I-3151 (Rn. 50); *EuGH*, Urteil vom 10.09.2009 – C-97/08 P, ECLI:EU:C:2009:536 Akzo Nobel, Slg. 2009, I-8237 (Rn. 60 ff.); *EuGH*, Urteil vom 29.09.2011 – C-521/09 P, ECLI:EU:C:2011:620 Elf Aquitaine, Slg. 2011, I-8947 (Rn. 80).

334   *EuGH*, Schlussantrag vom 22.01.1974 – C-6/73, ECLI:EU:C:1974:5 Commercial Solvents, Slg. 1974, 260 (266); *EuGH*, Schlussantrag vom 23.04.2009 – C-97/08, ECLI:EU:C:2009:262 Akzo Nobel, Slg. 2009, I-08237 (Fn. 67); *Kokott/Dittert*, WuW 2012, 670 (678 f.); *Braun/Kellerbauer*, NZKart 2013, 175 (178).

dass eine Holding keinen Einfluss auf das operative Geschäft hat[335] oder nur über Zwischengesellschaften an der kartellbeteiligten Gesellschaft beteiligt ist,[336] führt nicht dazu, dass der Gegenbeweis, es handle sich um kartellrechtlich unabhängige Unternehmen, gelungen ist. Denn die Möglichkeiten des Einflusses und der Ausübung der Leitungsmacht sind vielfältig, wie sich an der oben aufgeführten Liste der Indizien sehen lässt.

Hat die Kommission festgestellt, welche juristischen Personen zur wirtschaftlichen Einheit gehören und damit das Unternehmen bilden, das den Kartellverstoß begangen hat, so setzt sie die Geldbuße gegen dieses Unternehmen fest. Aus Gründen der Zustellung und der Vollstreckbarkeit wird der Bescheid aber an die juristischen Personen adressiert.[337] Adressat des Bußgeldbescheides kann jede juristische Person sein, die Teil des Unternehmens ist. Die betroffenen juristischen Personen haften gesamtschuldnerisch für den Verstoß.[338] Die Kommission hat jedoch ein Auswahlermessen bei der Adressatenwahl, so dass der Bußgeldbescheid auch nur gegen die Muttergesellschaft adressiert werden kann.[339]

2. Vorteil: Anwendung des Konzernprivilegs

Bilden mehrere juristische Personen eine wirtschaftliche Einheit, so ist auf ihr Verhältnis untereinander das Kartellverbot nicht anwendbar. Dies ist die Kehrseite des funktionalen Unternehmensbegriffes: Da eine Tochtergesellschaft ihr Marktverhalten nicht autonom bestimmt, steht sie zu derjenigen Gesellschaft, die dieses stattdessen bestimmt, nicht in einem Wettbewerbsverhältnis.[340] Absprachen innerhalb des Konzerns fallen daher nicht unter das Kartellverbot.

---

335 *EuGH*, Urteil vom 29.09.2011 – C-520/09 P, ECLI:EU:C:2011:619 Arkema, Slg. 2011, I-08901 (Rn. 44 ff.); *EuG*, Urteil vom 30.09.2009 – T-168/05, ECLI:EU:T:2009:367, Slg. 2009, II-00180 (Rn. 76); *EuG*, Urteil vom 13.12.2012 – T-103/08, ECLI:EU:T:2012:686 Versalis, veröffentlicht in der digitalen Sammlung (Rn. 69); bestätigt in *EuGH*, Urteil vom 05.03.2015 – C-93/13 P, ECLI:EU:C:2015:150 Versalis, noch nicht veröffentlicht (Rn. 45).

336 *EuGH*, Urteil vom 20.01.2011 – C-90/09 P, ECLI:EU:C:2011:21 General Quimica, Slg. 2011, I-00001 (Rn. 88); *EuGH*, Urteil vom 08.05.2013 – C-508/11 P, ECLI:EU:C:2013:289 ENI Butadienkautschuk, veröffentlicht in der digitalen Sammlung (Rn. 48).

337 *Kokott/Dittert*, WuW 2012, 670 (671).

338 *EuGH*, Urteil vom 14.07.1972 – C-48/69, ECLI:EU:C:1972:70 ICI, Slg. 1972, 619 (Rn. 132); *EuG*, Urteil vom 13.07.2011 – T-138/07, ECLI:EU:T:2011:362 Schindler Holding, Slg. 2011, II-4819 (Rn. 70); *EuG*, Urteil vom 27.03.2014 – T-56/09, ECLI:EU:T:2014:160 Saint-Gobain, noch nicht veröffentlicht (Rn. 213).

339 *EuGH*, Urteil vom 24.09.2009 – C-125/07 P, ECLI:EU:C:2009:576 Erste Group Bank, Slg. 2009, I-08681 (Rn. 82); *Kellerbauer/Weber*, EuZW 2014, 688 (691); Kienapfel, in: Groeben, Hans von der/Schwarze, et al., Art. 23 VO 1/2003, Rn. 33.

340 *EuGH*, Urteil vom 14.07.1972 – C-48/69, ECLI:EU:C:1972:70 ICI, Slg. 1972, 619 (132/315); *EuGH*, Urteil vom 24.10.1996 – C-73/95 P, ECLI:EU:C:1996:405, Slg.

II. Gemeinschaftsunternehmen und wirtschaftliche Einheit bei weniger als hundertprozentigem Kapitalbesitz

Die Vermutung, dass zwei oder mehr Gesellschaften eine wirtschaftliche Einheit bilden, greift nur bei einer Kapitalbeteiligung von 100% oder nahezu 100%.[341] Kann die Kommission eine entsprechende Kapitalbeteiligung nicht nachweisen, muss sie Indizien dafür vorlegen, ob ein bestimmender Einfluss auf das Marktverhalten tatsächlich ausgeübt wurde. Solche Indizien sind beispielsweise gesellschaftsrechtliche Vereinbarungen, Besetzung von Posten in verschiedenen Gesellschaften mit gleichen Personen (sog. Doppelmandate) oder Handeln der Mutter für die Gruppe während des Kartellverfahrens, ohne von der Kommission hierzu aufgefordert zu sein.[342] Bei Unternehmen mit unterschiedlichen Anteilseignern lassen sich zwei verschiedene Konstellationen erkennen: Entweder die Muttergesellschaften haben gleich (1) oder unterschiedlich viele Anteile an der Tochtergesellschaft (2). Je nach Konstellation ändert sich die Beurteilung, welche der juristischen Personen zur wirtschaftlichen Einheit zählen und welchen Beweisanforderungen die Kommission unterliegt. Unerheblich ist dabei, ob das Gemeinschaftsunternehmen als vollfunktionstätiges Unternehmen ausgestattet wurde. Die Tochtergesellschaft handelt zwar bis zu einem gewissen Grad autonom. Für das Wettbewerbsrecht ist dies jedoch unerheblich, soweit anderweitig bestimmender Einfluss ausgeübt werden kann.[343]

1. Konstellation: Zwei Gesellschaften sind zu jeweils 50 % am kartellbeteiligten Unternehmen beteiligt

Halten beide Muttergesellschaften gleich viele Anteile, muss die Kommission beweisen, dass tatsächlich ein bestimmender Einfluss auf das Marktverhalten der Tochtergesellschaft ausgeübt wurde. Die Vermutung, wie sie bei hundertprozentigen Tochtergesellschaften besteht, greift hier nicht.[344] Der bestimmende Einfluss

---

1996, I-05457 (Rn. 16 ff.); Hengst, in: Bunte/Langen, et al., Art. 101 AEUV, 58 f; Emmerich/Zimmer, in: Immenga/Mestmäcker, Art. 101 Abs. 1 AEUV, Rn. 49 ff; *Thomas*, KSzW 2011, 10 (240 f.); *Fleischer*, AG 1997, 491 (494 ff.).

341   Anwendung bei einer Beteiligung von 98%: *EuGH*, Urteil vom 29.09.2011 – C-521/09 P, ECLI:EU:C:2011:620 Elf Aquitaine, Slg. 2011, I-8947 (Rn. 63).

342   Beispiele nach *EuGH*, Urteil vom 01.07.2010 – C 407/08 P, ECLI:EU:C:2010:389 Knauf Gips, Slg. 2010, I-06375 (66, 69, 71).

343   *EuG*, Urteil vom 27.09.2006 – T-314/01, ECLI:EU:T:2006:266 Avebe, Slg. 2006, II-03085 (Rn. 136 ff.); *EuGH*, Urteil vom 26.09.2013 – C-179/12, ECLI:EU:C:2013:605 Dow Chemical, noch nicht veröffentlicht (Rn. 64 ff.); *EuGH*, Urteil vom 26.09.2013 – C-172/12, ECLI:EU:C:2013:601 EI du Pont, NZKart 2013, 504 (Rn. 52); Grave/Nyberg, in: Loewenheim/Meessen, et al., Art. 101 Abs. 1 AEUV, Rn. 184 ff.

344   *EuGH*, Urteil vom 26.09.2013 – C-172/12, ECLI:EU:C:2013:601 EI du Pont, NZKart 2013, 504 (Rn. 44 ff.); *EuGH*, Urteil vom 26.09.2013 – C-179/12, ECLI:EU:C:2013:605 Dow Chemical, noch nicht veröffentlicht (Rn. 58).

kann sich beispielsweise aus dem Unternehmensvertrag ergeben.[345] Anders als bei hundertprozentigen Tochtergesellschaften reicht ein bestimmender Einfluss auf den strategischen Bereich jedoch nicht aus. Erforderlich ist ein Einfluss auf die operative Tätigkeit der Tochtergesellschaft.[346] Grund hierfür soll die unterschiedliche Repräsentation der Gesellschafterinteressen sein. Bei Tochtergesellschaften im Alleineigentum richteten sich die Interessen der Tochter automatisch nach den Interessen des Alleingesellschafters. Konkreter Einfluss auf die Strategie des Tochterunternehmens würde sich auch immer auf den operativen Bereich durchschlagen. Bei einem Gemeinschaftsunternehmen hingegen träfen die Geschäftsinteressen unterschiedlicher Muttergesellschaften aufeinander. Vom Einfluss auf die Strategie könne daher nicht auch auf bestimmenden Einfluss im operativen Bereich geschlossen werden.[347] Ein bestimmender Einfluss im operativen Bereich erfordert jedoch nicht, dass die Muttergesellschaften in das Tagesgeschäft eingebunden sind.[348] Kann die Kommission einen entsprechenden Einfluss auf das Marktverhalten der Tochter beweisen, so haften die Muttergesellschaften als wirtschaftliche Einheit gleichfalls für Kartellverstöße des Beteiligungsunternehmens.

2. Konstellation: Gesellschaften sind zu ungleichen Teilen an der Tochtergesellschaft beteiligt

Auch bei ungleicher Verteilung der Anteile muss die Kommission beweisen, welche der Muttergesellschaften bestimmenden Einfluss auf das Marktverhalten der Beteiligungsgesellschaft ausgeübt hat. Für das Unternehmen mit Mehrheitsanteilen kann dies einfacher nachzuweisen sein, da es mit mehr Stimmrechten auch mehr Einfluss ausüben könnte.[349] Genaues ergibt sich aber aus dem Unternehmensvertrag. So kann sich aus der Satzung auch ergeben, dass die Gesellschaft mit Minderheitsbeteiligung über spezielle Rechte verfügt, die ihr einen bestimmenden Einfluss verschaffen.[350] Außerdem können die Beteiligungen an

---

345   *EuG*, Urteil vom 27.09.2006 – T-314/01, ECLI:EU:T:2006:266 Avebe, Slg. 2006, II-03085 (Rn. 138).

346   *EuG*, Urteil vom 11.07.2014 – T-543/08, ECLI:EU:T:2014:627, noch nicht veröffentlicht (31, 118–122).

347   *EuG*, Urteil vom 11.07.2014 – T-543/08, ECLI:EU:T:2014:627, noch nicht veröffentlicht (Rn. 118 ff.).

348   *EuGH*, Urteil vom 26.09.2013 – C-179/12, ECLI:EU:C:2013:605 Dow Chemical, noch nicht veröffentlicht (Rn. 64).

349   *EuG*, Urteil vom 12.07.2011 – T-132/07, ECLI:EU:T:2011:344, Slg. 2011, II-04091 (Rn. 182).

350   *EuG*, Urteil vom 12.07.2011 – T-132/07, ECLI:EU:T:2011:344, Slg. 2011, II-04091 (Rn. 183).

Zwischengesellschaften so verteilt sein, dass de facto eine Obergesellschaft mehr Einfluss hat, als die andere.[351]

3. Anwendung des Konzernprivilegs?

Anders als bei Konzernen muss bei Gemeinschaftsunternehmen genau darauf geschaut werden, für welche Tätigkeit das Konzernprivileg gelten soll. Denn dieses gilt nur für die Tätigkeiten, bei denen Muttergesellschaft und Gemeinschaftsunternehmen eine wirtschaftliche Einheit bilden.[352] Unbestritten ist, dass zwischen den Muttergesellschaften keine wirtschaftliche Einheit besteht, sondern die Obergesellschaften nur im jeweiligen Verhältnis zum Gemeinschaftsunternehmen Teil einer wirtschaftlichen Einheit sein können.[353] Daher gilt zwischen Muttergesellschaften, die an einem Gemeinschaftsunternehmen beteiligt sind, weiterhin das Kartellverbot.

Plakativ ausgedrückt: Entweder es liegt eine wirtschaftliche Einheit mit entsprechendem Kartellhaftungsrisiko vor, dann greift auch das Konzernprivileg. Oder es liegt keine wirtschaftliche Einheit vor. Dann haftet die Muttergesellschaft nicht für Verstöße der Untergesellschaft. Ihre Geschäftstätigkeit mit der Untergesellschaft oder der anderen Muttergesellschaft unterliegt in diesem Fall aber der Kontrolle des Kartellrechts.

III. Kritik am europäischen Unternehmensbegriff

Der Begriff des Unternehmens als wirtschaftliche Einheit und seine Entwicklung durch Kommission und EuGH ist auf vielfältige Kritik gestoßen. Der Schwerpunkt soll hier auf Kritikpunkte gelegt werden, die Anknüpfungsmöglichkeiten für eine Compliance Defence darstellen könnten.

1. Gesellschaftsrechtliches Trennungsprinzip

Ohne in die Diskussion einzutauchen, was genau eine juristische Person ist, so kann jedoch darauf aufgebaut werden, dass jedenfalls ihre Funktion „die technische Verselbständigung eines Sondervermögens und die Haftungsbeschränkung"[354] darstellt. Merkmal der juristischen Person ist ihre Selbständigkeit und Unabhängigkeit, „was die Zuordnung ihrer Rechte und Pflichten wie auch ihres Vermögens anbetrifft."[355] Dies gilt auch gegenüber den Gesellschaftern einer juristischen Person. Aus dieser

---

351 *EuGH*, Urteil vom 16.12.2010 – C-480/09, ECLI:EU:C:2010:787 AceaElectrabel, Slg. 2010, I-13355 (53, 64); *EuGH*, Urteil vom 19.07.2012 – C-628/10 P, ECLI:EU:C:2012:479 Alliance One International, veröffentlicht in der digitalen Sammlung (Rn. 101).

352 *Ahrens*, EuZW 2013, 899 (902); *Mäger*, in: Europäisches Kartellrecht (94); Hengst, in: Bunte/Langen, et al., Art. 101 AEUV, Rn. 58; *Fleischer*, AG 1997, 491 (498 ff.).

353 *Mäger*, in: Europäisches Kartellrecht (86); *Zandler*, NZKart 2016, 98 (99).

354 *Wieacker*, in: FS Huber, 339 (358).

355 Heider, in: MüKo AktG, Goette/Habersack, et al., § 1 AktG, 47.

Selbständigkeit ergibt sich das gesellschaftsrechtliche Trennungsprinzip, nach dem nur die direkt betroffene juristische Person für ihre Verbindlichkeiten haftet.[356] Das Trennungsprinzip findet sich auch in anderen europäischen Rechtsordnungen und selbst in der europäischen Gesetzgebung, z.B. in Art. 1 Abs. 2 VO 2157/2001 über das Statut der Europäischen Gesellschaft (SE).[357]

Sinn und Zweck der Haftungstrennung ist die Förderung unternehmerischen Handelns, da ansonsten weniger Investitionen in zwar innovativen, aber auch risikovolleren Bereichen erfolgen könnten. Das Risiko verlagert sich dadurch stärker auf die Gläubiger, dies wird aber durch die Gesellschaftsrechtsordnung in Kauf genommen.[358]

Von Bußgeldern betroffene Unternehmen bringen in ihren Rechtsmitteln häufig vor, dass die Kommission bei der Ermittlung des Täters eines Kartellverstoßes gegen das Trennungsprinzip verstoße.[359] Denn eine Muttergesellschaft hafte unter Umständen als Täterin mit ihrem eigenen Vermögen für Zuwiderhandlungen, an denen sie nicht unmittelbar beteiligt war.

Kommission und EuGH argumentieren jedoch, dass Adressat des Verbotes nach Art. 101 AEUV das Unternehmen sei und nicht die Gesellschaft, wie etwa in Art. 54 AEUV. Die Ermittlung des Täters solle daher unabhängig von der rechtlichen Organisation erfolgen. Wie die rechtliche Organisation innerhalb des Unternehmens aussehe, sei für Kommission und EuGH daher zunächst unbeachtlich.[360] Erst bei Ermittlung des Adressaten des Bußgeldbescheides wird die juristische Organisation des Unternehmens relevant.

Der Verstoß wird demnach durch eine wirtschaftliche Einheit begangen. Ist die Muttergesellschaft Teil dieser Einheit, dann haftet sie für eine *eigene* Zuwiderhandlung. Das Bußgeld stellt daher ebenfalls eine eigene Verbindlichkeit dar, nicht die eines Dritten.[361] Gegen das Trennungsprinzip wird folglich nicht verstoßen. Argumente, die der Kommission ein „Piercing of the Corporate Veil" vorwerfen, beziehen

---

356   *ders.*, in: MüKo AktG, Goette/Habersack, et al., § 1 AktG, 47. *Voet van Vormizeele*, WuW 2010, 1008 (1014).. In der deutschen Rechtsordnung ist der Trennungsgrundsatz für die AG in § 1 Abs. 1 S. 2 AktG, für die GmbH in § 13 Abs. 2 GmbHG normiert.

357   Beispiele aus anderen europäischen Rechtsordnungen bei *Voet van Vormizeele*, WuW 2010, 1008 (1015).

358   *Voet van Vormizeele*, WuW 2010, 1008 (1015).

359   *EuGH*, Urteil vom 18.07.2013 – C-501/11 P, ECLI:EU:C:2013:522 Schindler, veröffentlicht in der digitalen Sammlung (Rn. 86); *EuG*, Urteil vom 27.03.2014 – T-56/09, ECLI:EU:T:2014:160 Saint-Gobain, noch nicht veröffentlicht (Rn. 179).

360   *EuGH*, Urteil vom 10.09.2009 – C-97/08 P, ECLI:EU:C:2009:536 Akzo Nobel, Slg. 2009, I-8237 (Rn. 102).

361   Ebenso *Aberle*, Sanktionsdurchgriff und wirtschaftliche Einheit im deutschen und europäischen Kartellrecht, 39; *Braun/Kellerbauer*, NZKart 2013, 211.

sich vielmehr auf die praktischen Konsequenzen des Konzeptes der wirtschaftlichen Einheit. Rechtlich bleibt die Trennung bestehen.[362]

2. Grundsatz der persönlichen Verantwortung/Schuldprinzip

Das Schuldprinzip, nach dem eine persönliche Verantwortlichkeit für die Sanktionierung rechtswidrigen Verhaltens erforderlich ist, findet auch auf juristische Personen und auch auf EU-Ebene Anwendung.[363] Juristische Personen sollen danach zunächst für das Verhalten eigener Rechtsorgane zur Rechenschaft gezogen werden. Bei Verschuldenstatbeständen haftet eine juristische Person entweder über die Zurechnung von Handlungen eines Mitarbeiters oder für Defizite bei Auswahl und Überwachung der Mitarbeiter (Organisationsverschulden).[364]

Wie ausgeführt ist es für eine Kartellrechtshaftung nicht erforderlich, dass die Muttergesellschaft durch einen eigenen Beitrag am Verstoß beteiligt war. Es kommt auf das Verschulden des handelnden Mitarbeiters der Tochter an. Bezüglich der Muttergesellschaft reicht für die Bestimmung der wirtschaftlichen Einheit der Einfluss auf die Geschäftspolitik aus. Gleichzeitig wird der Begriff der Geschäftspolitik weit gefasst und durch die Vermutungsregel bei 100%-Kapitalbesitz die Verteidigungsmöglichkeit für Muttergesellschaften erschwert. Wenn man die Vermutungsregel und die hohen Anforderungen an den Entlastungsbeweis polemisch auslegt, dann könnte man sagen, dass eine Muttergesellschaft schon für eine mutmaßliche Einflussnahme auf ihre Tochter hafte.[365] Es wird daher vorgebracht, dass faktisch eine verschuldensunabhängige Gefährdungs- oder gar Zustandshaftung der Muttergesellschaften bestehe.[366] Der EuGH argumentiert hingegen, dass eine Muttergesellschaft, die zu einer wirtschaftlichen Einheit gehört, für das Verhalten eines Mitarbeiters dieser Einheit einzustehen habe. Es liege damit eine Beteiligung und ein Verschulden auch der Muttergesellschaft vor.[367] Nicht erforderlich sei, dass die Muttergesellschaft durch eigenes Verhalten an dem Kartellverstoß beteiligt war, diesen wissentlich duldete oder eine Aufsichtspflicht gegenüber der Tochtergesellschaft verletzt wurde. Das

---

362 *Voet van Vormizeele*, WuW 2010, 1008.

363 *EuGH*, Urteil vom 08.07.1999 – C-49/92 P, ECLI:EU:C:1999:356 ANIC, Slg. 1999, I-04125 (Rn. 145); *EuGH*, Urteil vom 11.12.2007 – C-280/06, ECLI:EU:C:2007:775 ETI, Slg. 2007, I-10893 (Rn. 39).

364 Vgl. § 31 BGB, § 30 OWiG für das deutsche Recht.

365 *EuGH*, Urteil vom 18.07.2013 – C-501/11 P, ECLI:EU:C:2013:522 Schindler, veröffentlicht in der digitalen Sammlung (Rn. 86).

366 *Voet van Vormizeele*, WuW 2010, 1008 (1018); *Meyer-Lindemann*, WuW 2011, 1235 (1238); *Hofstetter/Kasten*, Annual Perspectives 2013, 68 (69); *Seeliger/Mross* Kartellrechts-Compliance, 2013, in: FFK-Kartellrecht, Allg. Teil E (Rn. 82); *Thomas*, JZ 2011, 485 (493); *Bosch*, ZHR 2013, 454 (458); *Klusmann*, in: FS Canenbley, 291 (299); *Brettel/Thomas*, Compliance und Unternehmensverantwortlichkeit im Kartellrecht, 3; *Kersting*, Der Konzern 2011, 445 (447).

367 *EuGH*, Urteil vom 10.09.2009 – C-97/08 P, ECLI:EU:C:2009:536 Akzo Nobel, Slg. 2009, I-8237 (Rn. 77).

Verhalten eines Mitarbeiters der Tochter reiche als Tatbeitrag für eine persönliche Verantwortlichkeit der Mutter aus.

Diese Schlussfolgerung ist innerhalb des Konzeptes der wirtschaftlichen Einheit konsequent. Da jedoch zunehmend auf den Kapitalbesitz und die (tatunabhängige) Geschäftspolitik als Kriterium für die Bestimmung der wirtschaftlichen Einheit abgestellt wird, verschiebt sich der Fokus des Vorwurfs gegen die Muttergesellschaft auf Verhalten und Verhältnisse, die an sich nicht sanktionswürdig sind. Denn sanktioniert werden soll das kartellrechtswidrige Verhalten, nicht das Bestehen oder Ausüben bestimmenden Einflusses auf eine Tochtergesellschaft. Die momentane Praxis der EU-Organe führt dazu, dass die Muttergesellschaft weder für eigenes Handeln (im engeren Sinn) noch für ein Organisationsverschulden verantwortlich gemacht wird. Sie ist weiter vom Verstoß entfernt als die Tochter, wegen des umsatzabhängigen Bußgeldes aber von einer schweren Strafe betroffen.[368] Die Kommission rechtfertigt die weite Auslegung des Unternehmensbegriffes mit der effektiven Durchsetzung des Kartellrechts und der Abschreckungswirkung, die höhere Bußgelder haben sollen. Allerdings ist fraglich, ob das Ziel Prävention durch Abschreckung mit dieser Praxis tatsächlich erreicht wird.[369] Denn ob eine Muttergesellschaft selbst am Verstoß beteiligt war oder eine effektive Möglichkeit hatte, den Kartellverstoß zu verhindern, ist gerade nicht hinreichende Bedingung für eine Haftung.

3. Unschuldsvermutung („in dubio pro reo")

Die Frage nach der Einhaltung der Unschuldsvermutung schließt sich an die Diskussion über die persönliche Verantwortlichkeit an.

Die Unschuldsvermutung besagt, dass jede Person, die einer Straftat angeklagt ist, bis zum gesetzlichen Beweis ihrer Schuld als unschuldig gilt. Für das Unionsrecht gilt dieser Grundsatz über Art. 48 Abs. 1 EU-Grundrechtecharta und über Art. 6 Abs. 2 EMRK, Art. 6 EUV. Unabhängig davon, ob man dem Kartellverbot einen strafrechtsähnlichen Charakter zuspricht oder nicht, hat der EuGH entschieden, dass die Unschuldsvermutung auch in Kartellverfahren und auf juristische Personen Anwendung findet.[370] Die Unschuldsvermutung stellt allerdings kein absolutes Recht dar, sondern kann eingeschränkt werden.[371] Erforderlich ist, dass ein angemessenes Gleichgewicht zwischen dem verfolgten Ziel und dem Recht auf

---

368 *Aberle,* Sanktionsdurchgriff und wirtschaftliche Einheit im deutschen und europäischen Kartellrecht, 65.

369 *Thomas,* Journal of European Competition Law & Practice 2012, 11 (17).

370 *EuGH,* Urteil vom 08.07.1999 – C-199/92, ECLI:EU:C:1999:358, Slg.1999, I-04287 (Rn. 150); *EuGH,* Urteil vom 22.05.2008 – C-266/06 P, ECLI:EU:C:2008:295 Degussa Methionin, Slg. 2008, I-00081 (Rn. 115).

371 *EGMR,* Urteil vom 23.07.2002 – App. no. 34619/97 Janosevic, Reports of Judgments and Decisions 2002-VII (Rn. 80).

Verteidigung besteht. Die Verteidigungsmöglichkeit des Betroffenen muss dabei gewahrt bleiben.[372]

Nach der Vermutungsregel darf die Kommission bei 100% Kapitalbesitz annehmen, dass ein bestimmender Einfluss der Mutter auf die Tochter bestand und auch tatsächlich ausgeübt wurde. Zu untersuchen ist, ob die Vermutungsregel den Anforderungen der Unschuldsvermutung genügt. Denn hält die Muttergesellschaft 100% des Kapitalbesitzes an einer Gesellschaft, in der ein Kartellverstoß begangen wurde, so ist es an der Muttergesellschaft, zu beweisen, dass die Tochtergesellschaft unabhängig am Markt agiert hat.[373]

Aus Sicht des EuGH bleiben die Verteidigungsrechte gewahrt, auch wenn sie durch die Vermutungsregel eingeschränkt werden: „Mit der Vermutung der tatsächlichen Ausübung eines bestimmenden Einflusses soll u. a. ein Gleichgewicht zwischen der Bedeutung des Ziels, Verhaltensweisen, die gegen die Wettbewerbsregeln, insbesondere gegen Art. 101 AEUV, verstoßen, zu unterbinden und ihre Wiederholung zu verhindern, einerseits und den Anforderungen bestimmter allgemeiner Grundsätze des Unionsrechts wie etwa des Grundsatzes der Unschuldsvermutung, der individuellen Zumessung von Strafen und der Rechtssicherheit sowie der Verteidigungsrechte einschließlich des Grundsatzes der Waffengleichheit andererseits hergestellt werden. Insbesondere aus diesem Grund ist die Vermutung, [...], widerlegbar."[374] Dabei führt der EuGH aber keine weitergehende Verhältnismäßigkeitsprüfung durch, insbesondere auf die Erforderlichkeit und auf die Angemessenheit wird nicht eingegangen.[375] Er schließt sich außerdem insofern dem EGMR an, dass die Tatsache, dass eine Widerlegung schwierig ist, noch nicht bedeutet, dass eine effektive Verteidigungsmöglichkeit fehlt.[376]

---

372 *EGMR*, Urteil vom 23.07.2002 – App. no. 34619/97 Janosevic, Reports of Judgments and Decisions 2002-VII (Rn. 101 ff.). Der EuGH folgt dem EGMR: *EuGH*, Urteil vom 23.12.2009 – C-45/08, ECLI:EU:C:2009:806 Spector Photo Group, Slg. 2009, I-12073 (Rn. 43 ff.); *EuGH*, Urteil vom 29.09.2011 – C-521/09 P, ECLI:EU:C:2011:620 Elf Aquitaine, Slg. 2011, I-8947 (Rn. 62).

373 *EuGH*, Urteil vom 10.09.2009 – C-97/08 P, ECLI:EU:C:2009:536 Akzo Nobel, Slg. 2009, I-8237 (Rn. 62); *EuGH*, Urteil vom 29.09.2011 – C-521/09 P, ECLI:EU:C:2011:620 Elf Aquitaine, Slg. 2011, I-8947 (Rn. 70).

374 *EuGH*, Urteil vom 29.09.2011 – C-521/09 P, ECLI:EU:C:2011:620 Elf Aquitaine, Slg. 2011, I-8947 (Rn. 59); *EuGH*, Urteil vom 18.07.2013 – C-501/11 P, ECLI:EU:C:2013:522 Schindler, veröffentlicht in der digitalen Sammlung (Rn. 108).

375 Auch wenn der EuGH grundsätzlich keine so ausführliche Verhältnismäßigkeitsprüfung durchführt wie sie im deutschen Recht gefordert wäre, so sind die Ausführungen zur Verhältnismäßigkeit in diesem wichtigen Kontext trotzdem sehr knapp: *EuGH*, Urteil vom 18.07.2013 – C-501/11 P, ECLI:EU:C:2013:522 Schindler, veröffentlicht in der digitalen Sammlung (Rn. 108); *EuGH*, Urteil vom 29.09.2011 – C-521/09 P, ECLI:EU:C:2011:620 Elf Aquitaine, Slg. 2011, I-8947 (Rn. 59).

376 *EGMR*, Urteil vom 23.07.2002 – App. no. 34619/97 Janosevic, Reports of Judgments and Decisions 2002-VII (Rn. 102); *EuGH*, Urteil vom 29.09.2011 – C-521/09 P, ECLI:EU:C:2011:620 Elf Aquitaine, Slg. 2011, I-8947 (Rn. 70).

Die Vermutungsregel könnte erforderlich sein, da die konkreten Beziehungen in einem Konzern von außen selten erkennbar sind. Es ist daher für die Kommission schwierig, den bestimmenden Einfluss extern nachzuweisen.[377] Andererseits muss die Kommission bei einer nicht hundertprozentigen Beteiligung auch den Beweis erbringen, dass eine wirtschaftliche Einheit vorliegt. Es ist nicht ersichtlich, warum der Beweis von bestimmendem Einfluss bei 100% Kapitalbesitz schwieriger zu führen ist, als bei weniger Kapitalbesitz.

Ausschlaggebend ist vielmehr, dass es sich bei der Vermutungsregel um einen Anscheinsbeweis handelt, der auf einer typischen, durch Erfahrung bestätigten Kausalbeziehung beruht.[378] So entschied der EuGH: „Als hundertprozentige Tochtergesellschaft [...] verfolgt diese zwangsläufig eine Politik, die von denselben satzungsmäßigen Organen festgelegt wird, wie die Politik [von der Muttergesellschaft]."[379] Es ist nicht klar, ob der EuGH mit „von denselben satzungsmäßigen Organen" meint, dass Doppelmandate bestehen, also Organpositionen von Mutter- und Tochtergesellschaft mit den gleichen Personen besetzt sind. Es ist jedoch unstreitig, dass die Muttergesellschaft über ihre Beteiligungsrechte Einflussmöglichkeiten auf die Zusammensetzung der Organe der Tochtergesellschaft hat und darauf, wie diese Organmitglieder die Geschäfte führen. Es kann grundsätzlich davon ausgegangen werden, dass die Beteiligungsrechte auch ausgeübt werden, da sich ansonsten die Frage stellt, warum eine Gesellschaft überhaupt Teil eines Konzerns ist. Da Kommission und EuGH von einem weiten Begriff der Geschäftspolitik ausgehen, ist es folgerichtig, anzunehmen, dass sich die Ausübung der Beteiligungsrechte (in irgendeiner Weise) auf die Geschäftspolitik der beherrschten Gesellschaft auswirkt.

Es ist in diesem Zusammenhang wichtig zu betonen, dass sich die Vermutung auf das Bestehen einer wirtschaftlichen Einheit bezieht, nicht auf die Beteiligung an einem Kartellverstoß.[380] Es greift aber die gleiche Kritik wie beim Schuldprinzip: Die Muttergesellschaft wird zum Haftungsverband gezählt, ohne dass bewiesen werden muss, ob und in welcher Form eine tatsächliche Einflussnahme erfolgte. Auch soll der Einfluss auf die allgemeine Geschäftspolitik ausreichen, die Einflussnahme im

---

377 *Ackermann*, ZWeR 2010, 329 (Rn. 346); *Kokott/Dittert*, WuW 2012, 670 (677); *Braun/Kellerbauer*, NZKart 2013, 175 (178).

378 *EuGH*, Schlussantrag vom 22.01.1974 – C-6/73, ECLI:EU:C:1974:5 Commercial Solvents, Slg. 1974, 260 (Rn. 266).; Argument der Kommission; *EuGH*, Urteil vom 18.07.2013 – C-501/11 P, ECLI:EU:C:2013:522 Schindler, veröffentlicht in der digitalen Sammlung (Rn. 96); *Kokott/Dittert*, WuW 2012, 670 (675); *Ost/Kallfaß u.a.*, NZKart 2016, 447 (449).

379 *EuGH*, Urteil vom 25.10.1983 – C-107/82, ECLI:EU:C:1983:293 AEG, Slg. 1983, I-3151 (Rn. 50).

380 *EuG*, Urteil vom 30.09.2009 – T-168/05, ECLI:EU:T:2009:367, Slg. 2009, II-00180 (Rn. 77); *Kokott/Dittert*, WuW 2012, 670 (675).

kartellbeteiligten Bereich ist nicht erforderlich.[381] Damit ergibt sich die Haftung für Muttergesellschaften immer stärker aus tatunabhängigen Kriterien. Die Vermutungsregel verletzt nicht die Unschuldsvermutung, soweit es um den Beweis einer wirtschaftlichen Einheit nach dem Verständnis der Kommission und des EuGHs geht. Der weite Unternehmensbegriff verschiebt jedoch für Muttergesellschaften den Schwerpunkt des Vorwurfs und der Beweisführung auf gesellschaftsrechtliche Zusammenhänge.

4. Grundsatz der Gesetzmäßigkeit von Strafen und das Bestimmtheitsgebot („nulla poena sine lege certa")

Der weite Unternehmensbegriff, der von Kommission und Unionsgerichten angewandt wird, könnte gegen den rechtsstaatlichen Grundsatz der Gesetzmäßigkeit von Strafen verstoßen. Dieser beinhaltet unter anderem, dass ein Verhalten nur dann bestraft werden kann, wenn es einen Verstoß gegen einen gesetzlich festgelegten Tatbestand darstellt (Bestimmtheitsgebot). Für das Unionsrecht gilt dieser Grundsatz gemäß Art. 49 Abs. 1 EU-Grundrechtecharta und über Art. 7 Abs. 1 EMRK, Art. 6 EUV. Zur hinreichenden Bestimmtheit von Sanktionsnormen gehört auch, dass ein Rechtssubjekt erkennen kann, wann es Adressat der Verbotsnorm ist.

Zunächst ist zu klären, ob der Grundsatz „nulla poena sine lege" überhaupt Anwendung findet. Dies ist nämlich nur dann der Fall, wenn es sich bei der Geldbuße für Kartellverstöße um eine Strafe handelt und nicht um eine bloße Verwaltungssanktion.[382] Nach Art. 23 Abs. 5 VO 1/2003 haben Bußgeldentscheidungen „keinen strafrechtlichen Charakter." Diese formale Einordnung der Bußgeldentscheidung kann aber nicht dazu führen, dass rechtsstaatliche Garantien keine Anwendung finden, soweit es sich tatsächlich doch um eine Strafe handelt.[383] So wird auch argumentiert, dass Art. 23 Abs. 5 VO 1/2003 nur klarstellen soll, dass die EU weiterhin keine Kompetenzen auf dem Gebiet des (Kriminal-) Strafrechts hat.[384] Es ist daher vielmehr zu untersuchen, ob die Sanktion für wettbewerbswidriges Verhalten „strafrechtlicher Art" ist.[385] Dies ist dann der Fall, wenn mit der Sanktion präventive und repressive Zwecke verfolgt werden.[386] Da die Kommission selber

---

381 *EuG*, Urteil vom 30.09.2009 – T-168/05, ECLI:EU:T:2009:367, Slg. 2009, II-00180 (Rn. 77); *EuGH*, Urteil vom 29.09.2011 – C-520/09 P, ECLI:EU:C:2011:619 Arkema, Slg. 2011, I-08901 (Rn. 48 ff.); *EuG*, Urteil vom 13.07.2011 – T-138/07, ECLI:EU:T:2011:362 Schindler Holding, Slg. 2011, II-4819 (82, 85).

382 Zur Abgrenzung siehe Rogall, in: KK-OWiG, Ellbogen/Senge, Vorbemerkungen, 1 ff; *Frister*, Strafrecht Allgemeiner Teil, Rn. 10 ff; Bohnert/Krenberger u. a., in: Bohnert/Krenberger, et al., § 1 OWiG, 1 ff.

383 Vgl. *EGMR*, Urteil vom 08.06.1976 – 5100/71, EuGRZ 1976, 221–285 (Rn. 82).

384 *Lorenzmeier*, ZIS 2008, 20 (21); Dannecker/Biermann, in: Immenga/Mestmäcker, Art. 23 VO 1/2003, Rn. 328.

385 *Schwarze*, EuZW 2003, 261 (267); *Kokott/Dittert*, WuW 2012, 670 (671).

386 Vgl. *EGMR*, Urteil vom 21.02.1984, NJW 1985, 1273 (1275).

auf das Abschreckungspotenzial bei Geldbußen hinweist,[387] wird ein präventiver Zweck verfolgt. Repressiv ist eine Sanktion dann, wenn mit ihr ein sozialethisches Unwert-Urteil ausgedrückt werden soll, anders als bei einer Ordnungswidrigkeit.[388] Die Ausgestaltung des Kartellverbotes als Verschuldenstatbestand stellt ein Indiz dafür dar, dass auch repressive Zwecke verfolgt werden.[389] Zudem argumentieren die Unionsgerichte, dass bestimmte Umstände keine Milderung der Geldbuße rechtfertigen, da sie nichts an der Tatsache des Verstoßes änderten.[390] Daneben sind Sanktionen für Kartellverstöße inzwischen als so schwerwiegend beurteilt worden, dass rechtsstaatliche Grundsätze Anwendung finden.[391] Damit fallen Kartellsanktionen zumindest unter Sanktionen „strafrechtlicher Art"[392] und der Grundsatz der Gesetzmäßigkeit von Strafen ist zu beachten.

Der Vorwurf, dass dieser Grundsatz nicht eingehalten wird, trifft vor allem die Methode der Bußgeldberechnung.[393] Aber auch gegen die Methode der Ermittlung des Normadressaten (wirtschaftliche Einheit) beziehungsweise des Bußgeldadressaten (potenziell jede juristische Person, die Teil der wirtschaftlichen Einheit ist) wurden Bedenken vorgebracht.[394] Denn die Auslegung des Unternehmensbegriffes erfolgt durch Kommission und Gericht ohne weitere Vorgaben des

---

387 *Kommission*, Bußgeldleitlinien, Abl. C 210 vom 01.09.2006, Rn. 4; *EuGH*, Urteil vom 07.06.1983 – C-100/80, ECLI:EU:C:1983:158 Musique Diffusion, Slg. 1983, 1825 (1876).

388 *BVerfG*, Urteil vom 06.06.1967 – 2 BvR 375, NJW 1967, 1219 (1220 f.).

389 Dannecker/Biermann, in: Immenga/Mestmäcker, Art. 23 VO 1/2003, Rn. 335.

390 *EuG*, Urteil vom 17.12.1991 – T-7/89, ECLI:EU:T:1991:75 Hercules Chemicals, Slg. 1991, II-01711 (Rn. 357); *EuG*, Urteil vom 09.07.2003 – T-224/00, ECLI:EU:T:2003:195 Archer Daniels Midland Lysin, Slg. 2003, II-2597 (Rn. 280); *EuGH*, Urteil vom 18.07.2013 – C-501/11 P, ECLI:EU:C:2013:522 Schindler, veröffentlicht in der digitalen Sammlung (Rn. 113).

391 *EuGH*, Urteil vom 08.07.1999 – C-199/92, ECLI:EU:C:1999:358, Slg.1999, I-04287 (Rn. 150); *EuGH*, Urteil vom 28.06.2005 – C-189/02 P, ECLI:EU:C:2005:408 Dansk Rorindustri, Slg. 2005, I-5425 (Rn. 202 ff.); *EuGH*, Urteil vom 29.09.2011 – C-521/09 P, ECLI:EU:C:2011:620 Elf Aquitaine, Slg. 2011, I-8947 (Rn. 59); *EuGH*, Urteil vom 22.05.2008 – C-266/06 P, ECLI:EU:C:2008:295 Degussa Methionin, Slg. 2008, I-00081 (Rn. 38 ff.).

392 Ebenso *Schwarze*, EuZW 2003, 261 (265); *Soltesz/Steinle u.a.*, EuZW 2003, 202 (205 f.); *Dittrich*, ZEW 182/2010 (7 ff.); *Schwarze*, WuW 2009, 6 (8); Dannecker/Biermann, in: Immenga/Mestmäcker, Art. 23 VO 1/2003, Rn. 334 ff; *Schwarze*, EuR 2009, 171 (181 ff.). Offengelassen *Ackermann*, ZWeR 2010, 329 (334).

393 *EuGH*, Urteil vom 22.05.2008 – C-266/06 P, ECLI:EU:C:2008:295 Degussa Methionin, Slg. 2008, I-00081 (Rn. 10 ff.); *Schwarze*, WuW 2009, 6 (8 f.); *Lorenzmeier*, ZIS 2008, 20 (29); *Soltesz/Steinle u.a.*, EuZW 2003, 202; *Sura*, in: Bunte/Langen, et al., Art. 23 VO 1/2003, 44. Anders *Dittrich*, ZEW 182/2010 (9 ff.).

394 *EuGH*, Urteil vom 18.07.2013 – C-501/11 P, ECLI:EU:C:2013:522 Schindler, veröffentlicht in der digitalen Sammlung (Rn. 89); *Thomas*, JZ 2011, 485 (492); *Gehring/Kasten u.a.*, CCZ 2013, 1 (6); *Brettel/Thomas*, ZWeR 2009, 25 (61).

Unionsgesetzgebers. Allerdings ist die Verwendung unbestimmter Rechtsbegriffe möglich, da die Auslegung durch Gerichte zu einer hinreichenden Bestimmtheit führen kann.[395] Es bleibt daher zu untersuchen, ob die Entscheidungspraxis der Kommission zu entsprechender Rechtssicherheit geführt hat.

Problematisch ist vor allem, dass die Kommission einen zweigleisigen Ansatz bei Norm- und Bußgeldadressaten entwickelt hat. Denn es ist nach dem Konzept der wirtschaftlichen Einheit jeder Bußgeldadressat auch Normadressat, aber nicht jeder Normadressat wird von der Kommission auch mit einem Bußgeld belegt. Die Kommission übt bei der Auswahl des Bußgeldadressaten ein Ermessen aus.[396] Daher können Mutter und Tochter als wirtschaftliche Einheit für einen Kartellverstoß verantwortlich gemacht werden. Wer von ihnen allerdings zur Verantwortung gezogen wird, liegt im Ermessen der Kommission. Außerdem hat die Muttergesellschaft nur begrenzt Einfluss auf das Verhalten, dass zum Kartellverstoß führt. Ihr wird gerade kein eigenes Fehlverhalten als juristische Person vorgeworfen, sondern das Fehlverhalten als Teil einer wirtschaftlichen Einheit. Der Einfluss darauf kann aber begrenzt sein. Der Grundsatz der Gesetzmäßigkeit fordert jedoch, dass der Rechtsunterworfene erkennen kann, welches Verhalten zu einer rechtlichen Verantwortung führt.[397] Denn nur dann kann er sich für oder gegen eine solche Handlung entscheiden. Eine Muttergesellschaft mag daher noch erkennen können, inwiefern sie Teil einer wirtschaftlichen Einheit ist. Der Einfluss auf das Verhalten, das zum Kartellverstoß führt, ist aber begrenzt, möglicherweise gar nicht gegeben. Kommission und Unionsgerichte stellen auch nicht auf den Einfluss auf das rechtswidrige Verhalten ab, sondern nur auf den Einfluss auf die Tochtergesellschaft als solchen. Dieser muss zwar „bestimmend" sein, aber nicht bestimmend für das vorgeworfene Verhalten, sondern allgemein bestimmend für das Verhalten am Markt.

Es lässt sich feststellen, dass der Unternehmensbegriff durch die jahrzehntelange Entscheidungspraxis der Kommission und der Unionsgerichte ausgelegt wurde, es verbleibt jedoch genug Unsicherheit. Gerade wegen des strafenden Charakters der Sanktion wäre es daher angemessen, wenn sich der Unionsgesetzgeber zum zweigleisigen Ansatz bei Norm- und Bußgeldadressat äußern würde.

5. Zusammenfassende Stellungnahme

Die vorgebrachte Kritik an dem weiten Unternehmensbegriff greift größtenteils nicht, soweit man innerhalb des Konzeptes der wirtschaftlichen Einheit bleibt. Erweitert man jedoch die Perspektive, so bleiben Zweifel, ob das Konzept die

---

395 *EuGH*, Urteil vom 03.05.2007 – C-303/05, ECLI:EU:C:2007:261 Wereld, Slg. 2007, I-03633 (Rn. 50); *Kokott/Dittert*, WuW 2012, 670 (676); *Braun/Kellerbauer*, NZKart 2013, 211 (212).

396 Vgl. *Kellerbauer/Weber*, EuZW 2014, 688 (691); *Ost/Kallfaß u.a.*, NZKart 2016, 447 (448).

397 *EuGH*, Urteil vom 03.05.2007 – C-303/05, ECLI:EU:C:2007:261 Wereld, Slg. 2007, I-03633 (Rn. 50).

Verantwortung für Kartellverstöße angemessen zurechnet. Viele Kritikpunkte ergeben sich aus der Zweigleisigkeit bei Normadressat und Bußgeldadressat, insbesondere aus der Tatsache, dass die Kommission für den Unternehmensbegriff auf tatsächliche Gegebenheiten abstellen will und - abgesehen von der für sie vorteilhaften Vermutungsregel - gesellschaftsrechtliche Aspekte weitgehend negiert. Adressat des Bußgeldbescheides ist dann jedoch eine juristische Person.

Es ist zwar nachvollziehbar, dass sich diejenigen, die letztendlich von einem Kartellverstoß profitieren, nicht hinter einem Konzerngeflecht verstecken sollen.[398] Die Entwicklung in der Entscheidungspraxis hat aber für Muttergesellschaften zu einem unübersichtlichen Haftungsrisiko geführt,[399] da das Ausmaß der Verantwortung nicht mehr mit den Kontrollmöglichkeiten korreliert. Dass sich die Kommission mit der Kapitalbeteiligung als Beweis für das Vorliegen einer wirtschaftlichen Einheit eines gesellschaftsrechtlichen Kriteriums bedient, ansonsten aber gesellschaftsrechtliche Einwände als falsch platziert zurückweist, erweitert die Unsicherheit. Diese Selektivität ist auch nicht mit dem Argument der „effektiven Durchsetzung des Wettbewerbsrechtes" zu rechtfertigen. Denn Art. 101 AEUV in Verbindung mit Art. 23 Abs. 2 VO 1/2003 stellt nun einmal einen Verschuldenstatbestand dar. Die vielfältigen rechtlichen Fragen, die das Vorgehen der Kommission aufwirft, können nicht durch praktische Interessen gerechtfertigt werden. Schließlich bleibt noch in Erinnerung zu rufen, dass die Kommission als Verfolgungsbehörde den weiten Unternehmensbegriff ohne weitere Vorgaben des Unionsgesetzgebers entwickelt hat. Der EuGH hat die Entwicklung mit seiner Rechtsprechung bestätigt, ist aber mangels gesetzlicher Vorgaben auf die Überprüfung der Vereinbarkeit des Unternehmensbegriffes mit allgemeinen Rechtsgrundsätzen beschränkt. Es bleibt daher dabei, dass sich der Gesetzgeber zum unionsrechtlichen Unternehmensbegriff äußern sollte. Bis dahin sollte die Kommission stärker berücksichtigen, dass der Kartellvorwurf ein Verschulden erfordert und wer was auf welcher (Konzern-) Ebene tun kann. Denn dafür sollte eine Haftung bestehen. Daher werden im folgenden Abschnitt untersucht, inwiefern das Gleichgewicht zwischen Kontrolle und Verantwortung durch die Anerkennung von Compliance-Bemühungen wiederhergestellt werden kann.

---

398 *Ackermann*, ZWeR 2010, 329 (346). Anschaulicher: „Nimmt man das Allgemeininteresse an einer wirksamen Durchsetzung des Kartellrechts ernst, so kann nicht hingenommen werden, dass ein großer Konzern sich hinter einer relativ unbedeutenden und womöglich weitgehend vermögenslosen Tochtergesellschaft versteckt, die sich nach außen hin als Kartellbeteiligte ‚die Finger schmutzig macht', während die reiche und mächtige Muttergesellschaft im Hintergrund bleibt und sich so geschickt dem Zugriff der Kartellbehörden entzieht." aus: *Kokott/Dittert*, WuW 2012, 670 (674).

399 *Hofstetter/Kasten*, Annual Perspectives 2013, 68 (71); *Voet van Vormizeele*, WuW 2010, 1008 (1018).

B. Mögliche Korrektur durch Compliance Defence

Abhilfe für die genannte Kritik könnte die Berücksichtigung von Compliance-Programmen schaffen. Bisher waren Kommission und EuGH diesbezüglich zurückhaltend. Da die Weiterentwicklung des Unternehmensbegriffes jedoch ein Korrektiv erfordert, könnte die Berücksichtigung von Compliance-Programmen eine elegante Lösung darstellen. Untersucht wird, wie sich effektive Compliance-Programme sowohl auf Tatbestandsebene (I) als auch auf Rechtsfolgenebene (II) auswirken könnten. Es versteht sich von selbst, dass es nur um effektive Compliance-Programme gehen kann, mit denen sich die Muttergesellschaft ernsthaft um Rechtstreue im Konzern bemüht.

I. Auf Tatbestandsebene: Compliance als enthaftender Umstand

Compliance-Programme können adäquate Beweismittel für fehlenden Einfluss der Muttergesellschaft auf die Tochter bzw. für fehlendes Verschulden der Gesellschaft darstellen. Voraussetzung dafür ist allerdings, dass die Begriffe „bestimmender Einfluss" und „Geschäftspolitik" angepasst und enger gefasst werden (1) oder ein Organisationsverschulden vorgeworfen wird (2).

1. Compliance-Programm als Vermutungswiderlegung

Wie beschrieben, ergibt sich die Haftung der Muttergesellschaft als Teil des Unternehmens vor allem aus der Beziehung zu ihrer Tochtergesellschaft. Dreh- und Angelpunkt ist die Ermittlung des bestimmenden Einflusses auf das Marktverhalten der Tochter, damit die Muttergesellschaft auch ohne eigenen Tatbeitrag für den Kartellverstoß verantwortlich gemacht werden kann.[400] Mit einem effektiven Compliance-Programm könnte der geforderte Nachweis, dass kein bestimmender Einfluss ausgeübt wurde, erbracht werden.

Noch sind die Anforderungen an den Gegenbeweis unklar, da bisher keine Muttergesellschaft mit ihrem Vorbringen erfolgreich war.[401] Nach EuGH und EGMR führt die Tatsache, dass der Gegenbeweis schwierig ist, jedoch noch nicht zu einer Verletzung der Verteidigungsrechte nach Art. 48 Abs. 1 EU-Grundrechtecharta,

---

400   Wie bei den Ausführungen zum Trennungsprinzip dargelegt, handelt es sich bei dem Bußgeld um eine eigene Verbindlichkeit der Mutter.

401   Vor dem EuG erfolgreiche Vorbringen wurden vom EuGH in der Rechtsmittelinstanz als doch unzureichend zurückgewiesen. Beispielhaft: *EuG*, Urteil vom 16.06.2011 – T-208/08, ECLI:EU:T:2011:287 Gosselin, Slg. 2011, II-03639; *EuGH*, Urteil vom 11.07.2013 – C-440/11 P, ECLI:EU:C:2013:514 Stichting Portielje, veröffentlicht in der digitalen Sammlung.; *EuG*, Urteil vom 14.03.2013 – T-587/98, ECLI:EU:T:2013:129, veröffentlicht in der digitalen Sammlung; *EuGH*, Urteil vom 24.06.2015 – C-293/13 P, ECLI:EU:C:2015:416 Del Monte, noch nicht veröffentlicht.

bzw. Art. 6 Abs. 2 EMRK, Art. 6 EUV. Laut ständiger Rechtsprechung kann sich der Gegenbeweis aus „sämtlichen im Zusammenhang mit ihren wirtschaftlichen, organisatorischen und rechtlichen Verbindungen zur Muttergesellschaft relevanten Gesichtspunkte[n]"[402] ergeben.

Möglicherweise könnte der Verstoß gegen Compliance-Vorgaben und damit gegen Weisungen der Mutter dazu führen, dass für Dritte kein einheitliches Auftreten am Markt – und damit keine Einheit – mehr besteht. Allerdings kommt es für die Bestimmung der wirtschaftlichen Einheit nicht auf ein einheitliches Auftreten am Markt an, sondern auf ein autonomes Auftreten.[403] Konzernstrukturen sind für andere Marktteilnehmer größtenteils nicht erkennbar. Sie halten sich an die Einzelgesellschaften als ihre jeweiligen konkreten Geschäftspartner. Aus der Einheitlichkeit des Marktauftrittes kann daher weder ein Argument für noch gegen eine Berücksichtigung für Compliance-Programme abgeleitet werden.

In den Fokus muss daher das autonome Marktverhalten treten. Was als Orientierungshilfe für die Beweisführung der Unternehmen erscheint (Gegenbeweis kann sich ergeben aus „sämtlichen wirtschaftlichen, organisatorischen und rechtlichen Verbindungen"), kann zur Herkules-Aufgabe werden: Die Muttergesellschaft muss potenziell zeigen, dass keine der bestehenden Verbindungen dazu genutzt wurde, um einen bestimmenden Einfluss auf das Marktverhalten auszuüben.[404] Hier zeigt sich das Problem, dass für die Ermittlung einer wirtschaftlichen Einheit zwar ein bestimmender Einfluss der Muttergesellschaft erforderlich ist. Allerdings ist sehr weit gefasst, worauf sich dieser bezieht. Denn ein bestimmender Einfluss in (irgend) einem Gebiet der Geschäftspolitik soll ausreichen, um eine wirtschaftliche Einheit darzustellen.[405] Nicht erforderlich ist, dass sich der Einfluss auf den operativen oder gar kartellbeteiligten Bereich bezieht.[406] Erschwerend kommt hinzu, dass es um den Beweis negativer Tatsachen geht.

Darüber hinaus ist es möglich, dass ein Bereich der Geschäftspolitik nicht einmal vom Compliance-Programm erfasst wird, da man ihn richtigerweise nicht als risikorelevant eingestuft hat.[407] Dann würde die Muttergesellschaft für ein Risiko haften,

---

402 Anstatt vieler: *EuGH*, Urteil vom 10.09.2009 – C-97/08 P, ECLI:EU:C:2009:536 Akzo Nobel, Slg. 2009, I-8237 (Rn. 74).

403 Keine Trennung von Einheitlichkeit und Autonomie: *Braun/Kellerbauer*, NZKart 2013, 175 (177); *Kersting*, Der Konzern 2011, 445 (446).

404 *Thomas*, Journal of European Competition Law & Practice 2012, 11 (18 f.).

405 Nach Generalanwältin Kokott reichen Verbindungen, die „hinreichenden Einfluss auf die Geschäftspolitik der Gesellschaft im weitesten Sinne" ermöglichen: *EuGH*, Schlussantrag vom 11.12.2014 – C-293/13 P Del Monte-Weichert (Rn. 89).

406 *EGMR*, Urteil vom 23.07.2002 – App. no. 34619/97 Janosevic, Reports of Judgments and Decisions 2002-VII (Rn. 102); *EuGH*, Urteil vom 29.09.2011 – C-521/09 P, ECLI:EU:C:2011:620 Elf Aquitaine, Slg. 2011, I-8947 (Rn. 70).

407 Würde ein Fehler bei der Risikobeurteilung vorliegen, dann wäre auch das Compliance-Programm nicht mehr effektiv und daher als Verteidigungsargument ungeeignet.

für das sie vorher vernünftigerweise feststellen durfte, dass es gering sei und keine Schutzmaßnahmen erfordere.

Dieser Wertungswiderspruch zeigt, dass nicht vergessen werden darf, dass die Bestimmung des Unternehmensbegriffes im Kontext des Art. 101 AEUV in Verbindung mit Art. 23 Abs. 2 VO 1/2003 erfolgt. Zu sanktionieren ist schuldhaftes kartellrechtswidriges Verhalten, nicht die Tatsache, dass eine wirtschaftliche Einheit vorliegt. Eine Lösungsmöglichkeit besteht darin, einen bestimmenden Einfluss auf die Geschäftspolitik in einem wettbewerbsrelevanten Bereich zu fordern. Denn je mittelbarer sich der Einfluss der Mutter auf das Marktverhalten der Tochter im kartellbeteiligten Bereich auswirkt, desto weniger kann man von einer Einheit sprechen, die die gesamtschuldnerische Auferlegung einer (Kartellrechts-) Sanktion verdient. Der Vorteil einer Einschränkung auf die Geschäftspolitik im kartellbetroffenen Bereich wäre zum einen, dass das Bemühen der Muttergesellschaft um Rechtstreue berücksichtigt wird. Denn bei einem Verstoß gegen das Compliance-Programm besteht zwischen Mutter und Tochter gerade keine Einheit. Zum anderen nähert sich der Vorwurf, der der Mutter gemacht wird, wieder dem Kartellverbot an.

EuGH und Kommission honorieren Compliance-Bemühungen momentan nicht. In sein Gegenteil verkehrt der EuGH die Compliance Defence, wenn er überlegt, dass ein bestehendes Compliance-Programm gerade Indiz für eine fehlende Unabhängigkeit sein könnte. Denn das Compliance-Programm lege „vielmehr eine tatsächliche Kontrolle der Geschäftspolitik der Tochtergesellschaften durch die Muttergesellschaft nahe."[408] Gegen diese Ansicht spricht zunächst, dass es um die Ermittlung des tatsächlichen Einflusses der Muttergesellschaft auf die Tochtergesellschaft geht. Erforderlich ist die tatsächliche Ausübung des Einflusses.[409] Einfluss kann nur dann bestehen, wenn die Muttergesellschaft mit einem Ergebnis auf das Verhalten der Tochter einwirkt. Verhält sich die Tochter gerade entgegen der Vorgaben der Mutter, dann liegt keine Einflussnahme, sondern nur ein (in diesem Fall fehlgeschlagener) Versuch vor. Der Versuch der Einflussnahme reicht aber nicht aus, um eine Abhängigkeit zwischen Mutter und Tochter zu etablieren. Entsprechend

---

408   *EuGH*, Urteil vom 18.07.2013 – C-501/11 P, ECLI:EU:C:2013:522 Schindler, veröffentlicht in der digitalen Sammlung (Rn. 114); *Braun/Kellerbauer*, NZKart 2013, 175 (179).

409   *EuGH*, Urteil vom 25.10.1983 – C-107/82, ECLI:EU:C:1983:293 AEG, Slg. 1983, I-3151 (Rn. 50); *EuGH*, Urteil vom 26.09.2013 – C-172/12, ECLI:EU:C:2013:601 EI du Pont, NZKart 2013, 504 (Rn. 44); *EuG*, Urteil vom 27.09.2006 – T-314/01, ECLI:EU:T:2006:266 Avebe, Slg. 2006, II-03085 (Rn. 136). Außerdem wäre diese Bewertung ein Signal an Unternehmen, dass Compliance-Programme eher das Haftungsrisiko erhöhen können, als es zu begrenzen. Unternehmen könnten davon abgehalten werden, in Maßnahmen zur Rechtstreue zu investieren, wenn diese gegen sie verwendet werden können.

hat der EuGH auch Abstand genommen von seiner - im obiter dictum erfolgten - Überlegung.[410]

Laut Kommission stellt sich die Frage nach einer Berücksichtigung von Compliance-Programmen nicht. Denn der Vorteil ergebe sich aus der Präventionsfunktion. Nur das Ergebnis zähle bei Compliance-Programmen. Die Belohnung liege darin, dass sich das Risiko eines Verstoßes mindere.[411] Gegen diesen Ansatz spricht auf Tatbestandsebene, dass die Kommission zwar die Verbindungen zwischen Gesellschaften berücksichtigten will, um heraus zu finden, ob eine wirtschaftliche Einheit besteht. Sie begrenzt aber die Betrachtung auf ausgewählte Beziehungen, die nicht die gesamte Vielfalt der Verbindungen zwischen den Gesellschaften wiedergeben. Denn es wird nur der Einfluss auf die Geschäftspolitik beachtet. Ob Beteiligungsrechte eingesetzt werden, um Rechtstreue in Tochterunternehmen, insbesondere bei der Umsetzung der Geschäftspolitik, zu forcieren, wird nicht berücksichtigt.

Die Zulassung einer Compliance Defence würde auch stärker der Tatsache Rechnung tragen, dass es sich bei Konzernen um Verbindungen in einer Organisation handelt und nicht um eine einzelne Person mit nur einer Handlungsweise und einer Motivation.[412]

Der Aufwand, den die Beurteilung von Compliance-Programmen für die Kommission bedeutet, ist auch vertretbar, da es schon verschiedene, von internationalen Organisationen entwickelte, Compliance-Modelle gibt (vgl. Teil 2). Außerdem bleibt die Vermutungsregel bestehen und das Unternehmen in der Beweislast, dass sein Compliance-Programm den erforderlichen Anforderungen entsprach.

Die Compliance Defence ist ein sinnvolles Mittel, um die Beweislast der Unternehmen für die Vermutungswiderlegung auf ein vernünftiges Maß zu bringen. Denn wenn eine Tochtergesellschaft gegen das Compliance-Programm verstößt, handelt sie gerade weisungswidrig und damit nicht unter dem Einfluss der Muttergesellschaft.

2. Compliance-Programm und fehlendes Verschulden

Das Kartellverbot stellt nach Art. 23 Abs. 2 VO 1/2003 einen Verschuldenstatbestand dar. In Entscheidungspraxis und Rechtsprechung wird hierbei häufig nicht deutlich, auf wessen Verschulden es ankommt – auf das des Unternehmens oder auf das des Mitarbeiters. Teilweise ist die Terminologie uneinheitlich, es wird von „Wissen und Kennenmüssen" des Unternehmens, aber auch von „wissentlichem Verhalten" einer für das Unternehmen handelnden Person gesprochen.[413] Letztlich ergibt sich aber

---

410   *EuGH*, Urteil vom 16.06.2016 – C-155/14 P, ECLI:EU:C:2016:446 Degussa Calciumcarbid, noch nicht veröffentlicht (Rn. 40).

411   *Almunia*, Compliance and Competition Policy, SPEECH/10/586 vom 25.10.2010, 6.

412   Von Anerkennung der „Rolleninkohärenz" spricht *Brettel/Thomas*, Compliance und Unternehmensverantwortlichkeit im Kartellrecht, 96 ff.

413   Für Verschulden des Unternehmens: *EuGH*, Urteil vom 17.07.1997 – C-219/95 P, ECLI:EU:C:1997:375 Ferriere Nord, Slg. 1997, I-4411 (Rn. 50); *EuGH*, Urteil vom

aus allen Entscheidungen, dass es jeweils um das Verschulden eines Mitarbeiters geht, das dem Unternehmen zugerechnet wird. Die Rede des EuGHs, dass das Unternehmen hätte wissen müssen, dass sein Verhalten gegen das Wettbewerbsrecht verstößt, ist eher eine sprachliche Bequemlichkeit. Dazu kommt, dass die Kommission nicht darlegen muss, welche Person genau am Verstoß beteiligt war, solange sie beweisen kann, dass die Zuwiderhandlung von „jemandem" aus dem Unternehmen begangen wurde.[414] Das Organisationsverschulden des Unternehmens, das in einigen Entscheidungen vorgeworfen zu werden scheint, bezieht sich nur auf die im Verkehr erforderliche Sorgfalt, die von einem Mitarbeiter nicht beachtet wurde.[415] Es geht daher nicht um ein originäres Organisationsverschulden der Unternehmen, sondern um die Zurechnung von Verschulden der für sie handelnden Personen. Ausschlaggebend sind das Handeln und das Wissen einer Person, „die berechtigt ist, für das Unternehmen tätig zu werden." Auf eine Organstellung, also eine rechtliche Repräsentationsmacht, kommt es ebenfalls nicht an.[416]

Diese Art der Verschuldenszurechnung verstößt, wie oben angesprochen, zwar nicht gegen das gesellschaftsrechtliche Trennungsprinzip, wenn man den funktionalen Unternehmensbegriff und den Begriff der juristischen Person getrennt betrachtet. In der Wirklichkeit besteht das Unternehmen aber aus verschiedenen Rechtspersonen, die letztendlich Adressat der Geldbuße werden. Wenn man die Perspektive der juristischen Personen einnimmt, dann besteht die wirtschaftliche Einheit *trotz* eigener Rechtspersönlichkeit der Tochter. Sie stellt folglich eine Ausnahme zur normalerweise getrennt erfolgenden Behandlung von Gesellschaften dar.

Das Trennungsprinzip soll dabei nicht nur das Haftungsrisiko auf das Gesellschaftsvermögen begrenzen. Es drückt auch die Beschränkung der Kontrollmöglichkeiten durch Gesellschafter und Gesellschaftsführung aus. Das Trennungsprinzip zielt damit auch auf einen „Gleichlauf von Verantwortung und Kontrolle."[417] Das Verhältnis zwischen Verantwortung und Kontrolle ist jedoch durch den funktionalen

---

16.11.2000 – C-286/98 P, ECLI:EU:C:2000:630 Stora Kopparbergs, Slg. 2000, I-9945 (Rn. 31); *EuG*, Urteil vom 19.05.2010 – T-11/05, ECLI:EU:T:2010:201 Wieland-Werke Kupferinstallationsrohre, Slg. 2010, II-00086 (Rn. 140); *EuGH*, Urteil vom 14.02.1978 – C-27/76, ECLI:EU:C:1978:22 United Brands, Slg. 1978, II-209 (Rn. 299). Für Verschulden des Mitarbeiters: *EuGH*, Urteil vom 07.06.1983 – C-100/80, ECLI:EU:C:1983:158 Musique Diffusion, Slg. 1983, 1825 (Rn. 97); *EuGH*, Urteil vom 18.09.2003 – C-338/00 P, ECLI:EU:C:2003:473, Slg. 2003, I-09189 (Rn. 98).

414   *EuGH*, Urteil vom 18.09.2003 – C-338/00 P, ECLI:EU:C:2003:473, Slg. 2003, I-09189 (Rn. 91 ff.).

415   *EuGH*, Urteil vom 18.09.2003 – C-338/00 P, ECLI:EU:C:2003:473, Slg. 2003, I-09189 (Rn. 98); *EuG*, Urteil vom 13.12.2012 – T-103/08, ECLI:EU:T:2012:686 Versalis, veröffentlicht in der digitalen Sammlung (Rn. 70).

416   *EuGH*, Urteil vom 07.06.1983 – C-100/80, ECLI:EU:C:1983:158 Musique Diffusion, Slg. 1983, 1825 (Rn. 96 ff.).

417   *Hofstetter/Ludescher*, in: FS von Büren, 485 (506); *Bosch*, ZHR 2013, 454 (460).

Unternehmensbegriff der Kommission im Wettbewerbsrecht aus dem Gleichgewicht geraten.[418]

Eine Wiederherstellung der Balance könnte sich aus einer Anpassung des Verschuldensmaßstabs ergeben, indem für das Verschulden nicht auf „irgendeinen Mitarbeiter" des Unternehmens abgestellt wird, sondern im Mutter-Tochterverhältnis auf ein Organisationsverschulden. Der Wortlaut von Art. 23 Abs. 2 VO 1/2003 ließe diese Auslegung zu, da er von einem vorsätzlichen oder fahrlässigen Verstoß „des Unternehmens" spricht. Verschiebt sich der Verschuldensvorwurf auf die fehlerhafte Organisation des Unternehmens, so ergibt sich gleichzeitig ein Anknüpfungspunkt für Compliance-Programme. Denn mit ihnen kann die Muttergesellschaft beweisen, dass sie alle erforderlichen Maßnahmen getroffen hat, um auf das rechtskonforme Verhalten des Tochterunternehmens hinzuwirken.[419]

II. Auf Rechtsfolgenebene: Compliance als berücksichtigungsfähiger Umstand

Solange Kommission und EuGH an dem bisherigen Unternehmensbegriff und der bisherigen Verschuldenszurechnung festhalten, hat das Argument „Compliance" voraussichtlich nur bei der Bußgeldbemessung eine Chance als erfolgreiches Verteidigungsmittel.[420] Zuerst soll der normative Rahmen der Bußgeldbemessung skizziert (1) und sodann im Anschluss die Berücksichtigung von Compliance-Programmen als erschwerender (2) oder mildernder Umstand (3) untersucht werden.

1. Normativer Rahmen für die Bußgeldbemessung

Die Rechtsfolgen eines Kartellverstoßes ergeben sich aus Art. 23 Abs. 2 VO 1/2003 und aus den Bußgeldleitlinien der Kommission von 2006. Gilt die VO 1/2003 gemäß Art. 288 Abs. 2 AEUV verbindlich und in jedem Mitgliedstaat unmittelbar, so handelt

---

418 Siehe oben Kritik am europäischen Unternehmensbegriff, Teil 4 A I 3. Gleiche Wertung, die sich allerdings auf die verschuldensunabhängige Haftung nach dem US-amerikanischen Recht bezieht: *Sokol*, Antitrust Law Journal 2012, 201 (225).

419 *Hofstetter/Ludescher*, in: FS von Büren, 485 (506 ff.); *Bosch/Colbus u.a.*, WuW 2009, 740 (749).

420 Eine Änderung der Entscheidungspraxis ist derzeit nicht ersichtlich. In neueren Entscheidungen bleiben EuGH und Kommission bei der weiten Auslegung von bestimmendem Einfluss: In *General Quimica* wurde vom EuGH bestätigt, dass eine Muttergesellschaft auch dann haftet, wenn sie 100% der Anteile an einer Zwischengesellschaft hält, die ihrerseits 100% der Anteile an der kartellbeteiligten Gesellschaft inne hat; *EuGH*, Urteil vom 20.01.2011 – C-90/09 P, ECLI:EU:C:2011:21 General Quimica, Slg. 2011, I-00001. In *Del Monte* wurde entschieden, dass es nicht ausreicht, wenn sich ein mitbeherrschtes Unternehmen gegen einige Weisungen widersetzt und externe Rechtsberater engagiert hat, um seine Interessen gegen die Muttergesellschaft vertreten zu lassen; *EuGH*, Urteil vom 24.06.2015 – C- 293/13 P, ECLI:EU:C:2015:416 Del Monte, noch nicht veröffentlicht.

es sich bei den Bußgeldleitlinien der Kommission um eine Selbstbeschränkung des Ermessens ohne rechtliche Bindungswirkung für Dritte.[421] Die Ermittlung des Bußgeldes erfolgt in zwei Schritten: Zunächst wird ein Grundbetrag ermittelt, der aus einem Anteil am Umsatz der Waren oder Dienstleistungen besteht, die mit dem Verstoß in Zusammenhang stehen. Der Anteil richtet sich nach der Schwere des Verstoßes und wird mit der Anzahl der Jahre der Zuwiderhandlung multipliziert.[422] Hinzugefügt wird ein Abschreckungsbetrag, auch Eintrittsgebühr genannt.[423] Im zweiten Schritt wird der so ermittelte Grundbetrag nach den Umständen des Falles angepasst, je nachdem ob erschwerende oder mildernde Umstände vorliegen.[424] Welche Umstände berücksichtigt werden können, sind in den Bußgeldleitlinien normiert, die Liste ist aber nicht abschließend.[425]

Weder in Art. 23 Abs. 2 VO 1/2003 noch in den Bußgeldleitlinien wird die Berücksichtigung von Compliance-Programmen ausdrücklich erwähnt. Eine Berücksichtigung lässt sich aber möglicherweise durch Auslegung der Bußgeldvorschriften ermitteln.

2. Compliance-Programm als erschwerender Umstand

Während Art. 23 Abs. 3 VO 1/2003 nur davon spricht, dass die „Schwere der Zuwiderhandlung" bei der Festsetzung der Geldbuße zu berücksichtigen ist, so greifen die Bußgeldleitlinien 2006 die Schwere des Verstoßes zwei Mal auf: Sie soll zum einen bei der Ermittlung des Grundbetrages der Geldbuße berücksichtigt werden.[426] Im zweiten Schritt kann die Geldbuße erhöht werden, wenn erschwerende Umstände vorliegen.[427] Für beides geben die Bußgeldleitlinien Beispiele. So gehören Hardcore-Verstöße zu den schwerwiegendsten Verstößen.[428] Die Beteiligung des Unternehmens an dem Kartell als Anführer oder ein wiederholter Verstoß hingegen stellen erschwerende Umstände dar.[429] Eine präzise Trennung zwischen den beiden Kategorien scheint jedoch nicht ersichtlich. Für die Schwere des Verstoßes wird eher auf das „Wesen der Zuwiderhandlung", beziehungsweise auf ihre Merkmale

---

421 Dannecker/Biermann, in: Immenga/Mestmäcker, Art. 23 VO 1/2003, Rn. 148; Schröter, in: Groeben, Hans von der/Schwarze, et al., Vor Art. 101–105 AEUV, 35.
422 Kommission, Bußgeldleitlinien, Abl. C 210 vom 01.09.2006, Rn. 19.
423 Kommission, Bußgeldleitlinien, Abl. C 210 vom 01.09.2006, Rn. 25.
424 Kommission, Bußgeldleitlinien, Abl. C 210 vom 01.09.2006, Rn. 27 ff.
425 EuGH, Beschluss vom 25.03.1996 – C-137/95 P, ECLI:EU:C:1996:130 SPO, Slg. 1996, I-1611 (Rn. 54); EuGH, Urteil vom 28.06.2005 – C-189/02 P, ECLI:EU:C:2005:408 Dansk Rørindustri, Slg. 2005, I-5425 (Rn. 241).
426 Kommission, Bußgeldleitlinien, Abl. C 210 vom 01.09.2006, Rn. 19.
427 Kommission, Bußgeldleitlinien, Abl. C 210 vom 01.09.2006, Rn. 27.
428 Kommission, Bußgeldleitlinien, Abl. C 210 vom 01.09.2006, Rn. 23.
429 Kommission, Bußgeldleitlinien, Abl. C 210 vom 01.09.2006, Rn. 28.

abgestellt.[430] Dagegen kann die Rolle des Unternehmens während der Dauer des Kartells sowohl im ersten als auch im zweiten Schritt der Festsetzung der Geldbuße berücksichtigt werden.[431] Eine präzise Unterscheidung ist aber auch nicht erforderlich. Denn die Bußgeldleitlinien sind - wie der Name schon sagt - Leitlinien, nach denen die Kommission ihr Ermessen bei der Festsetzung der Geldbuße ausüben will. Solange die Kommission keine rechtsstaatlichen Grundsätze verletzt, steht ihr die Entscheidung zu, welche Faktoren sie auf welche Weise berücksichtigt. Denn die Schwere des Verstoßes ergibt sich aus vielen verschiedenen Faktoren, die jeweils im Einzelfall zu berücksichtigen und zu bewerten sind.[432]

Zu untersuchen ist nun, inwiefern sich das Bestehen eines Compliance-Programmes auf die Schwere des Verstoßes auswirkt. Da sich „Schwere des Verstoßes" und „erschwerende Umstände" nicht präzise voneinander abgrenzen lassen, kann ein Compliance-Programm möglicherweise auf Grund der bisher erfolgten Entscheidungspraxis einer der beiden Kategorien zugeordnet werden. Zu betrachten ist dabei unter anderem, welchen Einfluss ein Compliance-Programm hat auf die „besonderen Umstände der Rechtssache, ihren Kontext und die Abschreckungswirkung der Geldbußen [...], [sowie] das Verhalten jedes einzelnen Unternehmens, die Rolle, die jedes Unternehmen bei der Abstimmung der Verhaltensweisen gespielt hat, der Gewinn, den die Unternehmen aus diesen Verhaltensweisen ziehen konnten, ihre Größe und der Wert der betroffenen Waren sowie die Gefahr, die derartige Zuwiderhandlungen für die Ziele der Gemeinschaft bedeuten."[433]

In der bisherigen Entscheidungspraxis ist das Bestehen eines Compliance-Programmes bisher in einem einzigen Fall als erschwerender Umstand bewertet worden. In der Entscheidung *British Sugar II* argumentierte die Kommission, dass das betroffene Unternehmen während eines Kartellverfahrens in den 1980er Jahren ein Compliance-Programm einführte und dies in der damaligen Entscheidung mildernd berücksichtigt wurde.[434] Nach der Einleitung eines zweiten Kartellverfahrens gegen British Sugar stellte sich heraus, dass erneut Kartellverstöße begangen worden waren. Diese bedeuteten zwar gleichzeitig einen Verstoß gegen

---

430 *EuG*, Urteil vom 14.12.2006 – T-259/02, ECLI:EU:T:2006:396, Slg. 2006, II-05169 (Rn. 249 ff.); Kienapfel, in: Groeben, Hans von der/Schwarze, et al., Art. 23 VO 1/2003, Rn. 55.

431 *EuG*, Urteil vom 26.04.2007 – T-109/02, ECLI:EU:T:2007:115 Bolloré, Slg. 2007, II-00947 (561, 596); *Weitbrecht/Tepe*, EWS 2001, 220 (228).

432 *Kommission*, Bußgeldleitlinien, Abl. C 210 vom 01.09.2006, 20; *EuGH*, Urteil vom 07.06.1983 – C-100/80, ECLI:EU:C:1983:158 Musique Diffusion, Slg. 1983, 1825 (Rn. 120); *EuG*, Urteil vom 08.07.2004 – T-67/00, ECLI:EU:T:2004:221 JFE Engineering, Slg. 2004, II-02501 (Rn. 532).

433 *EuGH*, Urteil vom 28.06.2005 – C-189/02 P, ECLI:EU:C:2005:408 Dansk Rorindustri, Slg. 2005, I-5425 (Rn. 241).

434 *Kommission*, Entscheidung vom 18.07.1988 – COMP 30778 British Sugar I, ABl. L 284, 19.10.1988, 41 (Rn. 85).

das Compliance-Programm.[435] Allerdings stellte die Kommission für die Beurteilung der Umstände des zweiten Kartells nicht auf die Verletzung des Compliance-Programmes an sich ab. Die zweite Zuwiderhandlung begann kurz nach der ersten Bußgeldentscheidung der Kommission und kurz nach der Einführung des Compliance-Programmes. Die Berücsichtigung als erschwerender Umstand betraf daher vielmehr den Rückfall und nicht den Verstoß gegen ein Compliance-Programm an sich.[436] Auch nach dem EuG im darauffolgenden Rechtsweg lag der erschwerende Umstand in der Wiederholung des Verstoßes.[437]

Wegen der besonderen Umstände im Fall *British Sugar II* kann aus der Entscheidungspraxis nicht abgeleitet werden, ob Compliance-Programme einen erschwerenden Umstand darstellen können. Die Kommission will Compliance-Programme bislang nicht negativ berücsichtigen,[438] trifft aber keine Aussage, ob eine negative Berücsichtigung überhaupt möglich wäre. Daher ist eine Auslegung des Begriffes „Schwere des Verstoßes" erforderlich. Die in den Bußgeldleitlinien gegebenen Beispiele für erschwerende Umstände können bei der Auslegung als Orientierung dienen.

Möglicherweise indiziert ein Verstoß gegen ein Compliance-Programm eine Art „Bösgläubigkeit des Unternehmens".[439] Hiergegen ist einzuwenden, dass das Kartellrecht bislang gerade kein Organisationsverschulden vorwirft, sondern den Verstoß eines Mitarbeiters zurechnet. Es ist daher auf die eventuelle „Bösgläubigkeit" eines Mitarbeiters abzustellen. Diese muss sich aber vom normalen Vorsatz unterscheiden, um einen erschwerenden Umstand darzustellen. Ein Verstoß gegen ein Compliance-Programm könnte einen Hinweis auf eine besonders kriminelle Motivation des Mitarbeiters geben, insbesondere wenn dieser bewusst Präventionsmaßnahmen umgeht. Die Bußgeldleitlinien bestimmen zwar, dass fahrlässiges Verhalten mildernd berücsichtigt werden soll,[440] bezüglich verschiedener Stufen des Vorsatzes wird jedoch keine Unterscheidung gemacht. Die „Bösgläubigkeit" des Mitarbeiters könnte aber mit der Anführerschaft in einem Kartell vergleichbar sein. Die Bußgeldleitlinien sehen in der Rolle des Anführers auch einen erschwerenden Umstand,[441] denn auch diese erfordert eine besondere Überzeugung zum Handeln. Allerdings bezieht sich der Vorwurf bei diesem erschwerenden Umstand auf die stärker engagierte Teilnahme und Organisation des Kartells. Nicht Gegenstand des

---

435 *Kommission*, Entscheidung vom 14.10.1998 – COMP 33708 British Sugar II, Abl. L 076 , 22.03.1999, 1 (Rn. 208 ff.).

436 *Weitbrecht/Tepe*, EWS 2001, 220 (228); Brinker, in: Bechtold/Bosch, et al., Art. 23 VO 1/2003, 66.

437 *EuG*, Urteil vom 12.07.2001 – T-202/98, ECLI:EU:T:2001:185 Tate & Lyle, Slg. 2001, II-02035 (Rn. 135).

438 *Kommission,* Wettbewerbsrechtliche Compliance, 19.

439 Der Begriff „Bösgläubigkeit" soll hier im weiten Sinne eines treuwidrigen oder rechtsmissbräuchlichen Verhaltens verstanden werden.

440 *Kommission*, Bußgeldleitlinien, Abl. C 210 vom 01.09.2006, Rn. 29.

441 *Kommission*, Bußgeldleitlinien, Abl. C 210 vom 01.09.2006, Rn. 28.

Vorwurfs ist eine ausgeprägte Erfüllung des subjektiven Tatbestandes.[442] Ein Verstoß gegen das Compliance-Programm, der nur eine besondere Motivation indiziert, sich aber nicht in der Organisation und Umsetzung des Kartells niederschlägt, ist daher nicht vergleichbar mit den anderen genannten schweren Umständen der Bußgeldleitlinien.

Daneben ist es ist ferner „geradezu kontraproduktiv, Unternehmen, die spezielle Maßnahmen ergriffen haben, um die Einhaltung der Wettbewerbsregeln sicherzustellen, im Ergebnis für ein Versagen härter zu bestrafen als Unternehmen, die „nur" gegen das Gemeinschaftsrecht und nicht zugleich gegen interne Vorgaben verstoßen haben."[443] Die Geldbuße verfolgt sowohl repressive als auch präventive Sanktionszwecke.[444] Die präventive Funktion der Geldbuße beinhaltet aber allgemeiner die Verhaltenslenkung.[445] Diese erfolgt auch durch das Vorgehen bei der Wettbewerbsdurchsetzung. Unternehmen sollen durch die Wettbewerbsdurchsetzung der Kommission dazu gebracht werden, sich entsprechend der Wettbewerbspolitik zu verhalten. Die Kommission setzt zwar hauptsächlich auf die Abschreckung als Mittel der Verhaltenslenkung,[446] sie ist aber nicht das einzig zur Verfügung stehende Mittel. Geradezu diametral zum verfolgten Zweck wäre eine Wertung von Verstößen gegen Compliance-Programme als erschwerender Umstand. Denn es ist wünschenswert und führt ebenfalls zur Durchsetzung der Wettbewerbspolitik, wenn sich Unternehmen in Compliance-Programmen mit den Wettbewerbsregeln auseinandersetzen und sich um ihre Umsetzung bemühen. Eine erschwerende Berücksichtigung hätte auch eine Lenkungsfunktion, aber eine, die dem verfolgten Ziel entgegensteht. Denn da sich Unternehmen bewusst sind, dass Compliance-Programme keine Garantie für

---

442 Kienapfel, in: Groeben, Hans von der/Schwarze, et al., Art. 23 VO 1/2003, Rn. 95; Dannecker/Biermann, in: Immenga/Mestmäcker, Art. 23 VO 1/2003, Rn. 198.

443 Dannecker/Biermann, in: Immenga/Mestmäcker, Art. 23 VO 1/2003, Rn. 201.

444 *Kommission*, Bußgeldleitlinien, Abl. C 210 vom 01.09.2006, Rn. 4; Kienapfel, in: Groeben, Hans von der/Schwarze, et al., Art. 23 VO 1/2003, Rn. 3.

445 *EuGH*, Urteil vom 07.06.1983 – C-100/80, ECLI:EU:C:1983:158 Musique Diffusion, Slg. 1983, 1825 (Rn. 105); *EuGH*, Urteil vom 28.06.2005 – C-189/02 P, ECLI:EU:C:2005:408 Dansk Rorindustri, Slg. 2005, I-5425 (Rn. 170); *EuG*, Urteil vom 12.07.2001 – T-202/98, ECLI:EU:T:2001:185 Tate & Lyle, Slg. 2001, II-02035 (Rn. 133); *EuG*, Urteil vom 08.07.2008 – T-53/03, ECLI:EU:T:2008:254 BPB Gipsplatten, Slg. 2008, II-1333 (Rn. 335); *EuG*, Urteil vom 08.10.2008 – T-69/04, ECLI:EU:T:2008:415 Schunk, Slg. 2008, II-02567 (Rn. 39); *Dreher*, ZWeR 2004, 75 (87); *Ackermann*, ZWcR 2010, 329 (332 f.); *Klaiber*, Die Berücksichtigung von Compliance-Programmen bei den Rechtsfolgen von Kartellverstößen, 116.

446 *EuGH*, Urteil vom 07.06.1983 – C-100/80, ECLI:EU:C:1983:158 Musique Diffusion, Slg. 1983, 1825 (Rn. 105 ff.); *EuGH*, Urteil vom 15.10.2002 – C-238/99 P, ECLI:EU:C:2002:582 Limburgse Vinyl Maatschappij, Slg. 2002, I-8375 (Rn. 241); *EuG*, Urteil vom 09.07.2003 – T-224/00, ECLI:EU:T:2003:195 Archer Daniels Midland Lysin, Slg. 2003, II-2597 (Rn. 98); *EuG*, Urteil vom 14.03.2013 – T-587/98, ECLI:EU:T:2013:129, veröffentlicht in der digitalen Sammlung (Rn. 749).

rechtstreues Verhalten geben, könnten sie ihre Bemühungen senken. Dies wiederum würde wettbewerbswidriges Verhalten begünstigen.

Zusammenfassend kann festgestellt werden, dass der Verstoß gegen interne Vorgaben das Unrecht der Zuwiderhandlung nicht erhöht und damit nicht als erschwerender Umstand zu werten ist. Das Bestehen eines Compliance-Programmes und ein Verstoß hiergegen sind mit keinem der bisher als erschwerend anerkannten Umstände vergleichbar. Die Berücksichtigung des Compliance-Programmes als erschwerender Umstand wie in der *British Sugar*-II-Entscheidung bleibt folglich eine Ausnahme.[447]

3. Compliance-Programm als mildernder Umstand

Zunächst soll untersucht werden, ob die Entscheidungspraxis der Kommission einen Hinweis darauf geben kann, Compliance-Programme als mildernden Umstand zu berücksichtigen (a). Danach werden die Bußgeldleitlinien hinsichtlich der grundsätzlichen Berücksichtigungsfähigkeit ausgelegt (b) und Bedenken gegen eine Berücksichtigung erörtert ((c) und (d)).

a) Stand der Entscheidungspraxis von EuGH und Kommission

In der Entscheidungspraxis von Kommission und EuGH hat sich bei der Berücksichtigung von Compliance-Programmen als milderndem Umstand eine Entwicklung vollzogen, die in gebotener Kürze dargestellt werden soll.[448]

In den 1980er und 1990er Jahren erkannte die Kommission in mehreren Fällen die Einführung eines Compliance-Programmes als mildernden Umstand an, da es eine Hilfe bei der Durchsetzung des Wettbewerbsrechts darstelle.[449] Diese Anerkennung gab es sowohl für Programme, die schon vor Entdeckung des Kartells bestanden und nur angepasst werden mussten, als auch für nachträglich eingeführte Programme.

In anderen Fällen wurden nachträglich eingeführte Compliance-Programme als positives Nachtatverhalten mildernd berücksichtigt.[450] Eine Berücksichtigung erfolgte aber immer unter der Prämisse, dass die Betrachtung aller Umstände im

---

447   Ebenso Kienapfel, in: Groeben, Hans von der/Schwarze, et al., Art. 23 VO 1/2003, Rn. 100; *Bosch/Colbus u.a.*, WuW 2009, 740 (744); Brinker, in: Bechtold/Bosch, et al., Art. 23 VO 1/2003, 66; *Bosch*, ZHR 2013, 454 (467 f.).
448   Ausführliche Darstellungen finden sich in *Roos,* Compliance Defence, 44 ff.
449   *Kommission*, Entscheidung vom 07.12.1982 – 30.070 National Panasonic, Abl. L 354, 16.12.1982, 28 (Rn. 67 ff.); *Kommission*, Entscheidung vom 22.12.1987 – 31.488 Eurofix-Bauco/Hilti, Abl. L 65, 11.3.1988, 19 (Rn. 103); *Kommission*, Entscheidung vom 05.06.1991 – IV/32.725, Abl. L 287,17.10.1991, 39 (Rn. 28).
450   *Kommission*, Entscheidung vom 18.12.1987 – 31.017 Fisher-Price/Quaker Oats, Abl. L 49, 23.2.1988, 19 (Rn. 27); *Kommission*, Entscheidung vom 22.12.1987 – 31.488 Eurofix-Bauco/Hilti, Abl. L 65, 11.3.1988, 19 (Rn. 103); *Kommission*, Entscheidung vom 18.07.1988 – COMP 30778 British Sugar I, ABl. L 284, 19.10.1988, 41 (Rn. 85); *EuG*, Urteil vom 14.07.1994 – T-102/92, ECLI:EU:T:1995:3 Viho/Parker Pen, Slg.

Einzelfall auch eine Milderung zuließ. Ein Programm sollte sich daher nicht auswirken, wenn der Verstoß so schwer wog, dass eine Milderung nicht angezeigt war.[451]

Dabei betonte das EuG schon in den ersten Entscheidungen zur Berücksichtigung von Compliance-Programmen, dass eine vorherige Berücksichtigung durch die Kommission keinen Anspruch auf eine Strafmilderung auslöse. Das Ermessen der Kommission werde durch ihre vorherigen Entscheidungen nicht gebunden.[452] Der Kommission verbleibe ein weiter Ermessensspielraum bei der Bewertung aller erschwerenden und mildernden Umstände. Dies ermöglichte ihr eine Abkehr von der Berücksichtigung von Compliance-Programmen Ende der 1990er Jahre, die vor allem auf drei Argumenten basierte:

1) Das Programm ändere nichts an der Tatsache der Zuwiderhandlung und könne daher nicht berücksichtigt werden.[453]

2) Ein nachträgliches Programm verfolge zwar präventive Zwecke, es lasse aber nicht die Strafwürdigkeit des Verhaltens entfallen. Aus Repressionszwecken könne es daher nicht mildernd berücksichtigt werden.[454]

1995, II-00017 (Rn. 93); *EuG*, Urteil vom 14.05.1998 – T-319/94, ECLI:EU:T:1998:95, Slg. 1998, II-01331 (Rn. 80).

451 *EuG*, Urteil vom 17.12.1991 – T-7/89, ECLI:EU:T:1991:75 Hercules Chemicals, Slg. 1991, II-01711 (Rn. 357); *EuG*, Urteil vom 20.04.1999 – T-305/94, ECLI:EU:T:1999:80 Limburgse Vinyl Maatschappij, Slg. 1999, II-931 (Rn. 1162); *EuG*, Urteil vom 20.03.2002 – T-16/99, ECLI:EU:T:2002:72 Lögstör Rör, Slg. 2002, II-01633 (Rn. 326).

452 *EuG*, Urteil vom 17.12.1991 – T-7/89, ECLI:EU:T:1991:75 Hercules Chemicals, Slg. 1991, II-01711 (Rn. 357); *EuG*, Urteil vom 14.05.1998 – T-319/94, ECLI:EU:T:1998:95, Slg. 1998, II-01331 (Rn. 82); *EuG*, Urteil vom 14.05.1998 – T-352/94, ECLI:EU:T:1998:103 Mo och Domsjö, Slg. 1998, II-01989 (Rn. 417); *EuG*, Urteil vom 08.07.2008 – T-53/03, ECLI:EU:T:2008:254 BPB Gipsplatten, Slg. 2008, II-1333 (Rn. 423).

453 *EuG*, Urteil vom 17.12.1991 – T-7/89, ECLI:EU:T:1991:75 Hercules Chemicals, Slg. 1991, II-01711 (Rn. 357); *EuG*, Urteil vom 14.05.1998 – T-319/94, ECLI:EU:T:1998:95, Slg. 1998, II-01331 (Rn. 84); *EuG*, Urteil vom 14.05.1998 – T-352/94, ECLI:EU:T:1998:103 Mo och Domsjö, Slg. 1998, II-01989 (Rn. 419); *EuG*, Urteil vom 20.03.2002 – T-16/99, ECLI:EU:T:2002:72 Lögstör Rör, Slg. 2002, II-01633 (Rn. 326); *EuG*, Urteil vom 09.07.2003 – T-224/00, ECLI:EU:T:2003:195 Archer Daniels Midland Lysin, Slg. 2003, II-2597 (Rn. 280); *EuG*, Urteil vom 11.12.2003 – T-65/99, ECLI:EU:T:2003:336 Strintzis Lines Shipping, Slg. 2003, II-05433 (Rn. 201); *EuG*, Urteil vom 29.04.2004 – T-236/01, ECLI:EU:T:2004:118 Tokai Carbon, Slg. 2004, II-01181 (Rn. 343); *EuG*, Urteil vom 05.04.2006 – T-279/02, ECLI:EU:T:2006:103, Slg. 2006, II-00897 (Rn. 350); *EuGH*, Urteil vom 28.06.2005 – C-189/02 P, ECLI:EU:C:2005:408 Dansk Rorindustri, Slg. 2005, I-5425 (Rn. 373); *EuGH*, Urteil vom 18.07.2013 – C-501/11 P, ECLI:EU:C:2013:522 Schindler, veröffentlicht in der digitalen Sammlung (Rn. 113).

454 *Kommission*, Entscheidung vom 07.06.2000 – 36.545 Aminosäuren, Abl. L 152, 07.06.2001, 24 (Rn. 312); *Kommission*, Entscheidung vom 17.12.2002 – C 37.671 Geschmacksverstärker, Abl. L 75, 12.3.2004, 1 (Rn. 279); *Kommission*, Entscheidung

3) Die Kommission berücksichtige positives Nachtatverhalten, wenn sie die Kooperation der Unternehmen während der Ermittlungen belohne. Es liege noch innerhalb ihres Ermessensspielraumes, wenn sie Compliance-Programme daneben
nicht zusätzlich berücksichtigen wolle.[455]

In vielen Fällen wurde auch eine Kombination dieser Argumente von der Kommission vorgebracht und vom Gericht bestätigt. In den älteren Entscheidungen berücksichtigten Kommission und EuG Compliance-Programme noch bei der individuellen
Abwägung aller Umstände und entschieden sich dann möglicherweise mit einem
der drei Argumente gegen eine Auswirkung. In der neuesten Entscheidungspraxis
wird dagegen eines der drei oben genannten Argumente vorgebracht und eine
Berücksichtigung pauschal zurückgewiesen. Wenn die Effektivität der Durchsetzung des Wettbewerbsrechts es verlange, könne die Kommission ihr Ermessen so
ausüben, dass Compliance-Programme nicht mehr Teil der Abwägung seien.[456] Dies
führt dazu, dass Kommission und Gericht Compliance-Programme zwar „begrüßen"
oder als „bedeutsam" erachten, sie aber bei der Bemessung der Geldbuße pauschal
zurückweisen.[457] Rechtlich bedeutsam sind Compliance-Programme daher jedenfalls nicht (mehr) – zumindest im Kartellbußgeldverfahren. In keiner Entscheidung
setzen sich Kommission oder Gericht jedoch ausführlich mit der Frage auseinander,
ob Compliance-Programme noch in die Kategorie der mildernden Umstände fallen
oder nicht.

Dieses Schweigen zur Einordnung von Compliance-Programmen lässt jedoch
Raum für Überlegungen zu einer erneuten Berücksichtigung. Im Folgenden soll

---

vom 21.12.2005 – 38.443 Kautschukchemikalien (Rn. 345); *EuG*, Urteil vom
05.04.2006 – T-279/02, ECLI:EU:T:2006:103, Slg. 2006, II-00897 (Rn. 362).

455 *EuG*, Urteil vom 14.05.1998 – T-319/94, ECLI:EU:T:1998:95, Slg. 1998, II-01331
(Rn. 83); *EuG*, Urteil vom 14.05.1998 – T-352/94, ECLI:EU:T:1998:103 Mo och
Domsjö, Slg. 1998, II-01989 (Rn. 418); *EuG*, Urteil vom 11.12.2003 – T-65/99,
ECLI:EU:T:2003:336 Strintzis Lines Shipping, Slg. 2003, II-05433 (Rn. 201); *Kom-
mission*, Entscheidung vom 21.12.2005 – 38.443 Kautschukchemikalien (Rn. 34);
Kommission, Entscheidung vom 21.02.2007 – 38.823 Aufzugkartell (Rn. 754).

456 *EuGH*, Beschluss vom 25.03.1996 – C-137/95 P, ECLI:EU:C:1996:130 SPO, Slg. 1996,
I-1611 (Rn. 54); *EuGH*, Urteil vom 17.07.1997 – C-219/95 P, ECLI:EU:C:1997:375
Ferriere Nord, Slg. 1997, I-4411 (Rn. 33); *EuG*, Urteil vom 15.03.2006 – T-15/02,
ECLI:EU:T:2006:74 BASF (Rn. 146); *EuG*, Urteil vom 08.07.2008 – T-53/03,
ECLI:EU:T:2008:254 BPB Gipsplatten, Slg. 2008, II-1333 (Rn. 382).

457 „Begrüßung" durch die Kommission: *Kommission*, Entscheidung vom 03.12.2003 –
38.359 Graphit (Rn. 313); *Kommission*, Entscheidung vom 31.05.2006 – 38.645 Me-
thacrylates (Rn. 387). „Bedeutsam" für das EuG: *EuG*, Urteil vom 14.05.1998 –
T-319/94, ECLI:EU:T:1998:95, Slg. 1998, II-01331 (Rn. 84); *EuG*, Urteil vom 11.12.2003
– T-65/99, ECLI:EU:T:2003:336 Strintzis Lines Shipping, Slg. 2003, II-05433
(Rn. 201); *EuG*, Urteil vom 09.07.2003 – T-224/00, ECLI:EU:T:2003:195 Archer
Daniels Midland Lysin, Slg. 2003, II-2597 (Rn. 280); *EuG*, Urteil vom 05.04.2006 –
T-279/02, ECLI:EU:T:2006:103, Slg. 2006, II-00897 (Rn. 350).

daher untersucht werden, inwiefern Compliance-Programme noch einen mildernden Umstand darstellen, also grundsätzlich berücksichtigungsfähig sind, und ob gegebenenfalls eine Pflicht zur Berücksichtigung besteht.

b) Auslegung der Bußgeldbemessungsregeln

Aus Rn. 4 der Bußgeldleitlinien ist ersichtlich, dass Sinn und Zweck der Sanktionierung von kartellrechtswidrigen Handlungen sowohl die Ahndung des Verstoßes (Repression) als auch die Verhaltenslenkung (Prävention) ist. Die Berechnung der Geldbuße orientiert sich nach Art. 23 Abs. 3 VO 1/2003 an Schwere und Dauer der Zuwiderhandlung. Die in den Bußgeldleitlinien genannten Milderungsgründe könnten einen Anhaltspunkt für die Berücksichtigung von Compliance-Programmen geben. Sie beziehen sich zum einen auf Fälle, in denen von einem geringeren Unrecht ausgegangen werden kann. Darüber hinaus sind die aufgelisteten Milderungsgründe unternehmensspezifisch.[458] Es soll daher zunächst untersucht werden, ob Compliance-Programme unter einem in den Leitlinien normierten Umstand mildernd berücksichtigt werden können (1). Andernfalls ist zu überlegen, ob Compliance-Programme einen eigenen Milderungsgrund darstellen ((2) und (3)).

(1) Compliance-Programm berücksichtigungsfähig unter dem Milderungsgrund Fahrlässigkeit?

Fahrlässiges Verhalten[459] stellt nach Rn. 29 Spiegelstrich 2 der Bußgeldleitlinien einen mildernden Umstand dar. Der EuGH hat die Entscheidungspraxis der Kommission bestätigt, dass fahrlässig begangene Verstöße nicht grundsätzlich minder schwer wiegen als vorsätzliche Zuwiderhandlungen. Die Kommission darf daher auch offenlassen, welcher Grad von Verschulden vorliegt.[460] Es besteht folglich ein Ermessen, ob dieser Milderungsgrund auch tatsächlich angewandt wird. Die Kommission geht zudem davon aus, dass sich die Unternehmen so über das Wettbewerbsrecht informieren können, notfalls mit externer Rechtsberatung, dass praktisch kein Raum für fahrlässige Zuwiderhandlungen besteht. Der Milderungsgrund der Fahrlässigkeit kommt daher auch selten zur Anwendung, z.B. bei erstmaliger Ahndung eines bestimmten Marktverhaltens.[461]

---

458 *Bosch/Colbus u.a.*, WuW 2009, 740 (749); *Roos,* Compliance Defence, 243.

459 Untersucht wird eine Berücksichtigung von Compliance-Programmen nach dem bisherigen Verschuldensregime, d.h. Zurechnung des Verschuldens eines Mitarbeiters. Die Berücksichtigung im Rahmen eines Organisationsverschuldens wurde in Teil 3 B I 2 besprochen.

460 *EuGH*, Beschluss vom 25.03.1996 – C-137/95 P, ECLI:EU:C:1996:130 SPO, Slg. 1996, I-1611 (55, 57); *EuG*, Urteil vom 12.12.2012 – T-332/09, ECLI:EU:T:2012:672, veröffentlicht in der digitalen Sammlung (Rn. 237).

461 *Kommission*, Entscheidung vom 24.06.2004 – 38549 Belgische Architektenkammer (Rn. 136); Kienapfel, in: Groeben, Hans von der/Schwarze, et al., Art. 23 VO 1/2003, 103.

Die Regelungen zum Kartellverbot in Art. 101 AEUV und Art. 23 Abs. 2 und Abs. 3 VO 1/2003 schreiben nicht zwingend vor, dass vorsätzliche und fahrlässige Zuwiderhandlungen unterschiedliche Schweregrade aufweisen. Allerdings ist im Sanktionsrecht grundsätzlich anerkannt, dass fahrlässiges Verhalten einen geringeren Unrechtsgehalt ausweist, als eine vorsätzliche Begehung des Deliktes.[462] Der Unterschied ergibt sich aus dem geringeren Willen zur Rechtsgutverletzung. Dies ist auch der Grund dafür, dass fahrlässiges Verhalten als mildernder Umstand in die Bußgeldleitlinien eingefügt wurde.

Für Compliance-Programme ergeben sich zwei Anwendungsmöglichkeiten. Zum einen kann überlegt werden, dass einem Unternehmen kaum Vorsatz vorzuwerfen ist, wenn es sich im zumutbaren Rahmen um Rechtstreue bemüht hat.[463] Durch die Einführung und Umsetzung eines Compliance-Programmes machen die Organe als rechtliche Repräsentanten deutlich, dass das Unternehmen keinen Willen zur Rechtsgutverletzung hat. Dagegen spricht jedoch, dass es auf den Willen des Unternehmens, bzw. seiner rechtlichen Vertreter, und auf ein Organisationsverschulden nicht ankommt. Relevant ist allein das Verschulden des handelnden Mitarbeiters, das dem Unternehmen dann zugerechnet wird.[464] Es mag zwar sein, dass das vorgeworfene Unrecht bei einem Unternehmen mit Compliance-Programm geringer ist. Eine Verortung des Compliance-Programms in der Fahrlässigkeit passt aber nicht in die Systematik.

Die zweite Möglichkeit wäre ein Ausgleich für eventuell wegfallende Fahrlässigkeit. Vorstellbar wäre, dass Mitarbeiter, die Schulungen über Kartellrechtsrisiken erhalten haben und trotzdem Kartellverstöße begehen, „bösgläubig" sind. Jedenfalls könne es für das Unternehmen dann schwierig werden, sich auf eine fahrlässige Begehung zu berufen. Hier entstünde eine ungerechte Situation, da sich das Unternehmen selbst ja rechtstreu verhalten wollte. Gleichsam als Korrektiv sei es daher notwendig, Compliance-Programme bei der Bußgeldbemessung anzuerkennen.[465] Dem ist zuzugeben, dass das vom Unternehmen als Organisation selbst begangene Unrecht möglicherweise gleich schwer – bzw. leicht – wiegt, wie ein fahrlässiger Verstoß. Allerdings bleibt es dabei, dass das relevante Verschulden das des Mitarbeiters ist. Auf ein möglicherweise fahrlässiges Verhalten oder gar die Einstellung des Unternehmens zum Verstoß allgemein kommt es bei der Ermittlung und der Bewertung des Verschuldens nicht an. Daher ist eine Anknüpfung an die Fahrlässigkeit als Milderungsgrund aus systematischen Gründen unpassend. Des Weiteren verbleibt außerdem noch Raum für den Beweis von fahrlässigem Verhalten, auch bei Compliance-Programmen. Denn Compliance-Schulungen können nicht alle Details des Wettbewerbsrechts umfassen. Außerdem sind die Übergänge

---

462 Vgl. für das deutsche Recht § 17 Abs. 2 OWiG, § 46 StGB, Stree/Kinzig, in: Schönke/Schröder, § 46 StGB, 17.

463 *Bosch/Colbus u.a.*, WuW 2009, 740 (749).

464 *Dreher*, ZWeR 2004, 75 (84 f.).

465 *Kasten*, in: Europäisches Kartellrecht (Rn. 150); *Dreher*, ZWeR 2004, 75 (88).

zwischen erlaubtem und verbotenem Verhalten nicht immer einfach zu bestimmen. Der Mitarbeiter, der im konkreten Fall über das weitere Vorgehen im Markt entscheiden muss, handelt trotz erhaltender Compliance-Schulung nicht grundsätzlich vorsätzlich.[466]

(2) Compliance-Programm als eigenständiger Milderungsgrund

Da weitere geschriebene Milderungsgründe als Anknüpfungspunkt nicht in Betracht kommen, die Liste der mildernden Umstände in den Bußgeldleitlinien aber nicht abschließend ist,[467] könnte die Berücksichtigung von Compliance-Programmen im Rahmen eines eigenständigen mildernden Umstands erfolgen.

EuGH und Kommission betonen, dass ein Compliance-Programm nichts an dem Bestehen des Verstoßes ändere. Daher könne man ein Compliance-Programm, das schon während der Zuwiderhandlung bestand, nicht berücksichtigen.[468] Allerdings erkennt die Kommission in Rn. 29 Spiegelstrich 2 der Bußgeldleitlinien fahrlässiges Verhalten als einen mildernden Umstand an. Ebenso stellt nach Rn. 29 Spiegelstrich 3 der Bußgeldleitlinien eine geringfügige Beteiligung am Verstoß einen Milderungsgrund dar. Auch bei diesen beiden Milderungsgründen handelt es sich um Aspekte der Tatbegehung. Eine Berücksichtigung ändert ebenfalls nichts an der Tatsache, dass der Verstoß begangen wurde. Die Kommission berücksichtigt also sehr wohl, dass die Verstöße unterschiedlich starken Unrechtsgehalt haben können. Dies lässt sich auch an den übrigen erschwerenden und mildernden Umständen der Bußgeldleitlinien erkennen. Compliance-Programme mögen daher nichts an der „Realität des Verstoßes" ändern, sie geben aber einen Hinweis auf den geringeren Grad des begangenen Unrechts.[469]

EuGH und Kommission unterstreichen, dass Geldbußen entsprechend hoch ausfallen müssen, um abschreckende Wirkung zu entfalten. Damit legen sie den Schwerpunkt auf den Strafzweck der negativen Prävention.[470] Der Abschreckungsgedanke

466 *Roos,* Compliance Defence, 240.
467 *EuGH,* Beschluss vom 25.03.1996 – C-137/95 P, ECLI:EU:C:1996:130 SPO, Slg. 1996, I-1611 (Rn. 54); *EuGH,* Urteil vom 28.06.2005 – C-189/02 P, ECLI:EU:C:2005:408 Dansk Rorindustri, Slg. 2005, I-5425 (Rn. 241).
468 *EuG,* Urteil vom 17.12.1991 – T-7/89, ECLI:EU:T:1991:75 Hercules Chemicals, Slg. 1991, II-01711 (357); *EuG,* Urteil vom 14.05.1998 – T-352/94, ECLI:EU:T:1998:103 Mo och Domsjö, Slg. 1998, II-01989 (419); *EuGH,* Urteil vom 28.06.2005 – C-189/02 P, ECLI:EU:C:2005:408 Dansk Rorindustri, Slg. 2005, I-5425 (Rn. 373); *EuGH,* Urteil vom 18.07.2013 – C-501/11 P, ECLI:EU:C:2013:522 Schindler, veröffentlicht in der digitalen Sammlung (113); *EuG,* Urteil vom 29.04.2004 – T-236/01, ECLI:EU:T:2004:118 Tokai Carbon, Slg. 2004, II-01181 (343).
469 *Kasten,* in: Europäisches Kartellrecht (Rn. 141).
470 *EuGH,* Urteil vom 07.06.1983 – C-100/80, ECLI:EU:C:1983:158 Musique Diffusion, Slg. 1983, 1825 (105 ff.); *EuGH,* Urteil vom 15.10.2002 – C-238/99 P, ECLI:EU:C:2002:582 Limburgse Vinyl Maatschappij, Slg. 2002, I-8375 (465); *EuGH,* Urteil vom 28.06.2005 – C-189/02 P, ECLI:EU:C:2005:408 Dansk Rorindustri, Slg.

zielt sowohl auf eine spezial- als auch auf eine generalpräventive Wirkung von Geldbußen. Das betroffene Unternehmen sowie andere Wirtschaftsteilnehmer sollen durch die hohen Geldbußen davon abgehalten werden, Kartellverstöße zu begehen. Wie im Abschnitt über die erschwerenden Umstände beschrieben, könnte diese präventive Wirkung aber auch durch andere Mittel als durch Abschreckung erreicht werden. Denkbar wäre eine Berücksichtigung von Compliance-Programmen im Rahmen der positiven Prävention. Die Strafe bezweckt auch die Besserung des Täters bei zukünftigem Handeln (positive Spezialprävention). Bezüglich anderer Unternehmen soll die Anerkennung der Norm erhalten bzw. erhöht werden (positive Generalprävention).[471]

Denkbar sind zwei Arten der Verhaltenslenkung über Compliance-Programme. Zum einen könnte die Verhaltenslenkung über Compliance-Programme Teil einer „regulierten Selbstregulierung" sein. Das Konzept der regulierten Selbstregulierung als Teil staatlichen Handelns kam Anfang der 1990er Jahre auf und wird in den letzten Jahren immer stärker angewandt.[472] Gemeint ist der Einbezug von Privaten in die Umsetzung von Gesetzen und staatlichen Aufgaben. Der Staat könnte auch durch imperatives Handeln versuchen, seine Ziele zu erreichen, setzt stattdessen aber darauf, private Akteure so zu beeinflussen und zu steuern, dass deren Interessen mit denen des Gemeinwohls gleichlaufen:[473] „Reguliert der Staat, so nimmt er steuernd Einfluss auf gesellschaftliche und wirtschaftliche Prozesse, leistet die Gesellschaft diese Steuerung ohne oder unter reduzierter staatlicher Beteiligung, so ist von Selbstregulierung die Rede."[474] Ein Beispiel der regulierten Selbstregulierung sind die Vorschriften zu Umweltbeauftragten und Umweltbetriebsprüfungen nach BImSchG und EMAS-Verordnung 76/2001. Private Stellen übernehmen die Überprüfung von Umweltmaßnahmen. Die staatlichen Stellen reduzieren ihre Aufsicht auf die Überprüfung dieser Stellen und stichprobenartig auf die erstellten Zertifikate, nehmen aber die Umweltbetriebsprüfung nicht selbst vor, obwohl diese im Gemeinwohlinteresse erfolgt.[475] Der Staat kann so trotz begrenzter Ressourcen vielfältige Aufgaben ausführen (lassen). Ziel des Staates ist es, Unternehmen so zu steuern, dass sie an seiner Stelle die Aufgaben übernehmen. Es kommt mithin zu einer „Verwobenheit zwischen Fremd- und Selbststeuerung."[476] Auch die Kommission

---

2005, I-5425 (Rn. 241); *EuG*, Urteil vom 09.07.2003 – T-224/00, ECLI:EU:T:2003:195 Archer Daniels Midland Lysin, Slg. 2003, II-2597 (98); *EuG*, Urteil vom 14.03.2013 – T-587/98, ECLI:EU:T:2013:129, veröffentlicht in der digitalen Sammlung (749).

471 *Frister,* Strafrecht Allgemeiner Teil, Rn. 20 ff.
472 *Osborne/Gaebler,* Reinventing government, 280 ff; *Thoma,* Regulierte Selbstregulierung im Ordnungsverwaltungsrecht, 66.
473 *Thoma,* Regulierte Selbstregulierung im Ordnungsverwaltungsrecht, 40.
474 *Ruffert,* AöR 1999, 237 (242).
475 Ausführlich *Thoma,* Regulierte Selbstregulierung im Ordnungsverwaltungsrecht, 226. ff
476 *Voßkuhle,* in: Regulierte Selbstregulierung als Steuerungskonzept des Gewährleistungsstaates, 197 (199).

will sich dieser Art des Regierens bedienen, benutzt hierfür aber den Begriff Ko-regulierung.[477]

Compliance-Programme könnte man als Teil dieser Selbstregulierung betrachten, da die Unternehmen durch Eigeninitiative Maßnahmen zur Durchsetzung des Kartellrechts treffen. Allerdings fehlt es an einem für die regulierte Selbstregulierung wichtigen Merkmal: Der ausreichenden Institutionalisierung, d.h. es mangelt an einer Institution, die zwischen die hoheitliche Stelle und die Gesetzesadressaten tritt.[478] Zwar gibt es, wie im zweiten Teil beschrieben, vereinzelte Anbieter, die eine Zertifizierung von Compliance-Programmen anbieten. Die Aussagekraft dieser Zertifikate ist allerdings noch begrenzt. Außerdem sind diese Anbieter – abgesehen vom Verein Pro Honore – nicht von hoheitlicher Stelle als Zertifizierungsstelle vorgesehen. Darüber hinaus ist fraglich, ob sich das Konzept der regulierten Selbstregulierung überhaupt auf das Wettbewerbsrecht übertragen lässt. Denn die Haftungsvermeidung als alleiniges Ziel würde im Interesse des Unternehmens erfolgen und reicht nicht aus, um gleichzeitig ein Gemeinwohlinteresse darzustellen.[479] Außerdem handelt es sich beim Kartellbußgeldverfahren um die (repressive) Durchsetzung von Wettbewerbsrecht und nicht um die Übernahme von Aufgaben durch den Staat, also nicht um Leistungsverwaltung. Probleme bei der Durchsetzung betreffen viele Normen.[480] Möglicherweise wäre eine Art Selbstregulierung im Strafrecht es überhaupt nicht wert, berücksichtigt zu werden. Auf der anderen Seite hat die Kartellgeldbuße nur einen strafähnlichen Charakter. Das Kartellverbot ist nicht Teil des Strafrechts im engeren Sinne, sondern auf EU-Ebene dem Verwaltungsrecht zu zuordnen.[481] Darüber hinaus geht es nicht nur um die Sanktion einer Verbotsnorm. Das Kartellverbot und seine Durchsetzung werden explizit als Teil der Wettbewerbspolitik der EU angesehen.[482] Dies geht auch aus Art. 105 Abs. 1 S. 1 AEUV hervor, nach dem die Kommission „auf die Verwirklichung der in Art.101 und Art. 102 niedergelegten Grundsätze" achtet. Die Wortwahl beschränkt sich damit nicht auf die Durchsetzung der Grundsätze als Verbot, sondern weist ausdrücklich darauf hin, dass diese einen Teil der Wettbewerbspolitik darstellen. Entsprechend wird dies in Rn. 4 der Bußgeldleitlinien aufgegriffen, nach der zu den Aufgaben der Kommission „nämlich nicht nur die Pflicht [zählt], einzelne Zuwiderhandlungen zu ermitteln

---

477 *Kommission*, Europäisches Regieren – Ein Weißbuch, Abl. EU C 287, 1.

478 *Thoma*, Regulierte Selbstregulierung im Ordnungsverwaltungsrecht, 34.

479 *Bock,* Criminal Compliance, 227.

480 *Bock,* Criminal Compliance, 228.

481 *EuG*, Urteil vom 08.07.2008 – T-99/04, ECLI:EU:T:2008:256 AC-Treuhand, Slg. 2008, II-01501 (Rn. 113); *Ackermann*, ZHR 2015, 538 (549); *EuGH*, Urteil vom 07.01.2004 – C-204/00 P, ECLI:EU:C:2004:6 Aalborg Portland, Slg. 2004, I-403 (Rn. 200).

482 *EuG*, Urteil vom 06.04.1995 – T- 150/89, ECLI:EU:T:1995:70 Martinelli, Slg. 1995, II-01165 (Rn. 59); *EuG*, Urteil vom 11.12.1996 – T-49/95, ECLI:EU:T:1996:186 van Megen, Slg. 1996, II-01799 (Rn. 53); Kienapfel, in: Groeben, Hans von der/Schwarze, et al., Art. 23 VO 1/2003, Rn. 3; Dannecker/Biermann, in: Immenga/Mestmäcker, Vorb zu Art. 23 VO 1/2003, Rn. 23.

und zu ahnden, sondern auch der Auftrag, eine allgemeine Politik mit dem Ziel zu verfolgen, die im Vertrag niedergelegten Grundsätze auf das Wettbewerbsrecht anzuwenden und das Verhalten der Unternehmen in diesem Sinne zu lenken."[483] Sichtbar wird dies auch bei den anderen Instrumenten, die der Kommission neben der Kartellbuße bei der Umsetzung ihrer Wettbewerbspolitik zur Verfügung stehen, z.b. informelle Verständigungsprozesse,[484] Duldungen nach dem Opportunitätsprinzip[485] und Verpflichtungszusagen nach Art. 9 VO 1/2003.[486]

Auf Grund der fehlenden Institutionalisierung kann die Verhaltenslenkung über Compliance (noch) nicht als Teil der regulierten Selbstregulierung eingeordnet werden.[487] Das Kartellrecht als Teil der Wettbewerbspolitik wäre aber offen für eine entsprechende Strukturierung. Denn auch wenn die anvisierte Prävention nicht im Rahmen der regulierten Selbstregulierung erfolgt, so bleibt es dabei, dass das Kartellrecht – nicht nur durch die Sanktionsbewehrung, aber auch durch diese[488] – auf die Verhaltenslenkung zielt.[489] Daher bleibt zu untersuchen, ob Compliance-Programme als Teil der positiven Prävention zu berücksichtigen sind.

Bei der positiven Spezialprävention geht es darum, den Täter durch Anreize von einem Rückfall abzuhalten.[490] Die Besserung des Täters ist jedoch ohne seine Mitwirkung nicht möglich, wenn er sich zu einer rechtstreuen Persönlichkeit entwickeln soll. Dies kann schwerlich allein durch äußeren Einfluss herbeigeführt werden.[491] Hier setzen Compliance-Programme an, denn sie sind ein effektives Mittel, mit dem kartellbeteiligte Unternehmen ihre rechtstreue Persönlichkeit formen können. Damit bestehende Programme unter diesem Präventionsaspekt berücksichtigt werden können, müssen sie optimiert werden, um einen Rückfall zu vermeiden.

---

483   *EuGH*, Urteil vom 28.06.2005 – C-189/02 P, ECLI:EU:C:2005:408 Dansk Rorindustri, Slg. 2005, I-5425 (Rn. 170).

484   *Kommission*, Mitteilung der Kommission über die Durchführung von Vergleichsverfahren bei dem Erlass von Entscheidungen nach Artikel 7 und Artikel 23 der Verordnung (EG) Nr. 1/2003 des Rates in Kartellfällen, Abl. C 167 vom 02.07.2008, 1.

485   Kartelle, die nicht Hardcore-Kartelle darstellen, werden erst ab Erreichen einer bestimmten Schwelle verfolgt: *Kommission*, Bekanntmachung der Kommission über Vereinbarungen von geringer Bedeutung, die den Wettbewerb gemäß Artikel 81 Absatz 1 des EGV nicht spürbar beschränken (de minimis), ABl. 2001 Nr. C 368/13; Dannecker/Biermann, in: Immenga/Mestmäcker, Art. 23 VO 1/2003, Rn. 70.

486   Liste nach *Bachmann,* Private Ordnung, 156 f.

487   Falls sich dies ändern sollte, dann könnten Compliance-Programme zur Ausschließung der Schuld des Unternehmens führen: *Diez*, ZStW 2007, 290 (322); *Müller,* Kartellrechtscompliance in Deutschland, 198.

488   *Ransiek*, ZGR 1999, 613 (656).

489   Die Verhaltenslenkung über das Setzen von Anreizen gewinnt in letzter Zeit immer stärker an Bedeutung in der politischen und rechtlichen Diskussion, vgl. Diskussion zum sogenannten Nudging: *Purnhagen/Reisch*, ZEuP 2016, 629.

490   Stree/Kinzig, in: Schönke/Schröder, Vor §§ 38 ff StGB, 7.

491   *Bottke*, in: FS Schwind, 791 (794).

Bei der positiven Generalprävention sollen als richtig empfundene Urteile zu einer gesteigerten Normbereitschaft führen.[492] Adressat dieses Strafzweckes sind andere Unternehmen (Dritte), die potenziell Täter des Kartellverstoßes sein können. Das Unrecht der Tat ist Grundlage für die Bemessung der Strafe bzw. vorliegend der Geldbuße.[493] Repressive Aspekte limitieren damit den Einsatz präventiver Maßnahmen, da sich die Stärke präventiver Maßnahmen stets an dem begangenen Unrecht orientieren muss.[494] Es geht also um die Verhältnismäßigkeit der Strafe. Da das, was als gerecht empfunden wird, variieren kann, kann die Strafe nicht punktgenau ermittelt werden, sondern ergibt sich in einem Spielraum. Solange sich die verhängte Strafe in diesem Toleranzbereich bewegt, kann von einer Akzeptanz der Strafe ausgegangen werden, die die gewünschte Normbefolgungsbereitschaft verstärkt. Die positive Prävention ist dabei Folge der als gerecht empfundenen Strafe, setzt aber auch den Maßstab für diese. Wichtig ist ebenfalls das Zusammenspiel mit der Abschreckungsprävention: Nur so lange sich die Strafe im Toleranzbereich bewegt, aber nicht unverhältnismäßig hoch (oder niedrig) erscheint, wird sie akzeptiert und erreicht damit eine gesteigerte Normbefolgungsbereitschaft.[495] Eine Strafbemessungspolitik, die den Fokus auf Abschreckung legt, darf dies nicht aus den Augen verlieren. Ansonsten erreicht sie genau das Gegenteil vom intendierten Ziel. Es ist zwar schwierig, empirisch zu bestimmen, wann eine Strafe als so gerecht empfunden wird, dass sie zu einer gesteigerten Befolgungsbereitschaft führt.[496] Diese Schwierigkeit bedeutet aber nicht, dass der Zusammenhang zwischen Strafmaß und Normakzeptanz nicht zu berücksichtigen wäre.[497] Das Bemühen der Verfolgungsbehörde – hier der Kommission – muss daher „darauf gerichtet sein, möglichst nahe an den fiktiven Idealwert der schuldangemessenen Strafe heranzukommen."[498] Hier ergibt sich der Anknüpfungspunkt für Compliance-Programme. Vorgeworfen wird nicht die Vernachlässigung einer Aufsichtspflicht, sondern die „eigenhändige" Begehung des Verstoßes. Die Bemühungen des Unternehmens um Rechtstreue mindern das Unrecht ähnlich wie fahrlässiges Verhalten. Durch die Berücksichtigung von Compliance-Programmen werden andere Normadressaten ebenfalls motiviert, sich mehr um Vorkehrungen gegen Kartellverstöße zu kümmern.

---

492   *Dölling*, ZStW 1990, 1 (13); *Fabricius*, in: FS Schwind, 269 (270 f.).

493   *Roxin*, in: FS Bockelmann, 279 (305); *Müller-Dietz*, in: FS Jescheck, 813 (823). Für den Kartellverstoß ergibt sich das Unrecht aus Schwere und Dauer der Zuwiderhandlung, Art. 23 Abs. 3 VO 1/2003.

494   Dannecker/Biermann, in: Immenga/Mestmäcker, Vorb zu Art. 23 VO 1/2003, Rn. 24; *Schwarze*, EuZW 2003, 261; *Thomas*, JZ 2011, 485 (490).

495   *Roxin*, in: FS Bockelmann, 279 (306); *Müller-Dietz*, in: FS Jescheck, 813 (826); *Dölling*, ZStW 1990, 1 (15); *Ackermann*, ZHR 2015, 538.

496   Für das Kartellrecht empirisch untersucht: *Sokol*, Antitrust Law Journal 2012, 201 (211). Allgemein für das Strafrecht: *Dölling*, ZStW 1990, 1 (8); *Hörnle*, Straftheorien, 25.

497   *BVerfG*, Urteil vom 21.06.1977 – 1 BvL 14/76, NJW 1977, 1525 (1531).

498   *Müller-Dietz*, in: FS Jescheck, 813 (826).

In einem Unternehmen stellt die Strafvermeidung nur eine von vielen verschiedenen Interessen dar.[499] Würde ein effektives Compliance-Programm bei der Berechnung von Geldbußen berücksichtigt, könnte dies einen Anreiz für Unternehmen und Mitarbeiter sein, der Umsetzung des Compliance-Programmes und damit der Vermeidung eines Rechtsverstoßes einen höheren Rang einzuordnen.[500] Dass diese Vermeidung nur im eigenen Interesse erfolgen könnte und nicht Ausdruck einer gesteigerten Akzeptanz der Norm sein muss,[501] greift als Argument nicht. Denn die Akzeptanz einer Norm lässt sich vornehmlich an dem Bemühen um Befolgung messen. Ob dies aus purem Eigeninteresse oder aus einer weitergehenden aufrichtigen moralischen Überzeugung erfolgt, ist nicht von Belang. Die Beurteilung eines Compliance-Programmes als prinzipiell effektiv gibt einen Hinweis auf die grundsätzliche Akzeptanz des Kartellverbots.

Unabhängig von dem Effekt der positiven Generalprävention steigen gleichzeitig mit der Implementierung von Compliance-Programmen die Deliktskosten für den einzelnen Täter, da er die Compliance-Maßnahmen umgehen und mit einer erhöhten Entdeckungswahrscheinlichkeit rechnen muss. Auf diese Weise wird ebenfalls die präventive Wirkung verstärkt.[502]

Compliance-Programmen beziehen sich folglich auf zwei Sanktionszwecke, die miteinander in Verbindung stehen: Durch bestehende Compliance-Maßnahmen ist erstens das begangene Unrecht gemindert, da sich das Unternehmen selbst um Rechtstreue bemüht hat (repressiver Aspekt). Zweitens wird durch das Programm das Verhalten der Mitarbeiter hin zu rechtskonformem Handeln gesteuert (präventiver Aspekt). Für die Erreichung sowohl der General- als auch der Spezialprävention stellt das Compliance-Programm ein geeignetes Mittel dar, da es unternehmensspezifisch auf die Vermeidung von Rechtsverstößen hinwirken soll. Eine Berücksichtigung bei der Bußgeldbemessung als eigenständiger Milderungsgrund würde zur Ermittlung einer angemessenen Strafe und zur Verhaltenslenkung beitragen.

---

499 *Sieber*, in: FS Tiedemann, 449 (477).

500 *Sieber/Engelhart*, Compliance programs for the prevention of economic crimes, 213; *Gehring/Kasten u.a.*, CCZ 2013, 1 (11); *Seeliger/Mross* Kartellrechts-Compliance, 2013, in: FFK-Kartellrecht, Allg. Teil E (Rn. 101); *Klaiber*, Die Berücksichtigung von Compliance-Programmen bei den Rechtsfolgen von Kartellverstößen, 115; *Sieber*, in: FS Tiedemann, 449 (478, 481).

501 *Bock*, Criminal Compliance, 227 f.

502 *Schünemann*, in: GS Armin Kaufmann, 629 (645 f.); *Baron/Seeliger*, Compliance-Berater 2013, 345 (348); *Bosch*, ZHR 2013, 454 (469); *Krebs/Eufinger u.a.*, CCZ 2011, 213 (215); *Brettel/Thomas*, Compliance und Unternehmensverantwortlichkeit im Kartellrecht, 83.

(3) Anknüpfungspunkt Abschreckungszuschläge

Durch die Bemessung der Bußgelder wird stets die Abschreckung des betroffenen Unternehmens und anderer Wettbewerber vor künftigen Kartellverstößen bezweckt.[503] In den Bußgeldleitlinien der Kommission kommt der Abschreckungsgedanke explizit an zwei Stellen zum Ausdruck: Zum einen erhebt die Kommission gemäß Rn. 25 der Bußgeldleitlinien „einen Betrag zwischen 15 % und 25 % des Umsatzes […], um die Unternehmen von vornherein an der Beteiligung an horizontalen Vereinbarungen zur Festsetzung von Preisen, Aufteilung von Märkten oder Mengeneinschränkungen ab zu schrecken. Dieser Zusatzbetrag kann auch in Fällen anderer Zuwiderhandlungen erhoben werden." Dieser Abschreckungszuschlag wird auch „Eintrittsgebühr" oder „Entry Fee" genannt, da er zum Grundbetrag gehört und noch vor der Berücksichtigung erschwerender oder mildernder Umstände hinzugefügt wird. Daneben kann nach Anpassung des Bußgeldes unter Berücksichtigung der individuellen Umstände ein weiterer Abschreckungsaufschlag erhoben werden. Nach Rn. 30 und Rn. 31 der Bußgeldleitlinien werden hiermit zwei unterschiedliche Ziele verfolgt: Es soll zum einen sichergestellt werden, dass auch für Unternehmen, bei denen der kartellbeteiligte Umsatz nur einen geringen Anteil am Gesamtumsatz ausmacht, die Geldbuße entsprechend abschreckend wirkt (Rn. 30 der Leitlinien).[504] Zum anderen kann die Kommission den Betrag anpassen, wenn die ermittelte Geldbuße den geschätzten Gewinn nicht übersteigt (Rn. 31 der Leitlinien).

Die Abschreckung durch entsprechend hohe Bußgelder dient dazu, das Verhalten der Unternehmen so zu lenken, dass sie sich an das Wettbewerbsrecht halten. Hier kann größtenteils auf das im vorigen Abschnitt zur Prävention und Verhaltenslenkung Ausgeführte verwiesen werden. Danach kann die Verhaltenslenkung nicht nur über abschreckende Methoden, sondern auch über positive Anreize erreicht werden. Somit können Compliance-Programme auch bei der Festlegung der Abschreckungsbeträge positiv berücksichtigt werden. Wenn ein Unternehmen ein effektives Compliance-Programm hat, dann ist das verfolgte Ziel (Verhaltenslenkung zur Durchsetzung der Wettbewerbspolitik) schon erreicht. Eventuell kann als Auflage gefordert werden, dass ein Unternehmen Schwachstellen, die sich im

---

503 *EuGH*, Urteil vom 15.10.2002 – C-238/99 P, ECLI:EU:C:2002:582 Limburgse Vinyl Maatschappij, Slg. 2002, I-8375 (Rn. 465); *EuGH*, Urteil vom 28.06.2005 – C-189/02 P, ECLI:EU:C:2005:408 Dansk Rorindustri, Slg. 2005, I-5425 (Rn. 241); *EuG*, Urteil vom 09.07.2003 – T-224/00, ECLI:EU:T:2003:195 Archer Daniels Midland Lysin, Slg. 2003, II-2597 (30, 98); *EuGH*, Urteil vom 14.03.2013 – T-587/98, ECLI:EU:T:2013:129, veröffentlicht in der digitalen Sammlung (Rn. 749).

504 *EuGH*, Urteil vom 19.12.2013 – C-231/11 P, ECLI:EU:C:2013:866 Siemens, veröffentlicht in der digitalen Sammlung (Rn. 298); *EuG*, Urteil vom 13.12.2012 – T-103/08, ECLI:EU:T:2012:686 Versalis, veröffentlicht in der digitalen Sammlung (Rn. 102); *EuGH*, Urteil vom 17.06.2010 – C-413/08 P, ECLI:EU:C:2010:346 Lafarge, Slg. 2010, I-05361 (Rn. 102 ff.); *EuGH*, Urteil vom 07.02.2012 – C-421/11 P, ECLI:EU:C:2012:60 Elf Aquitaine Methacrylat, veröffentlicht in der digitalen Sammlung (Rn. 82).

konkreten Fall gezeigt haben, ausbessert.[505] Besteht schon ein effektives Compliance-Programm, dann hat das Unternehmen alles ihm Zumutbare getan. Zusätzliche Abschreckungsaufschläge würden ihr Ziel nicht mehr erreichen und wären dadurch unverhältnismäßig.[506]

Um eine effektive Prävention zu erreichen, können Compliance-Programme daher auch bei der Beurteilung, inwiefern weitere Abschreckungsmaßnahmen erforderlich sind, berücksichtigt werden.

c) Compliance-Programm und Kronzeugenregelung – Ein Wertungswiderspruch

Ein wichtiger Aspekt bei der Berücksichtigung von Compliance-Programmen ist das Verhältnis zu der Kronzeugenmitteilung der Kommission aus 2006. In dieser Mitteilung legt die Kommission fest, in welchen Fällen sie für die Kooperation der Unternehmen einen gänzlichen oder teilweisen Erlass der Geldbuße zugestehen wird. Wie die Bußgeldleitlinien stellt die Kronzeugenmitteilung damit eine Selbstbindung des Verwaltungsermessens der Kommission dar. Honoriert werden soll die Mitwirkung des Unternehmens bei den Ermittlungen.[507] Daher wird ein Totalerlass der Geldbuße gemäß Rn. 8 und Rn. 9 der Mitteilung nur demjenigen Unternehmen gewährt, das der Kommission als erstes Beweismittel über das Kartell vorlegt, die dazu geeignet sind, weitere Untersuchungen durchzuführen oder ein Kartell festzustellen. Weitere Unternehmen, die das Kartell nicht als erstes melden, aber doch früh im Verfahren signifikante Beweismittel beibringen, können eine Bußgeldreduktion beantragen. Die Kommission sieht die Mithilfe des Unternehmens bei der Aufdeckung als Gegenleistung an, deren Wert einen kompletten Bußgelderlass rechtfertigen soll. Das Interesse an der Aufdeckung und Ahndung des Kartells überwiege gegenüber dem Interesse an der Verhängung eines Bußgeldes gegen das Unternehmen, das die Zuwiderhandlung melde.[508] Auch mit dem Kronzeugenprogramm verfolgt die Kommission einen präventiven Zweck, da durch den Bußgelderlass ein Anreiz geformt wird, der die Verfolgungsmöglichkeiten verbessert und zu einer höheren Aufdeckungsgefahr führt.[509] Allerdings werden auch rechtsstaatliche Bedenken vorgebracht. So ist zum einen zweifelhaft, ob der Bestimmtheitsgrundsatz erfüllt ist,

---

505 Vorausgesetzt, diese Schwachstellen ändern nichts an der Einordnung des Programms als effektiv. Ansonsten wäre das Ziel nicht erreicht und der mildernde Umstand würde entfallen.

506 *Roos*, Compliance Defence, 245 f; *Müller*, Kartellrechtscompliance in Deutschland, 200; *Klaiber*, Die Berücksichtigung von Compliance-Programmen bei den Rechtsfolgen von Kartellverstößen, 114 f.

507 *Kommission*, Mitteilung der Kommission über den Erlass und die Ermäßigung von Geldbußen in Kartellsachen, Abl. C 298 vom 08.12.2006, 17, Rn. 1–3.

508 *Kommission*, Mitteilung der Kommission über den Erlass und die Ermäßigung von Geldbußen in Kartellsachen, Abl. C 298 vom 08.12.2006, 17, Rn. 1, 3–4.

509 Dannecker/Biermann, in: Immenga/Mestmäcker, Art. 23 VO 1/2003, Rn. 232.

da im Endergebnis von der Ahndung eines Kartellverstoßes abgesehen wird, die Rechtsgrundlage hierfür aber in einer bloßen Verwaltungsvorschrift besteht.[510] Daneben ist es möglich, dass durch das Kronzeugenprogramm ein faktischer Druck aufgebaut wird, der die Freiheit aus Art. 6 Abs. 1 EMRK, sich nicht selbst belasten zu müssen, einschränkt.[511] Bezüglich der Verteidigungsrechte ist jedoch darauf hinzuweisen, dass ein Antrag nach dem Kronzeugenprogramm ein freiwilliger Akt ist. Es mag ökonomisch oder verteidigungsstrategisch gewichtige Gründe gegeben, einen entsprechenden Antrag zu stellen. Das Unternehmen begibt sich aber aus eigener Entscheidung des Rechts, sich nicht selbst belasten zu müssen.[512] Schwerer wiegt hingegen, dass die Kommission ohne gesetzliche Grundlage von der Ahndung einer Zuwiderhandlung absieht. Für die Einrichtung des Kronzeugenprogramms gibt es nachvollziehbare Argumente, wie beispielsweise die Destabilisierung von Kartellen oder der Effizienzgewinn bei den Ermittlungen. Da auf diese Weise aber auf eine Ahndung verzichtet wird, wo das Gesetz eine Sanktion vorsieht, müsste dies durch den Gesetzgeber normiert sein. Die Vorschriften zum Kartellrecht geben der Kommission bei der Bestimmung der Geldbuße einen weiten Ermessensspielraum. Es weist aber nichts darauf hin, dass das Ermessen so weit geht, dass auch ein Verzicht erfasst ist. Denn die Höhe der Geldbuße soll sich nach Art. 23 Abs. 3 VO 1/2003 an Dauer und Schwere der Zuwiderhandlung orientieren. Ein gänzlicher Verzicht auf eine Sanktion wegen guter Kooperation im Ermittlungsverfahren ist in diesen Vorgaben nicht angelegt.[513]

Unabhängig von der Frage nach der Rechtsstaatlichkeit der Kronzeugenregelung, besteht eine Diskussion um die Vereinbarkeit von Kronzeugenregelung und die potenzielle Berücksichtigung eines Compliance-Programms. Würde man ein Compliance-Programm mildernd berücksichtigen, so könnte die Attraktivität der Kronzeugenregelung geschwächt werden.[514] Dem ist jedoch entgegen zu halten, dass zwei unterschiedliche Fragestellungen der Sanktionierung betroffen sind, die unabhängig voneinander zu bewerten sind. Denn die Kronzeugenregelung ist ein Instrument zur Kartellrechtsdurchsetzung, Compliance-Programme betreffen mit der Bemessung des Unrechts materielles Kartellrecht. Es mag zwar sein, dass ein Unternehmen mit Compliance-Programm keinen Antrag stellt, weil es hofft, im Falle

510 *Schwarze*, EuR 2009, 171 (179); *Schwarze*, WuW 2009, 6 (10); *Häberle*, Die Kronzeugenmitteilung der Europäischen Kommission im EG-Kartellrecht, 166 ff; *Brauneck*, CCZ 2016, 107 (115).

511 *Schwarze*, EuR 2009, 171 (193); *Schubert*, Legal privilege und Nemo tenetur im reformierten europäischen Kartellermittlungsverfahren der VO 1/2003, 500 ff.

512 *Häberle*, Die Kronzeugenmitteilung der Europäischen Kommission im EG-Kartellrecht, 172 ff; *OLG Düsseldorf*, Urteil vom 30.03.2009 – VI-2 Kart 10/08 OWi; Dannecker/Biermann, in: Immenga/Mestmäcker, et al., § 81 GWB, Rn. 538.

513 Sura, in: Bunte/Langen, et al., Art. 23 VO 1/2003, Rn. 55. Als Ermessensüberschreitung qualifiziert dies *Häberle*, Die Kronzeugenmitteilung der Europäischen Kommission im EG-Kartellrecht, 181 ff.

514 *Wils*, J. of Antitrust Enforcement 2013, 52 (70, 76–77).

eines Falles von einer Bußgeldminderung zu profitieren. Spätestens in dem Moment, in dem dieser Gedanke im Unternehmen angestellt wird, stellt sich jedoch die Frage, inwiefern das Programm danach noch effektiv war. Es besteht aber keine Pflicht zur Anzeige eines Verstoßes. Für eine Milderung wegen eines Compliance-Programms müsste ausreichen, dass das Unternehmen den Verstoß sofort nach Entdeckung einstellt, um sich weiter auf ein geringeres Unrecht berufen zu können. Denn darum geht es bei der Berücksichtigung von Compliance-Programmen bei der Bußgeldberechnung: Es wird anerkannt, dass ein Unternehmen mit Compliance-Programm bei einem Kartellverstoß ein geringeres Unrecht begeht, als ein Unternehmen ohne Präventionsmaßnahmen. Es geht also um die Berücksichtigung der Einstellung des Unternehmens während der Tat. Ein anderes Unternehmen hingegen, das zwar kein Compliance-Programm eingerichtet, sich also nicht durch besonderen organisatorischen Aufwand um Rechtstreue bemüht hat, aber als erstes einen Antrag im Rahmen des Kronzeugenprogramms stellt, kann einen vollständigen Bußgelderlass erhalten. Dies ist auch bei einem vorsätzlichen Verstoß und bei Hardcore-Verstößen möglich. Das Verhalten während der Zuwiderhandlung spielt für den erfolgreichen Kronzeugenantrag keine Rolle, es geht nur um die Anzeige des Verstoßes und um die Kooperation während der Aufarbeitung.[515] Die Berücksichtigung von Compliance-Programmen und das Kronzeugenprogramm betreffen folglich unterschiedliche Kategorien in der Bußgeldbemessung. Dies lässt sich auch daran erkennen, dass die Kronzeugenregelung unabhängig von den Bußgeldleitlinien geregelt ist, obwohl beide durch Mitteilungen der Kommission veröffentlicht wurden. Dass Kronzeugenanträge unabhängig vom Unrechtsgehalt der Beteiligung zu einer Senkung der Geldbuße führen, Compliance-Programme aber nicht berücksichtigt werden, führt zu einem Wertungswiderspruch.[516]

Ob dieser Wertungswiderspruch dadurch gerechtfertigt wird, dass eine Berücksichtigung von Compliance-Programmen die Kronzeugenregelung schwächen würde, ist fraglich. Denn wie angesprochen, sollte ein Unternehmen mit ernsten Compliance-Bemühungen den Verstoß sofort abstellen. Hält sich dieses Unternehmen wieder an die Wettbewerbsregeln, so ist zumindest ein Ziel des Wettbewerbsrechts erreicht. Des Weiteren bleibt der Anreiz für das Unternehmen bestehen, einen Bußgelderlass zu erreichen, da mit dem Compliance-Programm höchstens eine Milderung erzielt werden kann. Kommt höchstens eine Bußgeldreduktion nach der Kronzeugenregelung in Betracht, so besteht weiterhin ein Anreiz, wenn beide Ermäßigungsgründe kombiniert werden können. Aber auch wenn das Unternehmen

---

515 Nur Unternehmen, die andere Unternehmen zu dem Verstoß zwingen, können keinen Erlass erhalten: *Kommission*, Mitteilung der Kommission über den Erlass und die Ermäßigung von Geldbußen in Kartellsachen, Abl. C 298 vom 08.12.2006, 17, Rn. 13.

516 *Dreher*, ZWeR 2004, 75 (88); *Bosch/Colbus u.a.*, WuW 2009, 740 (746 f.); *Kasten*, in: Europäisches Kartellrecht (Rn. 149); *Roos*, Compliance Defence, 248 f; *Müller*, Kartellrechtscompliance in Deutschland, 195; *Seeliger/Mross* Kartellrechts-Compliance, 2013, in: FFK-Kartellrecht, Allg. Teil E (Rn. 100).

nach Entdeckung des Verstoßes diesen nur abstellt, aber nicht meldet, verliert der Kronzeugenantrag nicht an Effektivität. Denn die im Kartell verbliebenen Unternehmen können immer noch Gebrauch von der Kronzeugenregelung machen. Der Abschied eines Unternehmens aus einem Kartell kann ebenfalls zur gewünschten Destabilisierung des Kartells führen. Denn die verbleibenden Unternehmen müssen mit der Unsicherheit leben, ob das ausgestiegene Unternehmen nicht eventuell doch einen Antrag stellt. Wenn ein im Kartell verbliebenes Unternehmen daraufhin einen entsprechenden Antrag stellt und das ausgeschiedene Unternehmen mit Compliance-Programm belastet, dann war es dessen Entscheidung, maximal eine Minderung der Geldbuße auf Grund der Bußgeldleitlinien bekommen zu können, aber keine Minderung nach der Kronzeugenmitteilung. Natürlich ist es aus Sicht der Kommission wünschenswert, dass die Kronzeugenregelung größtmögliche Wirksamkeit entfaltet. Allerdings hat das EuG auch entschieden, dass der Schutz des Kronzeugenprogramms keinen absoluten Vorrang vor anderen Durchsetzungsmöglichkeiten des Wettbewerbsrechts hat.[517] Überlegt werden könnte zudem, dass Compliance-Programme die Durchsetzung des Kronzeugenprogramms sogar stärken. Denn die Aufklärungsfunktion von Compliance-Programmen erhöht die Aufklärungswahrscheinlichkeit und destabilisiert damit das Kartell, was wiederum zu einem Kronzeugenantrag führen kann.[518] Abgesehen von einer möglichen Stärkung des Kronzeugenprogramms kann die Frage nach einer gerechten Strafe nicht der Effizienz eines Verfolgungsinstruments untergeordnet werden. Vielmehr muss ein Ausgleich geschaffen werden. Dieser würde durch eine parallele Anwendbarkeit der Ermäßigungsgründe erreicht, denn beide Aspekte setzen auf die Eigeninitiative des Unternehmens[519] und führen zu einer wirksameren Durchsetzung des Kartellrechts.

Das Kronzeugenprogramm wird daher durch die Berücksichtigung von Compliance-Programmen nicht geschwächt. Da Compliance-Programme und Kronzeugenanträge verschiedene Kategorien betreffen, ist eine „Entweder-Oder"-Entscheidung nicht erforderlich. Die Kommission lässt bei Bußgeldreduzierungen nach der Kronzeugenmitteilung und nach dem Vergleichsverfahren eine Kumulation ausdrücklich zu.[520] Bei Kronzeugenmitteilung und Compliance-Programm muss eine Kombination ebenfalls möglich sein.

---

517 *EuG*, Urteil vom 15.12.2011 – T-437/08, ECLI:EU:T:2011:752 CDC Wasserstoffperoxid, Slg. 2011, II-08251 (Rn. 70, 77).

518 *Brettel/Thomas,* Compliance und Unternehmensverantwortlichkeit im Kartellrecht, 85.

519 *Roos,* Compliance Defence, 250.

520 *Kommission,* Mitteilung der Kommission über die Durchführung von Vergleichsverfahren bei dem Erlass von Entscheidungen nach Artikel 7 und Artikel 23 der Verordnung (EG) Nr. 1/2003 des Rates in Kartellfällen, Abl. C 167 vom 02.07.2008, 1, Rn. 33.

d) Weitere Bedenken gegen die Berücksichtigung von Compliance-Programmen

Festgestellt wurde, dass sich die Bußgeldbemessungsregeln so auslegen lassen, dass Compliance-Programme sowohl bei der Ermittlung des Abschreckungszuschlags als auch als eigener Milderungsgrund berücksichtigt werden können. Fraglich ist, ob es neben den Fragen der Berücksichtigungsfähigkeit und der Vereinbarkeit mit dem Kronzeugenprogramm weitere Gründe gibt, die einer „Compliance Defence" im Wege stehen.

Zum einen könnte angeführt werden, dass Kommission und EuGH die Qualität eines Programmes nicht beurteilen können, jedenfalls nicht mit zumutbarem Aufwand. Auch sei es nicht möglich, zu beurteilen, ob ein Compliance-Programm effektiv oder kosmetischer Natur sei.[521] Dem kann entgegnet werden, dass es inzwischen Standards für effektive Programme gibt, die von Praxis und Wissenschaft untersucht und fortgebildet werden.[522] An diesen kann sich die Kommission bei der Beurteilung orientieren. Auch bei der Etablierung eines bestimmenden Einflusses, hat die Kommission grundsätzlich ein weites Feld zu untersuchen, da „alle rechtlichen, organisatorischen oder wirtschaftlichen Verbindungen" relevant sein können.[523] Hier hat sich die Kommission der Aufgabe gestellt und in vielen Einzelfällen den bestimmenden Einfluss auf Grund verschiedenster Verbindungen ermittelt. Eine ähnliche Entwicklung kann sich ergeben, sind einmal ein paar Anwendungsfälle von Compliance-Programmen als Milderungsgrund erfolgt. Existenz und Rechtsprechung zu § 130 OWiG zeigen darüber hinaus, dass es mit angemessenem Aufwand möglich ist, zu prüfen, ob erforderliche und zumutbare Maßnahmen getroffen wurden.[524] Außerdem überprüft die Kommission auch alle Informationen, die sie im Rahmen des Kronzeugenprogramms erhalten hat, sehr intensiv.[525] Es ist nicht ersichtlich, warum eine Beurteilung von Compliance-Programmen im Vergleich zu den bestehenden Untersuchungen unverhältnismäßig oder gar unmöglich sein soll. Des Weiteren bleiben die Unternehmen in der Beweislast bzgl. der Effektivität ihrer Compliance-Programme.[526] Die Kommission ist nicht verpflichtet, den Unternehmen positive Vorgaben zu machen, sondern nur zu untersuchen, ob das Vorgetragene den erforderlichen Anforderungen entspricht.

Dies führt zum zweiten Argument gegen die Berücksichtigung von Compliance-Programmen. Eine Anerkennung von Compliance-Programmen als Milderungsgrund könnte die normative Botschaft senden, Kartellverstöße seien als Teil des normalen Wirtschaftslebens unvermeidbar.[527] Diese Ansicht ist allerdings

---

521   *Wils*, J. of Antitrust Enforcement 2013, 52 (67, 74).
522   Beispielsweise ICC-Guidelines, OECD- Standard, Hamburger Compliance-Modell. Siehe hierzu oben Teil 2 A III 2.
523   Siehe oben Teil 3 A I.
524   Vgl. nachfolgend Teil 4 B I 1.
525   *Roos*, Compliance Defence, 244 f.
526   *Roos*, Compliance Defence, 245.
527   *Wils*, J. of Antitrust Enforcement 2013, 52 (73).

übertrieben. Vielmehr wird die Botschaft gesendet, dass die Verfolgungsbehörden verstanden haben, dass es keine hundertprozentige Kontrolle geben kann. Kein Programm kann eine Garantie geben, dass es niemals zu einem Rechtsverstoß kommen kann. Das Risiko einer Zuwiderhandlung ergibt sich aus der hochgradigen Arbeitsteilung und Spezialisierung im modernen Wirtschaftsleben. Mit einer Berücksichtigung wird das Bestehen dieses Risikos anerkannt. Es bedeutet nicht gleichzeitig, dass die Realisierung dieses Risikos auch akzeptiert wird.

Drittens könnte eingewandt werden, dass jedes auf dem Papier effektive Programm umgangen werden kann, indem die Mitarbeiter durch zu ehrgeizige kaufmännische Ziele unter Druck gesetzt werden, die Compliance-Vorgaben nicht zu beachten.[528] Dieses Argument betrifft die Effektivität des zu beurteilenden Compliance-Programmes. Denn ein effektives Compliance-Programm muss vermitteln, dass kaufmännische Ziele nur innerhalb der Wettbewerbsregeln erzielt werden sollen. Dazu gehört, dass die Geschäftsführung bei der Festlegung der Ziele darauf achtet, ob diese Ziele auch legal erreicht werden können. Gleichzeitig muss „nach unten" kommuniziert werden, dass eine Umgehung der Compliance-Vorgaben, um die vorgegebenen Ziele auf einer Art Abkürzung leichter und schneller zu erreichen, nicht gebilligt und entsprechend sanktioniert wird.[529] Hier kann sich in der Tat ein Beweisproblem ergeben, da es schwierig ist die tatsächliche Handhabung des Compliance-Programms und den bestehenden Druck im Unternehmen zu ermitteln. Allerdings bedeutet dies nicht, dass es unmöglich ist. Zunächst sollte dem Unternehmen der Grundsatz *in dubio pro reo* zu Gute kommen. Denn ein Unternehmen erfährt durch Erstellung und Umsetzung eines Compliance-Programmes Kosten. Möglicherweise lässt es dieses darüber hinaus durch externe Stellen zertifizieren. Es ist zudem daran zu erinnern, dass eine Berücksichtigung von Compliance-Maßnahmen als mildernden Umstand keine Enthaftung, sondern höchstens eine Minderung der Geldbuße ermöglichen kann. Einem auf dem ersten Blick effektiv erscheinenden Programm automatisch zu unterstellen, es sei nur zum Schein eingerichtet worden, ist angesichts des dafür erforderlichen Aufwands unrealistisch. Ergeben sich bei der Untersuchung des Compliance-Programms für die Kommission begründete Zweifel an der tatsächlichen Umsetzung des Konzeptes, kann durch Befragungen und Einsicht in entsprechende Unterlagen untersucht werden, ob ein dahingehender Druck zur Umgehung der Maßnahmen bestand.

Viertens könnte eingewandt werden, dass ein Unternehmen mit Compliance-Programm im Falle einer mildernden Berücksichtigung zwar den Gewinn aus der Zuwiderhandlung behalten darf, aber einer Haftung entgeht.[530] Dem ist zunächst zu entgegnen, dass es nach vorliegend verfolgter Argumentation nur um eine Minderung, nicht um einen Wegfall der Haftung geht. Es verbleiben also nicht alle durch den Verstoß erhaltenen Vorteile im Unternehmen. Zweitens wird Unternehmen

---

528   *Wils*, J. of Antitrust Enforcement 2013, 52 (67 ff.).
529   *Mittelsdorf*, Unternehmensstrafrecht im Kontext, 222.
530   *Wils*, J. of Antitrust Enforcement 2013, 52 (69, 73).

im Rahmen eines Kronzeugenantrags ein vollständiger Bußgelderlass oder zumindest eine deutliche Minderung gewährt. Diese Unternehmen dürfen damit alle erlangten Vorteile behalten, auch wenn das von ihnen realisierte Unrecht unter Umständen stärker wiegt, als das von Unternehmen mit Compliance-Programm. Des Weiteren ist die Frage, ob ein Unternehmen überhaupt vom Verstoß profitiert hat, kein Tatbestandsmerkmal. Für eine Tatbestandserfüllung und Sanktionierung muss die Kommission nicht nachweisen, dass durch die Beteiligung am Kartell ein Gewinn entstand.[531] Sie kann diesen allerdings im Rahmen ihres Ermessens bei der Bußgeldbemessung berücksichtigen. Nach Rn. 31 der Bußgeldleitlinien kann die Kommission die Geldbuße erhöhen, „damit ihr Betrag die aus der Zuwiderhandlung erzielten widerrechtlichen Gewinne übersteigt, sofern diese Gewinne geschätzt werden können." Auch bei einer Berücksichtigung von Compliance-Programmen bleibt der Rest der Bußgeldleitlinien anwendbar. Wenn die Kommission begründen kann, dass sie bei Berücksichtigung aller Umstände – inklusive gemindertes Unrecht durch Compliance-Programm – trotzdem eine Abschöpfung des Gewinns für erforderlich hält, dann verbleibt ihr dieses Instrument. Sie muss aber bedenken, dass es gerade ein Dilemma der Kartellrechtsdurchsetzung ist, dass der unmittelbar Handelnde nur indirekt vom Verstoß profitiert, z.B. durch Prämien für den erzielten Umsatz. Das Unternehmen profitiert möglicherweise direkt aus dem Verstoß, hat aber nur begrenzten Einfluss auf die Begehung. Dadurch entsteht eine Schwierigkeit bei der Ermittlung der angemessenen Strafe für den richtigen Adressaten. Dieses Dilemma ist relevant bei der Ermittlung der erforderlichen Abschreckungshöhe von Geldbußen, aber auch bei der Überlegung, inwiefern es erforderlich ist, dem Unternehmen die „verbotenen Früchte" der Tat zu entziehen. Denn das Unionsrecht kann nur das Unternehmen zur Verantwortung ziehen. Wegen des Auseinanderfallens von Handelndem und Bußgeldadressaten ist es denkbar, dass der Zweck der Buße nicht mehr erreicht wird.[532] Um keine unverhältnismäßige Sanktion zu verhängen, muss die Kommission dies berücksichtigen.

Überlegt werden kann darüber hinaus, ob Compliance-Programme nicht berücksichtigt werden sollen, wenn Organvertreter an dem Kartellverstoß beteiligt sind. Dagegen könnte eingewandt werden, dass es auch bei Zuwiderhandlung durch Organvertreter nur um das Verhalten Einzelner gehe, das an sich noch keinen Rückschluss auf die Effektivität des Programms zulasse. Erst wenn die Mehrheit der Vertreter in den Organen an der Zuwiderhandlung beteiligt war, werde das Programm ineffektiv.[533] Andererseits geht es um die rechtlichen Vertreter und damit

531 *EuG*, Urteil vom 06.04.1995 – T-143/89, ECLI:EU:T:1995:64 Ferriere Nord, Slg. 1995, II-00917 (Rn. 53); *EuGH*, Urteil vom 17.07.1997 – C-219/95 P, ECLI:EU:C:1997:375 Ferriere Nord, Slg. 1997, I-4411 (Rn. 46 ff.); *EuG*, Urteil vom 15.03.2000 – T-25/95, ECLI:EU:T:2000:77 Cimenteries CBR, Slg. 2000, II-00491 (Rn. 4881 ff.).

532 *Markham, Jr.*, S.D.L.Rev., 499 (500 f.); *Ackermann*, ZHR 2015, 538 (540); Grundsätzliche Überlegungen zum Verhältnis von Prinzipal-Agenten-Theorie und Unternehmenssanktionen: *Macey*, 71 Boston University L. Rev. 1991, 315 (333 ff.).

533 *Roos*, Compliance Defence, 257.

Hauptteilnehmer am Willensbildungsprozess im Unternehmen. Wenn Organvertreter gegen das Programm verstoßen, ist zum einen fraglich, ob es tatsächlich effektiv war – oder nur auf dem Papier existierte und die Unternehmensführung tatsächlich eine andere Kultur kommunizierte. Das Compliance-Programm soll daneben das Risiko, das durch Delegation verursacht wurde, ausgleichen. Die Adressaten, also diejenigen, die vom Schutzbereich des Programms umfasst sind und deren Verhalten kontrolliert werden soll, sind Mitarbeiter unterhalb der Organebene. Die Pflicht von Organmitgliedern, sich an das Compliance-Programm zu halten, ergibt sich nicht aus dem Organisationsrisiko, sondern aus der Legalitätspflicht.[534] Daneben wiegt das Unrecht schwerer, das von rechtlichen Vertretern begangen wurde, da diese den Willensbildungsprozess des Unternehmens steuern und damit näher am Wesen des Unternehmens sind. Der mildernde Umstand besteht gerade darin, dass das vom Unternehmen realisierte Unrecht weniger schwer wiegt, da sich die Leitung mit entsprechenden Maßnahmen um Rechtstreue bemüht hat. Wenn diese Leitung dann selbst das Recht bricht, kann dies nicht auf ein Handeln als Privatperson reduziert werden, sondern muss bei der Bewertung des vom Unternehmen verwirklichten Unrechts einbezogen werden. Im Außenverhältnis reicht es, wenn ein Organvertreter rechtswidrig handelt, um eine Haftung des Unternehmens zu begründen. Vergleichend kann auf die Wertungen aus dem Gesellschaftsrecht verwiesen werden, nach denen das Wissen der Organvertreter der juristischen Person nach § 31 BGB (analog) zugerechnet wird. Aufgrund der gleichen Wertung kann auch das Unrechtsbewusstsein entsprechend zugerechnet werden.[535] Die Gesamtheit der Organe muss das Compliance-Programm mittragen, damit man von einem ausgeprägten Willen zur Rechtstreue im Unternehmen sprechen kann. Die rechtlichen Vertreter stehen auch für das Unrechtsbewusstsein des Unternehmens. Sind sie am Kartellverstoß beteiligt, dann kann ein Compliance-Programm im Kartellverfahren nicht mildernd berücksichtigt werden.

Zuletzt ist auf das Argument einzugehen, dass Unternehmen mit geringeren Ressourcen bei einer Berücksichtigung von Compliance-Programmen benachteiligt würden, da sie sich entsprechende Programme womöglich nicht leisten könnten. Die Möglichkeit, eine Bußgeldminderung zu erreichen, hinge dann vom Budget des Unternehmens ab.[536] Dies bezieht sich insbesondere auf die Situation von kleineren und mittleren Unternehmen (KMU). Allerdings ist daran zu erinnern, dass Compliance-Programme nach dem Bedarf des Unternehmens zu gestalten sind. KMU verfügen möglicherweise über geringere Ressourcen, sind aber auch geringeren Risiken ausgesetzt, da z.B. eine überschaubarere Anzahl an Mitarbeitern eine einfachere Kontrolle ermöglicht. Die Anforderungen von Compliance-Programmen sind bei KMU entsprechend anzupassen. Daher geht beispielsweise das ICC-Toolkit explizit

534 *Krebs/Eufinger u.a.*, CCZ 2011, 213 (216).
535 Koch, in: Hüffer, § 78 AktG, Rn. 24; Fleischer, in: Spindler/Stilz, § 78 AktG, Rn. 53; *Krebs/Eufinger u.a.*, CCZ 2011, 213 (216).
536 *Almunia*, Compliance and Competition Policy, SPEECH/10/586 vom 25.10.2010, 6.

auf Belange der KMU ein.[537] Und selbst die Kommission weist in ihrer Broschüre zum Thema Compliance darauf hin, dass Präventionsmaßnahmen unternehmensspezifisch erfolgen müssen.[538] Eine Diskriminierung der Unternehmen auf Grund ihrer finanziellen Mittel ist daher nicht zu befürchten.[539]

Zusammenfassend kann festgestellt werden, dass nur die Bedenken gegen eine Berücksichtigung von Compliance-Programmen bei der Beteiligung von Organvertretern durchgreifen. Ansonsten sind Compliance-Programme bei der Bemessung der Geldbuße grundsätzlich berücksichtigungsfähig, da das vorgeworfene Unrecht minder schwer wiegt.

4. Gibt es eine Pflicht zur Berücksichtigung?

Nachdem die Bußgeldbemessungsregeln so ausgelegt werden können, dass Compliance-Programme mindernd berücksichtigt werden können, stellt sich die Frage, ob sie es auch müssen. Die Rechtsprechung hat entschieden, dass die Kommission jedenfalls nicht aus ihrer Entscheidungspraxis der 1980er und 1990er Jahre verpflichtet ist, Compliance-Programme zu berücksichtigen.[540] Die Kommission kann ihre Bußgeldpraxis so anpassen, wie sie es für die Durchsetzung des Wettbewerbsrechts erforderlich hält. Der Gleichheitsgrundsatz gelte auch nur zwischen Unternehmen des gleichen Verfahrens. Eine Gleichbehandlung mit Unternehmen anderer Verfahren kann nicht verlangt werden.[541]

Das weite Ermessen der Kommission bei der Bußgeldermittlung findet seine Grenzen allerdings in den Bußzwecken und dem Prinzip der Verhältnismäßigkeit der Strafe. Das begangene Unrecht ermittelt sich nicht nur aus den Auswirkungen des Verstoßes auf den Markt oder aus dem möglichen Gewinn, sondern auch aus den getroffenen Präventionsmaßnahmen. Im Rahmen der Verhältnismäßigkeit sind alle mitigierenden Faktoren zu berücksichtigen. Die Kommission muss daher hinterfragen, ob der Schwerpunkt der Bußgeldberechnung auf Abschreckung noch angemessen zum begangenen Unrecht ist und das verfolgte Ziel noch erreicht. Eine pauschale Abweisung des Vorbringens der Unternehmen wie sie zurzeit erfolgt, ist daher nicht angezeigt. Bei der Beurteilung der Umstände des Verstoßes müssen Compliance-Programme zumindest berücksichtigt werden. Ob sie sich im Ergebnis

---

537 Vgl. schon Titel: Das ICC Toolkit zur kartellrechtlichen Compliance, Ein praktischer Leitfaden für KMU und größere Unternehmen, 2014.

538 *Kommission*, Wettbewerbsrechtliche Compliance, 14.

539 Ebenso *Roos*, Compliance Defence, 256.

540 *EuG*, Urteil vom 09.07.2003 – T-224/00, ECLI:EU:T:2003:195 Archer Daniels Midland Lysin, Slg. 2003, II-2597 (Rn. 280); *EuG*, Urteil vom 05.04.2006 – T-279/02, ECLI:EU:T:2006:103, Slg. 2006, II-00897 (Rn. 351).

541 *EuG*, Urteil vom 09.07.2003 – T-224/00, ECLI:EU:T:2003:195 Archer Daniels Midland Lysin, Slg. 2003, II-2597 (Rn. 281); *EuG*, Urteil vom 05.04.2006 – T-279/02, ECLI:EU:T:2006:103, Slg. 2006, II-00897 (Rn. 351); *EuG*, Urteil vom 08.07.2008 – T-53/03, ECLI:EU:T:2008:254 BPB Gipsplatten, Slg. 2008, II-1333 (Rn. 424).

tatsächlich bußgeldmindernd auswirken, muss sich bei der Abwägung im Einzelfall zeigen.

5. Verhältnis der beiden mitigierenden Kategorien

Da ein Compliance-Programm sowohl als eigener Milderungsgrund als auch bei den Abschreckungszuschlägen berücksichtigt werden kann, stellt sich die Frage, welcher der beiden Anknüpfungspunkte vorzuziehen wäre. Festzustellen ist, dass beide Ansätze der Prävention dienen und letztlich anerkennen, dass die Verhaltenslenkung neben der Abschreckung auch durch positive Anreize erfolgen soll. Bei beiden geht es um die Begrenzung von Abschreckung, um die Normbefolgungsbereitschaft auf andere Weise zu erhöhen. Dogmatisch würde es keinen Unterschied machen, unter welchem der beiden Punkte Compliance-Bemühungen berücksichtigt würden. Da der Kommission ein weites Ermessen bei der Einordnung bußgeldrelevanter Umstände zukommt, könnte höchstens vom Unionsgesetzgeber vorgeschrieben werden, an welcher Stelle Compliance-Programme in die Bemessung einfließen sollten.

Aus Gründen der Klarheit scheint es aber sinnvoller, Compliance-Programme als eigenständigen Milderungsgrund zu berücksichtigen. Mit dieser Abgrenzung würde deutlich, dass die verschiedenen Zielrichtungen der Prävention mit unterschiedlichen Instrumenten verfolgt werden: Die negative Prävention mit Abschreckungszuschlägen, die positive Prävention mit der Berücksichtigung von Compliance-Programmen.

6. Schon jetzt: Indirekte Effekte auf das Bußgeldverfahren

Auch wenn Compliance-Programme selbst aktuell nicht als bußgeldmindernd berücksichtigt werden, so gibt es schon jetzt einige indirekte Vorteile. So können beispielsweise die vorhandenen Dokumentations- und Berichtsstrukturen zur Entdeckung eines Kartellverstoßes führen und dem Unternehmen einen Kronzeugenantrag mit entsprechender Bußgeldreduktion ermöglichen. Des Weiteren können die allgemeinen Kooperationsanforderungen während des Ermittlungsverfahrens besser erfüllt werden. Die Sachverhaltsaufklärung kann erleichtert sein und sich möglicherweise besser Entlastungsbeweise finden lassen, die das Verhältnis zwischen Mutter und Tochter substantiiert darlegen.[542]

Die vom Unternehmen vorgesehenen Sanktionen für Verstöße gegen ein Compliance-Programm können sich kurzfristig als hinderlich erweisen, da Mitarbeiter durch die angedrohten Konsequenzen von der Mithilfe zur Aufklärung abgeschreckt werden könnten.[543] Allerdings besteht dieses Hindernis nur organisatorisch und intern, da die rechtlichen Auskunftspflichten aus dem Arbeits- bzw. Anstellungsvertrag bestehen bleiben.[544] Durch Aussetzen der Sanktionen im Einzelfall, z.B. durch

---

542   *Kokott/Dittert*, WuW 2012, 670 (678).
543   *Müller*, Kartellrechtscompliance in Deutschland, 195.
544   *Leitner*, in: FS Schiller, 430 (433 ff.); *Rudkowski*, NZA 2011, 612 (613 f.).

Amnestieerklärungen, können Mitarbeiter zur Kooperation bewegt werden.[545] Natürlich muss ein automatisches Aussetzen der Sanktionen bei einem Rechtsverstoß vermieden werden, da ansonsten die Umsetzung des Programms durch die Mitarbeiter weniger ernsthaft betrieben werden könnte. In der Praxis lassen sich hierfür im Einzelfall aber Lösungen finden, die die Schwere des Verstoßes und die möglichen Konsequenzen berücksichtigen.[546]

Die indirekten Effekte betreffen vor allem die Erleichterung bei der Sachverhaltsaufarbeitung. Dies liegt zwar auch im Interesse des Unternehmens, ist aber gegenüber der Berücksichtigung bei der Bußgeldbemessung zweitrangig. Da es aus Gründen der Verhältnismäßigkeit erforderlich ist, Compliance-Programme wegen des geringeren realisierten Unrechts als mildernden Umstand zu berücksichtigen, ist es unpassend, wenn Unionsorgane auf die indirekten Effekte verweisen und diese als ausreichend erachten.[547]

III. Zusammenfassung: Berücksichtigung von Compliance-Programmen im europäischen Kartellrecht

Für die Berücksichtigung von Compliance-Programmen gibt es sowohl auf Tatbestandsebene von Art. 101 Abs. 1 AEUV, Art. 23 Abs. 2 VO 1/2003 als auch auf der Ebene der Rechtsfolgen Anknüpfungspunkte.

Auf der Tatbestandsebene dreht sich die Argumentation um das Ungleichgewicht zwischen Kontrollmöglichkeiten und Verantwortung, das durch den gegenwärtigen Unternehmensbegriff und den Verschuldensmaßstab geschaffen wurde.

Compliance-Programme können ein Mittel sein, die Vermutungsregel bezüglich des bestimmenden Einflusses zu widerlegen. Voraussetzung hierfür ist, dass der relevante Bereich der Geschäftspolitik auf den kartellbeteiligten Bereich begrenzt wird. Auf diese Weise nähert sich die Kontrollmöglichkeit und das vorgeworfene Versagen wieder dem Kartellvorwurf an. Es wird anerkannt, dass eine Muttergesellschaft ihre Beteiligungsrechte nicht nur für wirtschaftliche Ziele der Tochter

---

545 *Roos,* Compliance Defence, 249.
546 Eine Lösung der Praxis ist die Formulierung von Amnestie-Erklärungen, nach denen Sanktionen nicht zu befürchten sind, falls der Mitarbeiter vollumfänglich kooperiert und alles, was er weiß – auch nach gründlicher Überlegung und mithilfe von Kalendern etc. als Erinnerungsstütze – während der internen Ermittlungen mitgeteilt hat. Stellt sich bei Durchsicht der Dokumente heraus, dass der Mitarbeiter etwas verschwiegen hat, dann ist die Amnestie hinfällig. Erfahrungen zeigen, dass Mitarbeiter die internen Untersuchungen häufig unterschätzen und daher nicht vollumfänglich kooperieren. So bleiben die internen Sanktionen anwendbar. Die Gefahr, dass das Compliance-Programm ein „zahnloser Tiger" wird, besteht somit nicht. Vgl. *Göpfert/Merten u.a.,* NJW 2008, 1703.
547 *Kokott/Dittert,* WuW 2012, 670 (678); *Kommission,* Entscheidung vom 21.12.2005 – 38.443 Kautschukchemikalien (Rn. 345); *Kommission,* Wettbewerbsrechtliche Compliance, 17.

einsetzt, sondern auch für rechtskonformes Handeln. Verstößt die Tochter durch die Teilnahme am Kartell gegen Compliance-Vorgaben, dann besteht gerade keine Einheit mehr, die sanktionswürdig ist. Die begrenzten Möglichkeiten der Kontrolle einer Tochtergesellschaft sollten sich in einer Anpassung der Verantwortung widerspiegeln.

Gleiches gilt für den Verschuldensmaßstab. Da der handelnde Mitarbeiter der Tochter nur mittelbar von der Muttergesellschaft kontrolliert werden kann, sollte auf ein Organisationsverschulden abgestellt werden. Der Wortlaut des Art. 23 Abs. 2 VO 1/2003 lässt diese Interpretation zu. Compliance-Programme können dann als Beweismittel dienen, dass alle erforderlichen Maßnahmen zur Kontrolle getroffen wurden.

Die Berücksichtigung auf Rechtsfolgenseite begründet sich ebenfalls auf dem Ungleichgewicht zwischen Kontrolle und Verantwortung. Sie erfordert aber keine Anpassung der bisherigen Auslegung des Tatbestandes, sondern kann innerhalb der bestehenden Bußgeldbemessungsregeln erfolgen.

Compliance-Programme stellen keinen erschwerenden Umstand dar. Zum einen sind sie nicht vergleichbar mit anderen erschwerenden Umständen der Bußgeldleitlinien. Zum anderen liefe eine negative Berücksichtigung der anvisierten Verhaltenslenkung zuwider, wenn Unternehmen mit Compliance-Maßnahmen schwerer bestraft würden als Unternehmen ohne entsprechende Vorkehrungen.

Bezüglich der mildernden Berücksichtigung von Compliance-Programmen lässt sich aus der Entscheidungspraxis erst eine positive Anerkennung, dann aber eine Änderung zur Neutralität beobachten. Diese Änderung der Entscheidungspraxis steht einer Berücksichtigung aber nicht grundsätzlich entgegen. Denn die Auslegung der Normen führt zu dem Ergebnis, dass Compliance-Programme im Rahmen der mildernden Umstände berücksichtigungsfähig sind. Erstens kann das begangene Unrecht als milder gewertet werden, da sich das Unternehmen selbst für rechtskonformes Verhalten eingesetzt hat. Zweitens tragen Compliance-Programme zur Durchsetzung des Kartellrechts bei. Gerade im Wettbewerbsrecht hat die Verhaltenslenkung als Strafzweck eine hohe Bedeutung. Positive Prävention und das Verhältnismäßigkeitsprinzip begrenzen dabei den Abschreckungszweck der Geldbuße, da die Sanktion im Verhältnis zum begangenen Unrecht stehen muss. Die verhaltenslenkende Wirkung darf nicht durch unverhältnismäßige Abschreckungsbeträge geschwächt werden. Da Compliance-Programme einen wichtigen Umstand bei der Bewertung des Verstoßes darstellen, besteht eine Pflicht zur Berücksichtigung. Sie kann entweder im Rahmen eines eigenständigen Milderungsgrundes erfolgen, oder bei der Ermittlung der erforderlichen Abschreckungszuschläge. Aus Gründen der Klarheit ist eine Berücksichtigung im Rahmen einer eigenständigen Kategorie zu bevorzugen. Ein Verweis auf die indirekten Vorteile von Compliance-Programmen reicht hingegen nicht aus. Ob sich Compliance-Programme im Ergebnis auswirken, stellt sich nach Abwägung aller Umstände im Einzelfall heraus.

4. Teil: Compliance Defence im deutschen Kartellrecht

Auch im deutschen Kartellrecht stellt sich die Frage nach der Berücksichtigung von Compliance-Programmen. Mit der 9.GWB-Novelle zielt der Gesetzgeber zwar auf eine weitgehende Harmonisierung mit dem europäischen Haftungsregime. Da das deutsche Recht mit den Regeln des GWB und des OWiG jedoch teilweise abweichende Haftungsregeln vorsieht, ist gleichzeitig zu untersuchen, inwiefern eine Harmonisierung tatsächlich stattgefunden hat. Möglicherweise bleibt ein eigener Geltungsbereich für nationale Normen – und damit ein eigener Anwendungsbereich für eine Compliance Defence – bestehen. Im ersten Schritt soll wieder dargestellt werden, wer Adressat der Sanktion ist (A). Danach sollen die Möglichkeiten für eine Berücksichtigung von Compliance-Programmen untersucht werden (B).

A. Wer haftet im Kartellbußgeldverfahren?

Die Haftungsvoraussetzungen für Kartellverstöße ergeben sich im deutschen Recht aus GWB und OWiG. Diese wurden durch die 9.GWB-Novelle um einen Sanktionsadressaten erweitert. Um die Unterschiede und Übereinstimmungen zum europäischen Haftungsregime besser zu verstehen, muss zunächst der normative Rahmen der Kartellbußgeldhaftung nach GWB und OWiG skizziert werden (I). Anschließend wird genauer untersucht, wer Adressat der Haftungsregeln im deutschen Recht ist und daher von einer Compliance Defence profitieren würde (II).

I. Systematik von GWB und OWiG

1. Der bisherige Haftungsdreiklang von GWB und OWiG

Da die Wettbewerbspolitik ein Teil der EU-Kompetenz ist, ist der Anwendungsbereich des deutschen Kartellrechts begrenzt. Liegt eine Wettbewerbsbeschränkung vor, die den Tatbestand von Art. 101 oder Art. 102 AEUV erfüllt, so ist gemäß Art. 4 VO 1/2003 die Europäische Kommission für die Verfolgung zuständig. Art. 5 VO 1/2003 und Art. 11 VO 1/2003 sehen die Ausnahme vor, dass mitgliedstaatlichen Wettbewerbsbehörden in Absprache mit der Kommission auch zur Durchsetzung der Art. 101 und Art. 102 AEUV tätig werden können. Daneben bleiben die mitgliedstaatlichen Regeln anwendbar, Art. 3 VO 1/2003.[548] Die Auslegung des deutschen Kartellverbots richtet sich jedoch nach der europäischen

---

548 Dannecker/Biermann, in: Immenga/Mestmäcker, et al., Vor § 81 GWB, Rn. 23; Zuber, in: Loewenheim/Meessen, et al., Art. 3 VO 1/2003, Rn. 3 f; *Bornkamm*, in: FS Blaurock, 41 (50).

Auslegungspraxis, da die §§ 1, 19 und 20 GWB mit Art. 101 und Art. 102 AEUV harmonisiert sind.[549]

Das Verbot von Wettbewerbsbeschränkungen ist im deutschen Recht in den §§ 1, 19 und 20 GWB geregelt. Ein Verstoß stellt nach § 81 Abs. 2 Nr. 1 GWB eine Ordnungswidrigkeit dar. Zusätzliche Voraussetzungen für eine Haftung ergeben sich daher aus dem OWiG.

Für kartellrechtliche Verstöße ergab sich bis zur 9.GWB-Novelle ein Dreiklang bezüglich der Sanktionsadressaten: (1) Die Haftung des unmittelbar Handelnden ergibt sich aus § 81 Abs. 2 Nr. 1, § 1 GWB. (2a) Ist die Leitungsperson eines Verbandes an dem Verstoß beteiligt, so wird der Verstoß diesem gemäß § 30 Abs. 1 OWiG zugerechnet. (2b) Aber auch wenn eine Person unterhalb der Leitungsebene im Sinne des § 30 Abs. 1 OWiG den Verstoß begangen hat, kann der Verband haften, nämlich als Inhaber des Unternehmens wegen einer Aufsichtspflichtverletzung nach § 130 Abs. 1 OWiG. Der Wettbewerbsverstoß stellt dann eine objektive Bedingung der Ahndbarkeit dar.[550] Ist Unternehmensinhaber ein Verband, z.B. eine juristische Person, so werden die Aufsichtspflichten durch eine vertretungsberechtigte Person wahrgenommen. Ein Zurückbleiben hinter der erforderlichen Aufsichtspflicht durch den Vertreter wird der juristischen Person über § 30 OWiG zugerechnet. So haftet die juristische Person mittelbar für Kartellverstöße. Sie wird im Kartellverfahren daher auch Nebenbetroffene genannt. (3) Die Leitungs- bzw. vertretungsberechtigte Person haftet bei Verletzung einer Aufsichtspflicht nach § 130 Abs. 1 OWiG ebenfalls. Zwar ist sie nicht Inhaberin des Unternehmens und daher nicht eigentlicher Adressat der Aufsichtspflicht. Ihr wird diese Eigenschaft aber über § 9 OWiG zugerechnet. Die gesellschaftsrechtliche Delegation der Aufsichtspflicht bringt somit die ordnungsrechtliche Verantwortung für beide Parteien mit sich – für den Delegierenden und für den Delegatar.

2. 9. GWB-Novelle: Erweiterung um einen vierten Haftungsadressaten

Der bisherige Haftungsdreiklang wird durch die 9.GWB-Novelle um einen vierten Haftungsadressaten erweitert: Der neu eingefügte § 81 Abs. 3a GWB bestimmt, dass ein Bußgeld gegen eine herrschende Gesellschaft verhängt werden kann, wenn der Kartellverstoß von der Leitungsperson einer abhängigen Gesellschaft begangen wurde.

Da diese Erweiterung der Unternehmenshaftung eine Ausnahme zum bisher geltenden Rechtsträgerprinzip darstellt, sollen kurz die Hintergründe der 9.GWB-Novelle dargestellt werden. Sie gehen zum einen auf unbefriedigende Entwicklungen

---

549 *BGH*, Urteil vom 10.12.2008 – KZR 54/08 Subunternehmervertrag II, NJW 2009, 1751 (1752); Nordemann, in: Loewenheim/Meessen, et al., § 1 GWB, Rn. 5, 11; Dannecker/Biermann, in: Immenga/Mestmäcker, et al., Vor § 81 GWB, Rn. 25 ff; *Bornkamm*, in: FS Blaurock, 41 (51).

550 Gürtler, in: Göhler/Gürtler, et al., § 130 OWiG, Rn. 17; *Achenbach*, NZWiSt 2012, 321 (324); Bohnert, in: Bohnert/Krenberger, et al., § 130 OWiG, Rn. 24.

in Fällen der Rechtsnachfolge in Bußgeldbescheide zurück (a), zum anderen wirken sich europarechtliche Einflüsse aus (b).

a) Lücken in der Rechtsnachfolgeregelung des § 30 Abs. 2a OWiG

Die bisherige Zurechnung eines Verstoßes zu einem Verband über § 30 Abs. 1 OWiG zeugt von einer starken Geltung des Rechtsträgerprinzips im deutschen Recht, macht die Verhängung von Bußgeldbescheiden jedoch auch abhängig von gesellschaftsrechtlichen Strukturen. Bis zur 8. GWB-Novelle konnten Kartellanten durch gesellschaftsrechtliche Umstrukturierungen der Bußgeldzahlung entgehen. Mit der Ergänzung des § 30 Abs. 2a OWiG wurde versucht, diese Lücke zu schließen und eine Rechtsnachfolge bei Unternehmensübernahmen eingeführt. Tatsächlich blieb jedoch eine Lücke bei bestimmten Konstellationen von Unternehmensübernahmen bestehen.[551] Im Nachgang der Entscheidung des Bundeskartellamtes im sogenannten Wurstkartell konnte ein Unternehmen der Bußgeldzahlung in Höhe von 128 Mio. Euro entgehen, indem die Muttergesellschaft diese Lücke nutzte. Sie übertrug die Vermögensgegenstände der am Kartell beteiligten Tochtergesellschaften auf andere Gesellschaften und löschte die betroffenen kartellbeteiligten Tochtergesellschaften anschließend.[552] Dieser Fall veranlasste den Gesetzgeber, nicht nur über die Reform der Rechtsnachfolgeregelung bei Kartellbußgeldern nachzudenken, sondern allgemein über die Haftung von Konzernen.

b) Europarechtliche Einflüsse: Kartellschadensersatzrichtlinie 2014/104/EU und Wirkung des europäischen effet utile

Ein weiterer Anlass für Reformüberlegungen war die Kartellschadensersatzrichtlinie 2014/104/EU, deren Ziel es ist, die Durchsetzung der Schadensersatzforderungen von Kartellgeschädigten in der EU zu harmonisieren.[553] Anspruchsgegner von Schadensersatzforderungen aus Kartellschäden ist nach Art. 1 Abs. 1 der Richtlinie 2014/104/EU das Unternehmen. Der Begriff des Unternehmens wird jedoch in der Richtlinie nicht bestimmt. Ebenso wenig wird ausdrücklich vorgeschrieben, dass die Mitgliedstaaten den europäischen Unternehmensbegriff übernehmen müssen. Es bleibt daher grundsätzlich offen, ob die Mitgliedstaaten bei der Umsetzung der Richtlinie verpflichtet sind, den europäischen Unternehmensbegriff zu übernehmen oder ob sie national abweichende Regelungen treffen können.[554] Trotzdem hat der Gesetzgeber die Reformanforderungen nach der Kartellschadensersatzrichtlinie zum Anlass genommen, die Unternehmenshaftung für Kartellverstöße generell zu

---

551 *Achenbach*, in: Hdb. Wirtschaftsstrafrecht (18).
552 *Bundeskartellamt*, Verfahren gegen Gesellschaften der ClemensTönnies-Gruppe eingestellt, Bußgelder in Höhe von 128 Mio. Euro entfallen in Folge von Umstrukturierungen vom 19.10.2016; *Bundeskartellamt*, Entscheidung vom 15.07.2014.
553 Richtlinie 2014/104/EU vom 26.11.2014, ABl. L 349 vom 05.12.2014.
554 Gegen eine Übernahme: *Suchsland*, WuW 2015, 973.

überdenken und sich nicht auf die Lücke in der Rechtsnachfolgeregelung zu beschränken.

Schon vor der Kartellschadensersatzrichtlinie 2014/104/EU wurde teilweise vertreten, dass die deutsche Rechtsordnung zur Übernahme des europäischen Unternehmensbegriffes verpflichtet sei. Der Grundsatz des *effet utile* erfordere einen Gleichlauf des deutschen Kartellrechts mit dem europäischen Kartellrecht auch bei der Ermittlung des Sanktionsadressaten.[555] Wie nachfolgend dargelegt werden wird,[556] widerspricht dem jedoch Art. 3 der VO 1/2003, der das Bestehen von nationalem und europäischem Kartellbußgeldrecht nebeneinander vorsieht.[557] Das hat sich mit der Kartellschadensersatzrichtlinie nicht geändert, da diese nur eine Harmonisierung in der privaten Kartellrechtsdurchsetzung anstrebt. Gleichwohl hat der Gesetzgeber die Reformierung der Konzernhaftung bei Kartellverstößen auch auf das europarechtliche Effektivitätsgebot gestützt. Es sei nicht gerechtfertigt, wenn die Beurteilung einer Zuwiderhandlung davon abhinge, welche Behörde innerhalb der EU die Verfolgung durchführe.[558]

II. Der Adressat des Kartellverbotes

Für die Ermittlung des Adressaten des Kartellverbotes steht der Unternehmensbegriff an zentraler Stelle. Nachfolgend wird daher untersucht, was ein Unternehmen im Sinne des § 1 GWB ist (1), wer sein Inhaber im Sinne des § 130 OWiG ist (2), und wie die Zurechnung zu einem Rechtsträger durch den neuen § 81 Abs. 3a GWB modifiziert wird.

1. Der Unternehmensbegriff nach dem GWB – Schon bisher Zweigleisigkeit bei Norm- und Bußgeldadressat im deutschen Kartellrecht

Der deutsche Unternehmensbegriff des GWB wird wie der europäische Unternehmensbegriff funktional bestimmt.[559] Er bezieht sich ebenfalls auf die Ausübung

---

555 *Ackermann*, ZWeR 2012, 3 (15); *Bundeskartellamt*, Stellungnahme vom 30.11.2011, WuW 2012, 257 (263); *Ost*, NZKart 2013, 25 (26); *Kersting*, WuW 2014, 564 (565); *Weitbrecht*, WuW 2015, 959 (963); *Ost/Kallfaß u.a.*, NZKart 2016, 447 (452); Roth/Ackermann, in: Jaeger/Kokott, et al., § 1 GWB, Rn. 57 ff.

556 Siehe Teil 4 A II 1.

557 *BGH*, Beschluss vom 16.12.2014 – KRB 47/13 Silostellgebühren III, NJW 2015, 2198 (2200); *Hülsen/Kasten*, NZKart 2015, 296 (299); *Monopolkommission*, Strafrechtliche Sanktionen bei Kartellverstößen, 36; *Thomas/Legner*, NZKart 2016, 155 (157); *Achenbach*, in: Hdb. Wirtschaftsstrafrecht (418).

558 *RegE*, Entwurf eines Neunten Gesetzes zur Änderung des Gesetzes gegen Wettbewerbsbeschränkungen vom 28.09.2016, BT-Drucks. 10207, 85.

559 *Zimmer*, in: Immenga/Mestmäcker, et al., § 1 GWB, Rn. 13; *Bunte*, in: Bunte/Langen, et al., Einl. GWB, Rn. 91.

wirtschaftlicher Tätigkeiten, unabhängig von der Rechtsform.[560] Ein Unternehmen kann auch aus mehreren rechtlichen Einheiten bestehen, § 36 Abs. 2 GWB.

Da im Kartellrecht eine weitgehende Harmonisierung erfolgte und das EU-Recht bei zwischenstaatlichen Sachverhalten Vorrang hat, könnte der Begriff des Unternehmens wie im europäischen Recht auszulegen sein.[561] Eine autonome Auslegung könnte dagegen möglich sein in Bereichen, in denen das deutsche Kartellrecht andere Zwecke verfolgt als das europäische Recht, z. B. wenn mit einer Sanktion die Marktintegration verstärkt werden soll, die auf deutscher Ebene keinen Sanktionszweck darstellt.[562] Relevant wird die Frage nach der einheitlichen Auslegung bei zwei Aspekten: Zum einen bei der Bestimmung der wirtschaftlichen Tätigkeit, zum anderen bei der Haftung des Konzerns als wirtschaftliche Einheit.

Bislang besteht eine unterschiedliche Bewertung bei der Angebots- und Nachfragetätigkeit der öffentlichen Hand. Die deutsche Rechtspraxis wertet diese als wirtschaftliche Tätigkeit,[563] auf europäischer Ebene wurde dies verneint.[564] Für die vorliegende Untersuchung ist die Frage, ob das Merkmal „wirtschaftliche Tätigkeit" autonom ausgelegt werden kann, letztendlich nicht erheblich. Eine einheitliche oder autonome Auslegung wirkt sich darauf aus, welche Tätigkeit zu einer Anwendung des Kartellverbotes führen kann. Sie stellt aber nur eine Vorfrage dar, um zu klären, welches Unternehmen sich gegen den Vorwurf eines Kartellverstoßes verteidigen muss.

Relevanter für die vorliegende Untersuchung ist die Frage, ob die europäische Entscheidungspraxis zur Konzernhaftung im nationalen Recht Anwendung findet. Dies würde insbesondere dazu führen, dass Muttergesellschaften, die einen bestimmenden Einfluss auf ein kartellbeteiligtes Tochterunternehmen ausüben, ebenfalls Sanktionsadressat sein können. Nach dem kartellrechtlichen Unternehmensbegriff in beiden Rechtsordnungen ist die Rechtsform des Unternehmens nicht relevant, es könnte daher auch aus mehreren rechtlich selbständigen Einheiten bestehen.

Das Bundeskartellamt hat sich für eine Übernahme des europäischen Unternehmensbegriffes ausgesprochen, um alle rechtlichen Einheiten eines Unternehmens bestrafen zu können. Grundlage hierfür soll der Grundsatz der effektiven Durchsetzung des (EU-) Kartellrechts und Art. 5 Abs. 1 VO 1/2003 sein, nach dem die nationalen Wettbewerbsbehörden befugt sind, auch europäisches Kartellrecht

---

560 *BGH*, Beschluss vom 09.03.1999 – KVR 20/97 Lottospielgemeinschaft, NJW-RR 1999, 1266 (1267).

561 *Ost*, NZKart 2013, 25 (26); *BGH*, Beschluss vom 16.12.2014 – KRB 47/13 Silostellgebühren III, NJW 2015, 2198 (2199); *Bornkamm*, in: FS Blaurock, 41 (54 f.); *Säcker*, WuW 2014, 3.

562 Nordemann, in: Loewenheim/Meessen, et al., § 1 GWB, Rn. 24; Bechtold, in: Bechtold, § 1 GWB, Rn. 8.

563 *BGH*, Urteil vom 23.10.1979 – KZR 22/78 Berliner Musikschulen, NJW 1980, 1046; *BGH*, Urteil vom 07.03.1989 – KZR 15/87, NJW 1989, 3010 (3011).

564 *EuGH*, Urteil vom 11.07.2006 – C-205/03 P, ECLI:EU:C:2006:453 FENIN, Slg. 2006, I-06295 (Rn. 26 ff.).

durchzusetzen.[565] Hiergegen spricht jedoch, dass Art. 5 VO 1/2003 nicht die Pflicht enthält, die Durchsetzung unabhängig vom nationalstaatlichen Recht durchzuführen. Die Wettbewerbsbehörden der Mitgliedstaaten bleiben auch an nationales Recht gebunden.[566] Das europäische Recht sieht mit Art. 3 VO 1/2003 das Nebeneinander eines selbständigen nationalen Wettbewerbsrechts mit dem europäischen Wettbewerbsrecht vor und definiert das Verhältnis zwischen ihnen. Es bleibt daher Raum für eigene Regelungen, solange sie nicht den Wirkkreis des europäischen Rechts berühren. Erfolgt eine Zurechnung des Verhaltens über § 30 OWiG, so richtet sich die Sanktion auch nur gegen eine rechtliche Einheit. Eine ausweitende oder analoge Anwendung scheitert an dem Bestimmtheitsgebot des Art. 103 Abs. 2 GG, der auch im Ordnungswidrigkeitenrecht gilt.[567] Selbst, wenn man daher von einer kongruenten Auslegung des europäischen und des deutschen Unternehmensbegriffes ausginge, kann sich im deutschen Recht wegen § 30 OWiG ein abweichender Sanktionsadressat ergeben. Eine andere Bewertung ergibt sich auch nicht aus § 81 Abs. 4 S. 2 GWB, nach dem die Geldbuße für Unternehmen höher ausfallen kann als die Grenze von einer Million Euro für natürliche Personen, solange sie nicht zehn Prozent „des im der Behördenentscheidung vorausgegangenen Geschäftsjahr erzielten Gesamtumsatzes des Unternehmens oder der Unternehmensvereinigung […] übersteig[t]." Diese Vorschrift bezieht sich allein auf die Rechtsfolgenseite, nachdem der Sanktionsadressat ermittelt wurde. Die Frage, welche rechtliche Einheit überhaupt Sanktionsadressat ist, war bisher abschließend in § 30 OWiG geregelt.[568]

Daher war die rechtliche Einheit im deutschen Recht bislang über §§ 1, 81 Abs. 2 GWB, 30 OWiG oder über §§ 130 Abs. 1, 30 Abs. 1 OWiG nur für Personen verantwortlich, die ihr unmittelbar zurechenbar waren. Das Handeln des Mitarbeiters wurde nur demjenigen Verband zugerechnet, der die unmittelbare Aufsicht über ihn hatte und nicht allen rechtlichen Einheiten, aus denen das Unternehmen bestand.

Daher kann festgestellt werden, dass es im deutschen Recht schon vor dem letzten Harmonisierungsschritt eine Zweigleisigkeit zwischen (Kartellrechts-) Normadressat und Sanktionsadressat gab, ähnlich wie auf europäischer Ebene. Nach

---

565   *BGH*, Beschluss vom 16.12.2014 – KRB 47/13 Silostellgebühren III, NJW 2015, 2198 (2199); *Ost*, NZKart 2013, 25 (26); *EuGH*, Urteil vom 03.05.2011 – C-375/09, ECLI:EU:C:2011:270 Tele2 Polska, Slg. 2011, I-03055 (Rn. 25 ff.); *EuGH*, Urteil vom 18.06.2011 – C-681/11 P, ECLI:EU:C:2013:404 Schenker, veröffentlicht in der digitalen Sammlung (Rn. 36).

566   *Hassemer/Dallmeyer*, Gesetzliche Orientierung im deutschen Recht der Kartellgeldbußen und das Grundgesetz, 78 f; Achenbach, in: Jaeger/Kokott, et al., § 81 GWB, Rn. 250.

567   Argumentation nach *BGH*, Beschluss vom 16.12.2014 – KRB 47/13 Silostellgebühren III, NJW 2015, 2198 (2200 f.); *Hackel*, Konzerndimensionales Kartellrecht, 259 ff.

568   *BGH*, Beschluss vom 16.12.2014 – KRB 47/13 Silostellgebühren III, NJW 2015, 2198 (2199); *Buntscheck*, in: FS Bechtold, 81 (89); *Koch*, ZHR 2007, 554 (562 f.); Gürtler, in: Göhler/Gürtler, et al., § 17 OWiG, Rn. 48b.

dem Unternehmensbegriff des GWB konnten Konzerne als Unternehmen zwar Adressaten des Kartellverbotes sein. Ob sie jedoch auch Sanktionsadressat waren, ergab sich bisher nur aus den Vorschriften des OWiG. Die Zweigleisigkeit hatte damit, anders als im EU-Recht, keine haftungserweiternden Folgen. Dies könnte nach Einführung des § 81 Abs. 3a GWB anders zu bewerten sein und wird daher nachfolgend in einem eigenen Abschnitt untersucht.[569]

2. Unternehmenshaftung nach § 130 Abs. 1 OWiG

Auch ohne Übernahme des europäischen Unternehmensbegriffes könnte eine Haftung von Muttergesellschaften für das Verhalten von Tochtergesellschaften bestehen. Diese könnte sich schon bisher originär aus dem deutschen Recht, nämlich aus §§ 130, 30 OWiG ergeben haben.

Kann die Muttergesellschaft als Inhaberin des Unternehmens angesehen werden, dann hat sie auch für Kartellverstöße der Tochtergesellschaft einzustehen. Dies ist dann der Fall, wenn sie als Inhaberin unternehmensbezogene Aufsichtspflichten verletzt hat, die den Verstoß hätten verhindern können. Für eine Verantwortlichkeit der Obergesellschaft nach § 130 OWiG könnte sprechen, dass ihr als Gesellschafterin verschiedene Überwachungspflichten zukommen.[570] Einzelne Überwachungspflichten konstituieren jedoch noch keine allgemeine Konzernleitungspflicht. Daneben sind die gesellschaftsrechtlichen Überwachungspflichten nicht notwendigerweise kongruent mit den Aufsichtspflichten nach § 130 OWiG. Wer Inhaber des Unternehmens ist, wird bei § 130 OWiG von den einzuhaltenden Aufsichtspflichten her bestimmt. Dies bedeutet, dass zuerst die Pflicht bestimmt werden muss, deren Verletzung zu untersuchen ist und erst im zweiten Schritt, wer für die die Erfüllung dieser unternehmensbezogenen Pflicht verantwortlich war.[571] Objekt der Aufsichtspflicht ist das Unternehmen, Subjekt der Unternehmensinhaber.[572] § 130 OWiG fragt erst nach den zu erfüllenden Pflichten und ordnet diese dann zu. Das Gesellschaftsrecht hingegen fragt grundsätzlich zuerst nach dem Verhältnis von Gesellschaften und Organen und definiert dann ihre Pflichten.

Der Inhaber des Unternehmens nach § 130 OWiG bestimmt sich vielmehr danach, wer der Rechtsträger ist, da dieser die Rechte und Pflichten trägt.[573] Grundsätzlich nicht Inhaber sind die Gesellschafter und Eigentümer. Etwas Anderes könnte sich

---

569 Siehe Teil 4 A II 3.
570 Beispiele in Zöllner/Noack, in: Baumbach/Hueck, et al., § 43 GmbHG, Rn. 17; Zöllner/Beurskens, in: Baumbach/Hueck, et al., Anhang GmbH-Konzernrecht, Rn. 38 ff.
571 Rogall, in: KK-OWiG, Ellbogen/Senge, § 130 OWiG, Rn. 25; Kling, WRP 2010, 506 (513); Ransiek, Unternehmensstrafrecht, 105; Schreitter, NZKart 2016, 253 (260).
572 Schreitter, NZKart 2016, 253 (259).
573 BGH, Beschluss vom 01.12.1981 – KRB 3/79 Transportbeton, GRUR 1982, 244 (247); BGH, Beschluss v. 26.02.2013 vom 26.02.2013 – KRB 20/12 Grauzement, NJW 2013, 1972 (1975); BKartA, Entscheidung vom 13.11.1998 – B2 – 21/96 Preisetiketten,

in einem Konzern ergeben, wenn verschiedene Rechtsträger faktisch unter einer einheitlichen Leitung stehen. Das faktische Durchgriffsrecht des Vorstandes der Muttergesellschaft auf die Tochter könnte zu einer Inhaberschaft führen.[574] Wohl auf Grundlage dieser Argumentation hat das Bundeskartellamt seine Entscheidung in der Sache ETEX getroffen. Danach hafte die Muttergesellschaft für das Verhalten eines ihrer Manager, der Kenntnis von der Zuwiderhandlung der Tochtergesellschaft gehabt habe und trotzdem nicht auf die Beendigung des Verstoßes hingewirkt habe.[575] Nach Einlegung des Einspruches stellte sich heraus, dass derjenige Manager, dessen Verhalten Bezugstat für die Haftung der Muttergesellschaft war, im Zeitraum des Kartells nicht mehr im Unternehmen beschäftigt gewesen war. Der Wegfall der Bezugstat führte zu einer Aufhebung des Bußgeldbescheides gegen die Muttergesellschaft. Das Bundeskartellamt hält in dem Fallbericht zur Aufhebung des Bescheides zwar an seiner Rechtsauffassung zur Konzernhaftung fest.[576] Eine Herleitung einer entsprechenden Aufsichtspflicht findet sich aber in keinem der beiden Bescheide. Bisher scheint es auch zu keiner weiteren Entscheidung gekommen zu sein, die auf einer Konzernhaftung nach § 130 Abs. 1 OWiG basiert.[577]

Die faktische Betrachtung der Inhaberschaft müsste aber berücksichtigen, welche Einflussmöglichkeiten die Muttergesellschaft rechtlich hat. Die Inhaberschaft wäre dann abhängig von der Qualität der Durchgriffsrechte, die sich aus dem Beherrschungsvertrag oder aus personellen Verflechtungen ergeben können.[578] Gibt es

---

WuW/E DE-V, 385 (388); Rogall, in: KK-OWiG, Ellbogen/Senge, § 130 OWiG, Rn. 25.

574 *BKartA*, Entscheidung vom 09.02.2009 – B1-200/06 ETEX; Vollmer, in: MüKo Kartellrecht, Hirsch, § 81 GWB, Rn. 49; Rogall, in: KK-OWiG, Ellbogen/Senge, § 130 OWiG, Rn. 27; *Koch*, AG 2009, 564 (565); *Mansdörfer/Timmerbeil*, WM 2004, 362 (368 f.).

575 Ohne Herleitung einer entsprechenden Pflicht: *BKartA*, Entscheidung vom 09.02.2009 – B1-200/06 ETEX; *Koch*, AG 2009, 564 (565).

576 *BKartA*, Entscheidung vom 12.04.2012 – B1-200/06-P2, B1- 200/06-U13 Aufhebung ETEX; *Ost*, NZKart 2013, 25 (27).

577 Allerdings stellte sich im deutschen Kartellbußgeldverfahren bisher ein praktisches Hindernis für die Auseinandersetzung mit den Rechtsansichten des Bundeskartellamtes: Anders als die Kommission war das Bundeskartellamt nicht verpflichtet, seine Bußgeldentscheidungen zu veröffentlichen. Daher waren Informationen vom Bundeskartellamt über Entscheidungen nur über Pressemitteilungen, Fallberichte oder andere freiwillige Veröffentlichungen verfügbar, die es nach eigenem Ermessen zur Verfügung stellte. Im Fall ETEX sind beispielsweise die juristischen Ausführungen zur Begründung des Bußgeldbescheides bei *Koch*, AG 2009, 564 detaillierter als der Fallbericht, da er sich auf den Bescheid selbst bezieht, der ihm anscheinend vorlag. Durch die 9.GWB-Novelle soll mit dem neuen § 53 Abs. 5 GWB eine Veröffentlichungspflicht bezüglich Entscheidungen eingeführt werden, um dieses Informationsdefizit zu beheben.

578 *OLG München*, Beschluss vom 23.09.2014 – 3 Ws 599, 600/14, BB 2015, 2004; *Dreher*, ZWeR 2004, 75 (103 f.); Gürtler, in: Göhler/Gürtler, et al., § 130 OWiG, Rn. 5a; *Vogt*,

keine besonderen Umstände, die die (freiwillige) Übernahme von unternehmensbezogenen Pflichten im Sinne des § 130 OWiG nahelegen, dann scheidet auch die Inhaberschaft der Muttergesellschaft aus. Die Mutter kann in diesem Fall nämlich nur gesellschaftsrechtlich, im Rahmen ihrer Beteiligungsrechte, und damit indirekt auf die Ausübung der gehörigen Aufsicht hinwirken. Es wäre nicht gerechtfertigt, wenn sie Aufsichtspflichten nach dem OWiG treffen, deren Einhaltung sie höchstens indirekt kontrollieren kann.[579] Deswegen sind die Gesellschafter einer juristischen Person grundsätzlich nicht Adressat des § 130 OWiG. Es ist kein Grund ersichtlich, warum die Gesellschafter in verbundenen Unternehmen im Rahmen einer Ausnahme als Inhaber haften sollten, die Gesellschafter in unverbundenen Unternehmen dagegen nicht.[580] Gesellschaftsrechtliche Überwachungspflichten helfen daher bei der Bestimmung des Unternehmensinhabers und damit des Verantwortlichen nach § 130 OWiG nur begrenzt weiter.

Gestützt wird dieses Ergebnis vom Normzweck des § 130 OWiG, der als Auffangtatbestand eine Sanktionslücke schließt: Einige Tatbestände, so wie § 1 GWB, stellen Sonderdelikte dar, da sie nur von Unternehmen begangen werden können. Da Unternehmen selbst handlungsunfähig sind, muss ihnen das Verhalten von Personen zugerechnet werden. Dies erfolgt über § 30 OWiG, der jedoch nur das Verhalten von vertretungsberechtigten Leitungspersonen zurechnet. Werden Aufgaben an Mitarbeiter unterhalb dieser Leitungsebene weiter delegiert, besteht für diese keine (ordnungswidrigkeiten-) rechtliche Verantwortlichkeit des Unternehmens. Und der Mitarbeiter haftet nicht, da ihm die Unternehmenseigenschaft nicht über § 9 OWiG zugerechnet werden kann. Diese Sanktionslücke schließt § 130 OWiG, so dass sich ein Unternehmen nicht durch Delegation von seiner Verantwortlichkeit trennen kann.[581] Diese Sanktionslücke besteht jedoch nur im Einzelunternehmen. In einem Unternehmensverbund lässt sich stets ein Adressat ermitteln, dem die gehörige Aufsicht nach § 130 OWiG zufällt. Eine Erweiterung des Adressatenkreises auf andere Mitglieder des Unternehmensverbundes geht über den Normzweck des § 130 OWiG hinaus.[582]

Die Verbandsgeldbusse gegen eine herrschende Konzerngesellschaft, 233; *Ransiek*, ZGR 1999, 613 (630 ff.). Detaillierte Darstellung der Einflussmöglichkeiten bei *Grundmeier*, Rechtspflicht zur Compliance im Konzern, 84 ff; *Verse*, ZHR 2011, 401 (418 ff.); *Hackel*, Konzerndimensionales Kartellrecht, 275–290, 348–377.

579   *Koch*, ZHR 2007, 554 (570 ff.).

580   *Vogt,* Die Verbandsgeldbusse gegen eine herrschende Konzerngesellschaft, 286.

581   *OLG Düsseldorf,* Beschluss vom 25.07.1989 – 5 Ss (OWi) 263/89 – (OWi) 106/89 I, wistra 1989, 358; *OLG Düsseldorf,* Beschluss vom 12.11.1998 – 2 Ss (OWi) 385/98 – (OWi) 112/98 III, wistra 1999, 115; Achenbach, in: Jaeger/Kokott, et al., § 81 GWB, Rn. 177; *Koch*, AG 2009, 564 (568); Gürtler, in: Göhler/Gürtler, et al., § 130 OWiG, Rn. 26.

582   *Achenbach*, NZWiSt 2012, 321 (326 f.); *Koch*, AG 2009, 564 (571); *Verse*, ZHR 2011, 401 (410); *Verse*, ZHR 2011, 401; *Vogt,* Die Verbandsgeldbusse gegen eine herrschende Konzerngesellschaft, 287; *Schreitter*, NZKart 2016, 253 (260).

Möglicherweise ergibt sich für das Kartellrecht eine andere Bewertung aus dem Europarecht. Überlegt werden könnte, dass sich die Aufsichtspflicht aus den Tatbeständen von § 1 GWB und Art. 101 AEUV ergibt. Adressat dieser Normen ist das (kartellrechtliche) Unternehmen, daher könnte auch Adressat der Aufsichtspflicht das Unternehmen im kartellrechtlichen Sinne sein. Dies würde die Haftung der Konzernobergesellschaft wie im europäischen Kartellrecht umfassen. Eine solche Auslegung könnte durch den Grundsatz der Effektivität der Durchsetzung europäischen Kartellrechts vorgegeben sein.[583] Gegen eine europarechtliche Auslegung der Unternehmensinhaberschaft sprechen jedoch zwei Gründe: Zum einen wird auf europarechtlicher Ebene gerade nicht die Verletzung einer Aufsichtspflicht sanktioniert, sondern ein eigener Verstoß der Obergesellschaft.[584] Der Begriff passt somit nicht in die Systematik der deutschen Kartellrechtssanktionierung. Zum anderen erfordert der Grundsatz der effektiven Durchsetzung des Kartellrechts keine Vollharmonisierung. Nationale Behörden dürfen bei der Anwendung europäischen Rechts keine abweichenden Auslegungen treffen. Bei nationalen Sachverhalten sieht das europäische Wettbewerbsrecht aber einen Raum für mitgliedstaatliche Wettbewerbsbestimmungen vor, die auch von den europäischen Regeln abweichen dürfen.[585] Die Mechanik von GWB und OWiG zeigt, dass das Rechtsträgerprinzip im deutschen Recht eine stärkere Bedeutung hat als im Unionsrecht.[586] Eine Durchbrechung dieses Prinzips, um einen Gleichlauf mit dem Unionsrecht zu erreichen, obwohl das Unionsrecht dies nicht verlangt, ist daher nicht angezeigt.

Es ist unbestritten, dass es einzelne Pflichten gibt, die die Leitung eines Konzernes betreffen, z. B. die Pflicht der Muttergesellschaft, keine existenzvernichtenden Eingriffe bezüglich der Tochtergesellschaft vorzunehmen.[587] Daneben besteht eine Pflicht der Muttergesellschaft, ihren Beteiligungsbesitz sorgfältig zu verwalten.[588] Letztere Pflicht ist jedoch im Eigeninteresse der Muttergesellschaft zu erfüllen, so dass diese nur eine Konzernleitungspflicht gegenüber der eigenen Gesellschaft

---

583   *Ost*, NZKart 2013, 25 (26 f.).

584   Vgl. Ausführungen in Teil 3 A.

585   Art 3 VO 1/2003; *BGH*, Beschluss vom 16.12.2014 – KRB 47/13 Silostellgebühren III, NJW 2015, 2198 (2200); *Hülsen/Kasten*, NZKart 2015, 296 (299); Dannecker/Biermann, in: Immenga/Mestmäcker, et al., Vor § 81 GWB, Rn. 23; *Schreitter*, NZKart 2016, 253 (258).

586   Vgl. *BGH*, Beschluss vom 01.12.1981 – KRB 3/79 Transportbeton, GRUR 1982, 244 (247); *BGH*, Beschluss vom 10.08.2011 – KRB 55/10 Versicherungsfusion, NJW 2012, 164 (164 f.); Achenbach, in: Jaeger/Kokott, et al., § 81 GWB, Rn. 198; *BGH*, Beschluss vom 16.12.2014 – KRB 47/13 Silostellgebühren III, NJW 2015, 2198 (2200).

587   *BGH*, Urteil vom 13.05.2004 – 5 StR 73/03 Bremer Vulkan, NJW 2004, 2248 (2248, 2253).

588   *Verse*, ZHR 2011, 401 (407 f.); *Huber*, Die Reichweite konzernbezogener Compliance-Pflichten des Mutter-Vorstands des AG-Konzerns, 144 f; Fleischer, in: Spindler/Stilz, § 76 AktG, Rn. 84.

begründen kann.[589] Keine der beiden Pflichten lässt sich, einzeln oder zusammen, zu einer grundsätzlichen Konzernleitungspflicht verallgemeinern, die nach § 130 OWiG sorgfältig ausgeübt werden müsste. Eine Verletzung betrifft vielmehr das Innenverhältnis der Gesellschaften und löst eine zivilrechtliche Haftung nach § 91 Abs. 2 AktG oder nach § 826 BGB aus.[590]

Zusammenfassend kann festgestellt werden, dass der Konzern nicht Inhaber des Unternehmens im Sinne des § 130 OWiG ist. Da es keine Sanktionslücke gibt, bleibt es bei der Haftung des Rechtsträgers, soweit nicht die verletzten Aufsichtspflichten von der Muttergesellschaft freiwillig übernommen wurden. Das Verhältnis zwischen Kontrollmöglichkeiten und Verantwortung ist damit im deutschen Kartellordnungswidrigkeitenrecht ausgeglichener als im europäischen Recht.

3. Konkrete Änderungen der 9.GWB-Novelle bezüglich der Unternehmenshaftung

Die 9. GWB-Novelle zielt neben der Reform im Kartellsanktionenrecht auch auf die Anpassung des GWB an die voranschreitende Digitalisierung der Wirtschaft und auf die Umsetzung der Kartellschadensersatzrichtlinie 2014/104/EU. Für die vorliegende Untersuchung relevant sind nur die Änderungen bezüglich der Unternehmenshaftung. Diese werden zunächst inhaltlich ausführlicher dargestellt (a) und sodann bewertet (b).

a) Inhaltliche Änderungen der Unternehmenshaftung und zeitliche Geltung

Die wichtigste materielle Änderung für die kartellrechtliche Haftung des Unternehmens erfolgt durch die Einfügung des neuen Absatzes § 81 Abs. 3a GWB. Die Modifikation zur bisherigen Haftungszurechnung bei juristischen Personen wird besonders bei einer Gegenüberstellung mit der bisher anzuwendenden Vorschrift des § 30 Abs. 1 OWiG deutlich:[591]

§ 81 Abs. 3a GWB (neu eingefügt)

„Hat jemand als Leitungsperson im Sinne des § 30 Absatz 1 Nummer 1 bis 5 des Gesetzes über Ordnungswidrigkeiten

eine Ordnungswidrigkeit nach den [§ 81] Absätzen 1 bis 3 begangen,

durch die

---

589 *Fleischer,* CCZ 2008, 1 (3).
590 *Huber,* Die Reichweite konzernbezogener Compliance-Pflichten des Mutter-Vorstands des AG-Konzerns, 124–125, 144–145; *Mansdörfer/Timmerbeil,* WM 2004, 362 (364).
591 Formatierung durch Verfasserin.

Pflichten, welche das Unternehmen treffen, verletzt worden sind oder das Unternehmen bereichert worden ist oder werden sollte,

so kann auch gegen weitere juristische Personen oder Personenvereinigungen, die das Unternehmen zum Zeitpunkt der Begehung der Ordnungswidrigkeit gebildet haben

und die auf die juristische Person oder Personenvereinigung, deren Leitungsperson die Ordnungswidrigkeit begangen hat,

unmittelbar oder mittelbar einen bestimmenden Einfluss ausgeübt haben, eine Geldbuße festgesetzt werden."

§ 30 Abs. 1 OWiG

„Hat jemand als Leitungsperson [Nr. 1–5]

eine Straftat oder Ordnungswidrigkeit begangen,

durch die

Pflichten, welche die juristische Person oder die Personenvereinigung treffen, verletzt worden sind oder die juristische Person oder die Personenvereinigung bereichert worden ist oder werden sollte,

so kann gegen diese eine Geldbuße festgesetzt werden."

Damit erweitert § 81 Abs. 3a GWB die Zurechnung, die ansonsten allein nach § 30 Abs. 1 OWiG erfolgen würde, um die Zurechnung des Kartellverstoßes zur herrschenden Gesellschaft. Die erweiterte Zurechnung führt jedoch nur bei einem Kartellverstoß durch eine Leitungsperson der Tochter zu einer Haftung der Muttergesellschaft, nicht wenn der Verstoß durch einen Mitarbeiter unterhalb der Leitungsebene begangen wurde. In diesem Fall bleibt es bei der Zurechnung nach § 30 Abs. 1 OWiG. Die Tochtergesellschaft haftet dann nach §§ 130 Abs. 1, 30 Abs. 1 OWiG allein. Da sich die 9.GWB-Novelle nicht auf die Auslegung des Unternehmensinhabers im Sinne des § 130 OWiG auswirkt, bleibt es hier ebenfalls bei der Verantwortlichkeit desjenigen Rechtsträgers, der Aufsichtspflichten auf die betroffene Leitungsperson übertragen hat.

Laut Gesetzesbegründung sind zur Auslegung des § 81 Abs. 3a GWB die Rechtsprechung und Auslegung zu Art. 101 und Art. 102 AEUV heranzuziehen.[592] Demnach soll das Unternehmen als Normadressat des GWB wie das Unternehmen im Sinne des europäischen Kartellrechts zu definieren sein. Maßstab seien die Kriterien der Akzo-Rechtsprechung, d.h. das europäische Konzept der wirtschaftlichen Einheit

---

592   *RegE*, Entwurf eines Neunten Gesetzes zur Änderung des Gesetzes gegen Wettbewerbsbeschränkungen vom 28.09.2016, BT-Drucks. 10207, 89.

soll Anwendung finden. Mutter- und Tochtergesellschaft bilden eine Haftungseinheit, wenn die Tochtergesellschaft ihr Marktverhalten nicht autonom bestimmen kann. Zur Bestimmung der Autonomie sind alle wirtschaftlichen, rechtlichen und organisatorischen Bindungen zwischen den Gesellschaften zu betrachten.[593] In der Gesetzesbegründung wird betont, dass der bestimmende Einfluss auch tatsächlich ausgeübt werden müsse. Dies sei aber regelmäßig auf Grund der Leitungs- und Koordinierungsfunktion der Muttergesellschaft der Fall. Abweichend werde jedoch nicht die Vermutungsregel übernommen, nach der auf europäischer Ebene bei Halten (nahezu) aller Kapitalanteile davon ausgegangen werden könne, dass ein bestimmender Einfluss tatsächlich ausgeübt wurde. Allerdings dürfe auch im deutschen Recht mit Erfahrungssätzen gearbeitet werden.[594]

Aus dem Wortlaut des § 81 Abs. 3a GWB ergibt sich, dass auch die europäische Rechtsprechung zu mehreren hintereinandergeschalteten Gesellschaften als Einheit übernommen wird, da es für eine Haftung ausreicht, wenn der bestimmende Einfluss mittelbar ausgeübt wurde.[595]

Ergebnis der Zurechnung ist, dass die Muttergesellschaft für einen eigenen Verstoß haftet, nicht für die Zuwiderhandlung Dritter.[596] Bezüglich der Bußgeldbemessung selbst nimmt die Reform keine Änderungen vor. Schon seit der 7. GWB-Novelle vom 07.07.2005 bezieht sich die Bußgeldberechnung auf die finanzielle Situation „des Unternehmens", also der wirtschaftlichen Einheit. Damit konnte zwar der Umsatz der Muttergesellschaft Grundlage für die Berechnung der Geldbuße sein, Adressat des Bußgeldbescheides war jedoch bisher nur die kartellbeteiligte abhängige Gesellschaft. Dies ändert sich nun durch die Einführung der Haftung der Muttergesellschaft, da diese auch Sanktionsadressat sein kann. Der neue § 81 Abs. 4a GWB weist darauf hin, dass das jeweilige wirtschaftliche Verhältnis der wirtschaftlichen Einheit insgesamt zu berücksichtigen ist und nicht die

593 *EuGH*, Urteil vom 14.07.1972 – C-48/69, ECLI:EU:C:1972:70 ICI, Slg. 1972, 619 (Rn. 132); *EuGH*, Urteil vom 10.09.2009 – C-97/08 P, ECLI:EU:C:2009:536 Akzo Nobel, Slg. 2009, I-8237 (Rn. 58); *RegE*, Entwurf eines Neunten Gesetzes zur Änderung des Gesetzes gegen Wettbewerbsbeschränkungen vom 28.09.2016, BT-Drucks. 10207, 89.

594 *RegE*, Entwurf eines Neunten Gesetzes zur Änderung des Gesetzes gegen Wettbewerbsbeschränkungen vom 28.09.2016, BT-Drucks. 10207, 90; *EuGH*, Urteil vom 10.09.2009 – C-97/08 P, ECLI:EU:C:2009:536 Akzo Nobel, Slg. 2009, I-8237 (Rn. 60 ff.).

595 *RegE*, Entwurf eines Neunten Gesetzes zur Änderung des Gesetzes gegen Wettbewerbsbeschränkungen vom 28.09.2016, BT-Drucks. 10207, 90; *EuGH*, Urteil vom 20.01.2011 – C-90/09 P, ECLI:EU:C:2011:21 General Quimica, Slg. 2011, I-00001 (Rn. 88); *EuGH*, Urteil vom 19.07.2012 – C-628/10 P, ECLI:EU:C:2012:479 Alliance One International, veröffentlicht in der digitalen Sammlung (Rn. 101); *EuGH*, Urteil vom 08.05.2013 – C-508/11 P, ECLI:EU:C:2013:289 ENI Butadienkautschuk, veröffentlicht in der digitalen Sammlung (Rn. 48).

596 *RegE*, Entwurf eines Neunten Gesetzes zur Änderung des Gesetzes gegen Wettbewerbsbeschränkungen vom 28.09.2016, BT-Drucks. 10207, 90.

finanzielle Situation der einzelnen juristischen Personen, aus denen diese gebildet wird. Dies dient der Klarstellung, dass es bezüglich der Bußgeldbemessung bei der bisherigen Regelung bleibt.[597]

Nach § 81 Abs. 3e GWB haften Mutter- und Tochtergesellschaft gesamtschuldnerisch für das Bußgeld, das gegen die wirtschaftliche Einheit festgesetzt wurde. Die Haftung im Innenverhältnis soll nach den allgemeinen Grundsätzen erfolgen, d.h. dass die Gesamtschuldner die Verteilung untereinander regeln können oder dass sie gerichtlich nach den Verursachungs- und Verschuldensbeiträgen erfolgt.[598]

Da Kartellverstöße häufig über einen längeren Zeitraum erfolgen, ist kurz auf die zeitliche Anwendbarkeit des neuen § 81 Abs. 3a OWiG einzugehen. Diese richtet sich nach den §§ 3 und 4 OWiG, die eine einfachrechtliche Bestätigung des Rückwirkungsverbotes nach Art. 103 Abs. 2 GG darstellen. Dabei muss es sich bei der Einführung des § 81 Abs. 3a OWiG um eine Gesetzesänderung handeln. Dies ist fraglich, da das Bundeskartellamt bereits in seiner ETEX-Entscheidung eine Haftung von Mutter-und Tochtergesellschaft als wirtschaftliche Einheit angenommen hat.[599] Allerdings hat sowohl die Entscheidungspraxis der Gerichte als auch die des Bundeskartellamtes nach der ETEX-Entscheidung stets über § 30 Abs. 1 OWiG auf denjenigen Rechtsträger als Sanktionsadressaten abgestellt, dem der handelnde Mitarbeiter angehörte. Die ETEX-Entscheidung mag damit eine Rechtsauffassung des Bundeskartellamtes wiedergeben, die Gesetzeslage jedoch sah vor der 9. GWB-Novelle keine Sanktionierung von wirtschaftlichen Einheiten vor. Die Änderung (oder Beibehaltung) einer Rechtsauffassung, hier die des Bundeskartellamtes, fällt nicht unter den Begriff der Gesetzesänderung nach § 4 OWiG.[600] Da mit § 81 Abs. 3a GWB eine neue Zurechnungsnorm eingeführt wurde, die den Kreis der Sanktionsadressaten erweitert, liegt eine Gesetzesänderung vor. Daneben spricht der Gesetzgeber in der Gesetzesbegründung selbst von einer Neuregelung der Verantwortlichkeit.[601]

Das Rückwirkungsverbot betrifft alle Voraussetzungen der Ahndbarkeit.[602] Vorliegend ändert sich der Zurechnungsmodus. Das „Neunte Gesetz zur Änderung des Gesetzes gegen Wettbewerbsbeschränkungen" ist am 09.06.2017[603] in Kraft getreten. Damit gilt die gesamtschuldnerische Haftung für Mutter- und Tochtergesellschaft

---

597 *RegE*, Entwurf eines Neunten Gesetzes zur Änderung des Gesetzes gegen Wettbewerbsbeschränkungen vom 28.09.2016, BT-Drucks. 10207, 93.

598 *RegE*, Entwurf eines Neunten Gesetzes zur Änderung des Gesetzes gegen Wettbewerbsbeschränkungen vom 28.09.2016, BT-Drucks. 10207, 90, 93.

599 Vgl. *BKartA*, Entscheidung vom 09.02.2009 – B1-200/06 ETEX.

600 Bohnert/Krenberger u. a., in: Bohnert/Krenberger, et al., § 4 OWiG, Rn. 9; Rogall, in: KK-OWiG, Ellbogen/Senge, § 4 OWiG, Rn. 8.

601 *RegE*, Entwurf eines Neunten Gesetzes zur Änderung des Gesetzes gegen Wettbewerbsbeschränkungen vom 28.09.2016, BT-Drucks. 10207, 86.

602 Rogall, in: KK-OWiG, Ellbogen/Senge, § 4 OWiG, Rn. 8; Dannecker/Biermann, in: Immenga/Mestmäcker, et al., Vor § 81 GWB, Rn. 216.

603 Neuntes Gesetz zur Änderung des Gesetzes gegen Wettbewerbsbeschränkungen vom 01.06.2016, BGBl. I 1416.

für alle Kartellverstöße, die nach diesem Zeitpunkt begannen (§ 4 Abs. 1 OWiG) oder noch nicht beendet waren (§ 4 Abs. 2 OWiG). Falls die Gesetzesänderung zwischen Beendigung und Entscheidung erfolgt, so gilt nach § 4 Abs. 3 OWiG das mildere Gesetz. Dies ist im vorliegenden Fall die Zurechnung nach der alten Rechtslage, d.h. über § 30 Abs. 1 OWiG nur zum Rechtsträger, dem die handelnde Person angehört.

b) Bewertung der neuen Konzernhaftung im Kartellrecht

Auch wenn der deutsche Gesetzgeber mit § 81 Abs. 3a GWB den europäischen Unternehmensbegriff in das deutsche Kartellrecht übernehmen will, so lässt sich die Kritik am europäischen Unternehmensbegriff nicht eins zu eins übertragen. Bei der Frage nach der Vereinbarkeit des Unternehmensbegriffes mit dem Schuldprinzip (1), der Unschuldsvermutung (2) oder dem Grundsatz der Gesetzmäßigkeit von Strafen (3) ist der spezifische Kontext der deutschen Rechtsordnung zu beachten. Die Übernahme des europäischen Kartellhaftungskonzeptes geschieht nicht auf Grund zwingender EU-rechtlicher Vorgaben, sondern aus eigener Entscheidung des Gesetzgebers. Da keine Vollharmonisierung mit europäischem Recht erforderlich ist, kann es zu abweichenden Auslegungen auf deutscher Ebene kommen. Bei einem Gestaltungsspielraum bleiben deutsche Verfassungsprinzipien Maßstab für den deutschen Gesetzgeber und sind in ihrer Anwendung nicht nach dem Solange-II Grundsatz begrenzt.[604]

(1) Grundsatz der persönlichen Verantwortlichkeit/Schuldprinzip[605]

Sowohl zur Geltung des Grundsatzes der persönlichen Verantwortlichkeit im Ordnungswidrigkeitenrecht als auch bezüglich seiner Anwendung auf juristische Personen, gab es schon Entscheidungen des Bundesverfassungsgerichts (BVerfG) bevor die Problematik im Kartellrecht aufkam. Danach handelt es sich bei Bußgeldern für Ordnungswidrigkeiten um strafähnliche Sanktionen, die zwar kein ethisches Unwert-Urteil ausdrücken, aber doch einen missbilligenden Vorwurf. Dies erfordert, dass auch bei Ordnungswidrigkeiten das Verhalten vorwerfbar sein muss, also eine strafrecht(sähn)liche Schuld nachgewiesen wird.[606] Dies gilt auch, wenn der Vorwurf eine juristische Person betrifft.[607] Zu untersuchen ist daher, ob § 81 Abs. 3a GWB den Anforderungen des Grundsatzes der persönlichen Verantwortung genügt (a),

---

604 *BVerfG*, Beschluss vom 22.10.1986 – 2 BvR 197/83 Solange II, NJW 1987, 577; *BVerfG*, Beschluss vom 13.03.2007 – 1 BvF 1/05 TEHG, NVwZ 2007, 927 (938 f.).

605 Auf die Diskussion, inwiefern juristischen Personen Schuld vorgeworfen werden kann, soll hier nicht eingegangen werden. Aus Gründen der Klarheit soll daher im Folgenden von „Verantwortungsprinzip" die Rede sein.

606 *BVerfG*, Beschluss vom 04.02.1958 – 1 BvR 197/53, LMRR 1959, 5 (5); *BVerfG*, Beschluss vom 25.10.1966 – 2 BvR 506/63, GRUR 1967, 213 (215); *BVerfG*, Urteil vom 30.06.1976 – 2 BvR 435/76, NJW 1976, 1883.

607 *BVerfG*, Beschluss vom 04.02.1958 – 1 BvR 197/53, LMRR 1959, 5; *BVerfG*, Beschluss vom 25.10.1966 – 2 BvR 506/63, GRUR 1967, 213.

oder ob diese im Rahmen einer verfassungskonformen Auslegung erfüllt werden können (b).

(1) Verschuldensunabhängige Gesellschafterhaftung statt Vorwerfbarkeit?

In der Gesetzesbegründung für die 9.GWB-Novelle wird bezweifelt, dass das Verantwortungsprinzip auf juristische Personen überhaupt Anwendung finde.[608] Diese Ansicht ergäbe sich bei einer selektiven Lektüre der Entscheidungen des BVerfG. In Entscheidungen, die das Verhalten natürlicher Personen betrafen, leitete das BVerfG das Verantwortungsprinzip nämlich aus dem Rechtsstaatsprinzip nach Art. 20 Abs. 3 GG in Verbindung mit Art. 1 Abs. 1 und Art. 2 Abs. 1 GG ab.[609] Da Art. 1 Abs. 1 GG nicht auf juristische Personen anwendbar ist,[610] könnten sie aus dem Schutzbereich des Verantwortungsprinzips fallen. Für juristische Personen als Sanktionsadressaten ergibt sich das Verantwortungsprinzip jedoch laut BVerfG aus Art. 20 Abs. 3 GG in Verbindung mit Art. 2 Abs. 1 GG.[611] Das Verantwortungsprinzip gilt damit auch für juristische Personen und ist als Verfassungsgrundsatz bei der Auslegung von § 81 Abs. 3a GWB zu beachten.

Die Haftungsregelung des § 81 Abs. 3a GWB könnte gegen das Verantwortungsprinzip verstoßen, da sich die Verantwortung der Muttergesellschaft nicht mehr nur auf das Verhalten ihrer eigenen Organe bezieht, sondern über ihren Organisationskreis als juristische Person hinaus geht.[612] Dagegen ist jedoch einzuwenden, dass das Urteil des BVerfG, auf dem dieses Argument basiert, ein anderes Verhältnis zweier juristischer Personen zum Gegenstand hatte: In der zu entscheidenden Fallkonstellation ging es um die Vorwerfbarkeit von Verhalten einer juristischen Person mit der die Beschwerdeführerin zwar ein Geschäftsverhältnis, aber keinerlei gesellschaftsrechtliche Verbindungen hatte. Die beiden betroffenen juristischen Personen hatten damit zwei strikt voneinander getrennte Organisationskreise. Dies ist bei der Haftung nach § 81 Abs. 3a GWB anders, da die Muttergesellschaft einen bestimmenden Einfluss ausgeübt, sprich einen Eingriff in die Willensbildung der abhängigen juristischen Person vorgenommen haben muss. Darüber hinaus könnte zu berücksichtigen sein, dass sich seit 1966 die Rechtsumgebung geändert hat.[613] Eine Muttergesellschaft kann einen größeren Wirkkreis haben, der über das Handeln

---

608 *RegE*, Entwurf eines Neunten Gesetzes zur Änderung des Gesetzes gegen Wettbewerbsbeschränkungen vom 28.09.2016, BT-Drucks. 10207, 87; *Ackermann*, ZHR 2015, 538 (550).

609 *BVerfG*, Beschluss vom 14.01.2004 – 2 BvR 564/95, JuS 2004, 1092.

610 Herdegen, in: Maunz/Dürig, Art. 1 GG, 72.

611 *BVerfG*, Beschluss vom 25.10.1966 – 2 BvR 506/63, GRUR 1967, 213; *Suchsland/Rossmann*, NZKart 2016, 342; Achenbach, in: Jaeger/Kokott, et al., § 81 GWB, Rn. 251.

612 Erforderlich nach *BVerfG*, Beschluss vom 25.10.1966 – 2 BvR 506/63, GRUR 1967, 213; *Brettel/Thomas*, Compliance und Unternehmensverantwortlichkeit im Kartellrecht, 54.

613 Angedeutet in *RegE*, Entwurf eines Neunten Gesetzes zur Änderung des Gesetzes gegen Wettbewerbsbeschränkungen vom 28.09.2016, BT-Drucks. 10207, 87.

der eigenen Organe hinausgeht. Erweitert sich der Organisationskreis, aus dem heraus eine vorwerfbare Handlung erfolgen kann, so könnte die Verantwortlichkeit ebenfalls auszuweiten sein.[614]

Allerdings kann die Erweiterung des Organisationskreises nicht beliebig über die Grenzen des Trennungsprinzips hinweg erfolgen. Insofern ist kritisch zu bewerten, dass nach § 81 Abs. 3a GWB der mittelbare Einfluss für eine Haftung der lenkenden Gesellschaft ausreicht. Es soll genügen, wenn ein bestimmender Einfluss über mehrere hintereinander geschaltete Gesellschaften ausgeübt wurde, ohne dass ein direkter Kontakt zwischen lenkender Gesellschaft und kartellbeteiligter Gesellschaft besteht. Dies könnte zu einer Haftung auf Grund Gruppenzugehörigkeit führen, da die gesellschaftlichen Entwicklungen nicht zur Aufhebung des Trennungsprinzips geführt haben. Bei dieser Art der Haftung sei es aber inkonsequent, dass nicht auch Geschwistergesellschaften als Teil der wirtschaftlichen Einheit über § 81 Abs. 3a GWB hafteten.[615] Hier ist jedoch präzise zu trennen: Geschwistergesellschaften mögen als Teil eines Konzerns miteinander verbunden sein, mithin einen „Gesamtkonzern" bilden. Solange jedoch nicht eine Schwestergesellschaft einen bestimmenden Einfluss auf die andere ausübt, stellen sie keine wirtschaftliche Einheit im Sinne des Kartellrechts dar. Die wirtschaftliche Einheit, die Adressat von § 1 und § 81 Abs. 3a GWB ist, besteht nur in der am Verstoß beteiligten Tochtergesellschaft und derjenigen Gesellschaft, die auf diese einen bestimmenden Einfluss ausgeübt hat. Eine Obergesellschaft bildet mit jeder ihrer Tochtergesellschaften jeweils separate wirtschaftliche Einheiten im Sinne des Kartellrechts. Auch wenn mit § 81 Abs. 3a GWB die Sanktionsmöglichkeit erweitert wird, so bezieht sich diese nur auf die wirtschaftliche Einheit im engeren (kartellrechtlichen) Sinn. Darüber hinaus erfolgt die Sanktionierung nicht allein auf Grund bloßer Gruppenzugehörigkeit, sondern auf Grund des bestimmenden Einflusses bezüglich des Marktverhaltens. Die Steuerung der Marktteilnehmer erfolgt nicht nur durch die Normierung des Kartellverbotes nach § 1 GWB, sondern auch durch Sanktionierung nach § 81 GWB.[616] Ist ein bestimmtes Marktverhalten verboten, so ist es nachvollziehbar, wenn diejenige Organisation, die auf das Marktverhalten des Akteurs bestimmenden Einfluss hat, auch in den Sanktionskreis einbezogen wird. Die handelnde Leitungsperson stellt eine Art Vertreterin der Muttergesellschaft bei der Umsetzung der Geschäftspolitik dar, auch wenn sie formal keine Vertretungsperson ist.

Eingewandt werden könnte, dass die Ausweitung der Sanktionssubjekte unzulässig sei, da das Kriterium der Vorwerfbarkeit als Verfassungsgrundsatz nicht zur Disposition des Gesetzgebers stünde. Da sich die neue Haftung des § 81 Abs. 3a GWB aus Strukturfragen ergebe und nicht aus dem Verhalten der lenkenden Gesellschaft, definiere der Gesetzgeber einen zusätzlichen Sanktionsadressaten, ohne dass sich

614   *Ost/Kallfaß u.a.*, NZKart 2016, 447 (457).
615   *Brettel/Thomas*, WuW 2016, 336 (338).
616   *RegE*, Entwurf eines Neunten Gesetzes zur Änderung des Gesetzes gegen Wettbewerbsbeschränkungen vom 28.09.2016, BT-Drucks. 10207, 87.

die Situation der Vorwerfbarkeit geändert habe.[617] Dagegen ist zunächst darauf hinzuweisen, dass die Entscheidung, welches und wessen Verhalten zu missbilligen ist, sehr wohl dem Gesetzgeber zusteht. Diese Befugnis ergibt sich ebenfalls aus Art. 103 Abs. 2 GG, nämlich aus dem Gesetzesvorbehalt.[618] Außerdem bezieht sich die Vorwerfbarkeit nicht auf eine reine Strukturfrage, sondern auf ein Verhalten – der kartellrechtlichen Zuwiderhandlung. Es wird an das Verhalten einer natürlichen Person angeknüpft und dieses durch die neue Regelung einer juristischen Person gesetzlich zugerechnet. Auch bei einer Haftung nach § 30 Abs. 1 OWiG erfolgt ein Bezug zu dem Verhalten der natürlichen Person, ohne dass argumentiert würde, dass die Haftung der juristischen Person auf reinen Strukturfragen und ohne Vorwerfbarkeit basiere. Ansonsten müsste auch die Verfassungsmäßigkeit von § 30 Abs. 1 OWiG in Frage gestellt werden.

Andererseits gibt es bei § 81 Abs. 3a GWB einen signifikanten Unterschied zur bisherigen Regelung des § 30 Abs. 1 OWiG: Erstere stellt auf das Verhalten einer Leitungsperson einer *anderen* juristischen Person ab, § 30 Abs. 1 GWB auf das Verhalten einer *eigenen* Leitungsperson. Fraglich ist daher, ob die Wertung des § 30 Abs. 1 OWiG ohne Weiteres auf die neue Regelung übertragen werden kann. Hintergrund der Zurechnung nach § 30 Abs. 1 OWiG ist ein Organisations*vor*verschulden, das die Haftung für das Verhalten einer eigenen Vertretungsperson hervorruft.[619] Für eine parallele Bewertung der neuen Regelung spricht der Gleichlauf der Wortwahl mit § 30 Abs. 1 OWiG. Andererseits fußt § 81 Abs. 3a GWB auf dem europäischen Unternehmensbegriff, nach dem die Muttergesellschaft als Teil der wirtschaftlichen Einheit auf Grund eines *eigenen* Verstoßes, nach Zurechnung fremden Verhaltens, haftet. Der Gedanke eines Organisationsvorverschuldens besteht auf europäischer Ebene nicht. Dies zeigt auch die Tatsache, dass auf europäischer Ebene eine Haftung für Verstöße aller Mitarbeiter besteht, § 30 Abs.1 OWiG die Zurechnung von Zuwiderhandlungen jedoch auf Leitungspersonen begrenzt. Nach § 30 Abs. 1 OWiG haftet die juristische Person für Leitungspersonen, weil sie durch sie handelt. Der neue § 81 Abs. 3a GWB weicht an dieser Stelle explizit sowohl vom europäischen Recht ab, da nur Kartellverstöße von Leitungspersonen zugerechnet werden können, als auch von der deutschen Regelung, da auch für das Verhalten von Leitungspersonen einer anderen juristischen Person gehaftet werden soll. Die Abweichung von der bisherigen Zurechnung nach § 30 Abs. 1 OWiG begründet sich in dem Ziel der grundsätzlichen Übernahme des europäischen Kartellhaftungsregimes. Zum Hintergrund der Abweichung vom europäischen Kartellrecht findet sich in den Gesetzesmaterialien nichts. Es kann sich jedoch um einen Kompromiss zwischen deutscher und europäischer Rechtsordnung handeln: Der Gesetzgeber strebt zwar eine Harmonisierung des deutschen Rechts mit dem europäischen Recht bei

---

617 *Brettel/Thomas*, WuW 2016, 336 (338).
618 *BVerfG*, Beschluss vom 23.10.1985 – 1 BvR 1053/82, NJW 1986, 1671 (1671 f.); *Ost/ Kallfaß u.a.*, NZKart 2016, 447 (456).
619 Vgl. Teil 4 B I 2.

dem Begriff des Kartellrechtsadressaten an. Der weite Ansatz des Unionsrechts zur Konzernhaftung soll aber in die bisherige Systematik der kartellrechtlichen Haftung von juristischen Personen eingefügt werden. Die lenkende Gesellschaft haftet nach der neuen Regelung für das Verhalten vertreterähnlicher Personen. Daraus folgt, dass die Muttergesellschaft zwar nicht mehr nur für das Handeln eigener Organe, aber auch nicht auf Grund bloßer Zugehörigkeit zu einer wirtschaftlichen Einheit verantwortlich gemacht wird.[620] Der Gedanke des Organisationsvorverschuldens wird auf das Verhältnis von Mutter- und Tochtergesellschaft übertragen. Dies ist die Begründung für die Zurechnung des Kartellverstoßes, so dass es nicht grundsätzlich an einer Vorwerfbarkeit von Verhalten fehlt. Kritisch ist jedoch zu bewerten, dass gemäß Wortlaut der mittelbare Einfluss auf die Geschäftspolitik für eine Zurechnung ausreichen soll. Bei mehreren hintereinander geschalteten Gesellschaften stellt sich damit die Frage, ob der Täter tatsächlich noch aus einer vertreterähnlichen Position heraus handelte, oder ob sich der Schwerpunkt der Vorwerfbarkeit nicht doch auf einen Strukturbezug verlagert. Denn die Möglichkeit der Steuerung bzw. der Ausübung bestimmenden Einflusses ergibt sich gerade aus der Gesellschafterstellung der Obergesellschaft. Struktur und Verhalten sind in dieser Konstellation miteinander verwoben. Nicht verfangen kann darum ebenfalls die Kritik, die Obergesellschaft hafte nicht strukturell auf Grund ihrer Gesellschafterstellung, sondern allein wegen der Steuerung der wirtschaftlichen Einheit.[621]

Dann stellt sich die Frage, ob der Schwerpunkt des Vorwurfes noch eng genug mit der Anknüpfungstat verbunden ist. Denn Anknüpfungselement für die Zurechnung nach § 81 Abs. 3a GWB ist der bestimmende Einfluss der Muttergesellschaft. Der Kartellverstoß stellt zwar ein vorwerfbares Verhalten dar. Jedoch muss sich der Einfluss der Muttergesellschaft laut Gesetzesmaterialien nicht auf diesen beziehen, um eine Zurechnung auszulösen.[622] Besonders stark zeigt sich dieses, wenn es um die Haftung für mehrstufig hintereinander geschaltete Gesellschaften geht, da der mittelbare bestimmende Einfluss ausreicht. Die Muttergesellschaft haftet nach Wortlaut und Intention des Gesetzgebers auch für eine Gesellschaft in dritter oder noch weiterer Reihe, auf die sie mittels Zwischengesellschaften bestimmenden Einfluss ausübt, indem sie auf die jeweiligen Zwischengesellschaften ebenfalls bestimmenden Einfluss ausgeübt hat. Es wird davon ausgegangen, dass der bestimmende Einfluss kaskadenartig weitergetragen wird.[623] Ein unmittelbarer Einfluss, oder auch nur ein unmittelbares gesellschaftsrechtliches Verhältnis zu der kartellbeteiligten Gesellschaft ist nicht erforderlich. Der Abstand zwischen Verstoß und Anknüpfungspunkt

---

620 Anderer Ansicht: *Brettel/Thomas*, WuW 2016, 336; *Brettel/Thomas*, Compliance und Unternehmensverantwortlichkeit im Kartellrecht, 13, 21.

621 *Ost/Kallfaß u.a.*, NZKart 2016, 447 (456).

622 *RegE*, Entwurf eines Neunten Gesetzes zur Änderung des Gesetzes gegen Wettbewerbsbeschränkungen vom 28.09.2016, BT-Drucks. 10207, 89.

623 Von „Zurechnungskaskaden" spricht im Rahmen der Diskussion über eine Konzernleitungspflicht nach § 130 Abs. 1 OWiG Gürtler, in: Göhler/Gürtler, et al., § 130 OWiG, Rn. 5a.

für die Haftung der lenkenden Gesellschaft ist damit jedoch in Anbetracht der Tatsache, dass es sich bei dem Kartellverbot um einen Verschuldenstatbestand handelt, unverhältnismäßig. Dieser Abstand wird dadurch verschärft, dass sich der bestimmende Einfluss auf einen weiten Begriff der Geschäftspolitik bezieht. Anders als auf europäischer Ebene wird der Einfluss im deutschen Recht bei hundertprozentiger Kapitalbeteiligung zwar nicht vermutet, sondern muss nachgewiesen werden.[624] Darüber hinaus haftet die Muttergesellschaft auf europäischer Ebene für das Verhalten aller Mitarbeiter abhängiger Gesellschaften. Im deutschen Recht besteht die Haftung nur für deren Leitungspersonen. Diese Einschränkungen reichen jedoch nicht, um das entfremdete Verhältnis zwischen Vorwerfbarkeit und Anknüpfungselement wieder angemessen anzunähern. Die Muttergesellschaft haftet für eine Person, bezüglich derer sie keine direkten Auswahl- und Kontrollmöglichkeiten hatte und auf Grund der Vorgaben in der Geschäftspolitik, bei denen unerheblich ist, inwiefern sie für den konkreten Kartellverstoß relevant waren. Dies zeigt, dass die Muttergesellschaft nach der neuen Regelung des § 81 Abs. 3a GWB in einer Art Kaskadenhaftung keine realistische Möglichkeit eines rechtmäßigen Alternativverhaltens hat. Dies ist jedoch wesentlicher Bestandteil des Verantwortungsprinzips.[625] Überlegt werden könnte höchstens, dass es auch nach § 30 Abs. 1 OWiG unerheblich ist, ob der juristischen Person, der ein Rechtsverstoß zugerechnet wird, ein alternatives Verhalten möglich war. Das Alternativverhalten bezieht sich nämlich grundsätzlich nur auf den Täter der Anknüpfungstat. Bei § 30 Abs. 1 OWiG wird jedoch davon ausgegangen, dass die juristische Person durch organisatorische Maßnahmen auf ein rechtmäßiges Alternativverhalten hinwirken konnte. Diese bestehen jedoch im Verhältnis der lenkenden Gesellschaft zur Leitungsperson der abhängigen Gesellschaft nicht. Vorwerfbarkeit und Vorwurf gegenüber der lenkenden Gesellschaft stehen damit nicht mehr in einem angemessenen Zusammenhang. Folgt man der Regelungsintention des Gesetzgebers, dann verstößt die neue Haftungsregelung des § 81 Abs. 3a GWB gegen das Verantwortungsprinzip.

Die Gestaltung der Neuregelung und das Auseinanderdriften von Vorwerfbarkeit und Anknüpfungselement könnte auch bedeuten, dass der Gesetzgeber mit der Neuregelung eine Abkehr vom Verantwortungsprinzip bezweckt. Andererseits bindet das Verantwortungsprinzip als Verfassungssatz auch den Gesetzgeber. Hätte dieser bei der Fassung von § 81 Abs. 3a GWB vom Verantwortungsprinzip abweichen wollen, dann „hätte eine ausdrückliche Normierung nahegelegen, aus der sich ein normativer Paradigmenwechsel [...] zweifelsfrei ergeben hätte."[626] Die Parallelität zu § 30 Abs. 1 OWiG stellt ebenfalls ein Indiz gegen eine Abkehr vom

---

624   Siehe nachfolgend Teil 4 A II 3 b) (2).

625   *Brettel/Thomas,* Compliance und Unternehmensverantwortlichkeit im Kartellrecht, 89; *Brettel/Thomas,* WuW 2016, 336 (338); *Achenbach,* in: Hdb. Wirtschaftsstrafrecht (8).

626   In anderem Zusammenhang: *BGH*, Beschluss v. 26.02.2013 vom 26.02.2013 – KRB 20/12 Grauzement, NJW 2013, 1972 (1973).

Verantwortungsprinzip dar. Da die aktuelle Regelung des § 81 Abs. 3a GWB den Anforderungen des Verantwortungsprinzips aber nicht genügt, ist sie verfassungswidrig.

(ii) Verfassungskonforme Auslegung des § 81 Abs. 3a GWB

Möglicherweise lassen sich Vorwerfbarkeit und Anknüpfungselement durch eine verfassungskonforme Auslegung einander in ausreichendem Maße annähern, denn eine verfassungskonforme Auslegung ist der Nichtigkeit eines Gesetzes vorzuziehen.[627] Kriterien für die verfassungskonforme Auslegung sind die Vereinbarkeit mit dem Wortlaut und mit dem Willen des Gesetzgebers, der sich im Gesetzeszweck widerspiegelt. Maßgeblich für die Bestimmung des Gesetzeszwecks ist ebenfalls der Wortlaut.[628]

Der Wortlaut von § 81 Abs. 3a GWB spezifiziert nicht, worauf sich der bestimmende Einfluss inhaltlich beziehen soll. Aus den Gesetzesmaterialien ergibt sich zwar, dass die Übernahme des europäischen Unternehmensbegriffes dazu führen soll, dass der bestimmende Einfluss das Marktverhalten und die generelle Geschäftspolitik der Tochtergesellschaft betrifft.[629] Wenn diese Auslegung jedoch gegen das Verantwortungsprinzip verstößt, dann muss untersucht werden, ob die Regelung verfassungskonform ausgelegt werden kann. Maßgeblich ist der Wortlaut der Norm. Die Ausführungen in den Gesetzesmaterialien sind für die Auslegung nicht grundsätzlich ausschlaggebend.[630] Es ist zulässig, durch die verfassungskonforme Auslegung den gesetzgeberischen Willen zu begrenzen.[631] Ausgangspunkt für die verfassungskonforme Auslegung ist die vertreterähnliche Position, die die kartellbeteiligte Gesellschaft und die betroffene Leitungsperson für die Obergesellschaft einnehmen. Um dem Verantwortungsprinzip zu genügen, kommen zwei verschiedene Ansätze einer verfassungskonformen Auslegung des § 81 Abs. 3a GWB in Betracht:

Zum einen könnte die Norm so gelesen werden, dass sich der bestimmende Einfluss auf das Marktverhalten und auf die Geschäftspolitik im kartellbeteiligten Bereich beziehen muss. Der Vorwurf würde sich dann wieder in Richtung Kartellverstoß verschieben. Die lenkende Gesellschaft haftet dann, weil die abhängige Gesellschaft vertreterähnlich für sie am Markt handelt.

Zum anderen könnte der Fokus auf die Leitungsperson der abhängigen Gesellschaft gelegt werden, indem der bestimmende Einfluss auf die Auswahl- und

---

627 *BVerfG*, Beschluss vom 07.05.1953 – 1 BvL 104/52, NJW 1953, 1057 (1059).

628 *BVerfG*, Beschluss vom 07.05.1953 – 1 BvL 104/52, NJW 1953, 1057 (1059); *BVerfG*, Beschluss vom 11.06.1958 – 1 BvL 149/52, NJW 1958, 1227.

629 *RegE*, Entwurf eines Neunten Gesetzes zur Änderung des Gesetzes gegen Wettbewerbsbeschränkungen vom 28.09.2016, BT-Drucks. 10207, 89.

630 *BVerfG*, Beschluss vom 11.06.1958 – 1 BvL 149/52, NJW 1958, 1227; *BGH*, Beschluss v. 26.02.2013 vom 26.02.2013 – KRB 20/12 Grauzement, NJW 2013, 1972 (1973).

631 *BVerfG*, Beschluss vom 11.06.1958 – 1 BvL 149/52, NJW 1958, 1227.

Kontrollmöglichkeiten hinsichtlich der Leitungsperson bezogen wird.[632] Die Leitungsperson handelt dann nicht nur als Vertreter der eigenen juristischen Person, sondern auch vertreterähnlich für die lenkende Gesellschaft, die durch diese Person ihre Geschäftspolitik umgesetzt sieht. Diese Auslegung wäre zwar weiter entfernt von den Gesetzesmaterialien und würde das zusätzliche Tatbestandsmerkmal „Organisationsverschulden" in Form einer Aufsichtspflichtverletzung einführen. Sie ist aber näher an dem Gedanken des § 30 Abs. 1 OWiG und dem Verschuldensvorwurf, da auf die Beziehung zwischen der Muttergesellschaft und der handelnden natürlichen Person geschaut wird.

Die Sanktionsandrohung wird durch beide Auslegungsansätze begrenzt, nicht erweitert, so dass die verfassungskonforme Auslegung nicht zu einer Verletzung von Art. 103 Abs. 2 GG führt. Beide Auslegungsansätze entsprechen auch dem Gesetzeszweck, da es bei einer grundsätzlichen Haftungserweiterung auf die lenkende Konzerngesellschaft als letztendliche Bestimmerin des Marktverhaltens bleibt.

Zu favorisieren ist jedoch die erste Auslegungsmöglichkeit. Durch die Normierung der Konzernhaftung im GWB und nicht im OWiG hat sich der Gesetzgeber für einen speziell kartellrechtlichen Ansatz entschieden. Denkbar gewesen wäre auch eine Erweiterung des § 30 Abs. 1 OWiG oder des § 130 Abs. 1 OWiG um eine Konzernleitungspflicht. Letzteres wurde während des Gesetzgebungsprozesses auch vorgeschlagen, aber ohne Diskussion nicht weiter verfolgt.[633] Dem entspricht es, den Schwerpunkt auf das konkrete Marktverhalten (Inhalt) und nicht auf die Umsetzung desselben (Organisation) zu legen. Daneben erfüllt dieser Auslegungsansatz einen weiteren Rechtsgedanken, sowohl des § 30 OWiG als auch der Kartellgeldbuße, der ebenfalls durch die Neuregelung übernommen werden soll: Die Geldbuße soll das zu wirtschaftlichen Zwecken eingesetzte Vermögen treffen und rechtswidrig erlangte Vorteile ausgleichen.[634] Hierfür ist es zweckdienlicher, für den bestimmenden Einfluss auf das Marktverhalten abzustellen, da durch dieses der rechtswidrige Vorteil generiert wird.

(2) Unschuldsvermutung und die europäische Vermutungsregel

Die Unschuldsvermutung ergibt sich aus dem Rechtsstaats- und aus dem Verantwortungsprinzip.[635] Die Tatsachen, die den Tatbestand und den Schuldvorwurf erfüllen, müssen von der Verfolgungsbehörde einwandfrei festgestellt werden. Verbleiben

---

632   Im Kontext der Diskussion um ein Unternehmensstrafrecht: *Wagner*, ZGR 2016, 112 (133).

633   *Brettel/Thomas,* Compliance und Unternehmensverantwortlichkeit im Kartellrecht, 65.

634   *BVerfG*, Beschluss vom 20.08.2015 – 1 BvR 980/15 Melitta, NJW 2015, 3641 (3642); *Ost/Kallfaß u.a.*, NZKart 2016, 447 (457); *Brettel/Thomas,* Compliance und Unternehmensverantwortlichkeit im Kartellrecht, 26.

635   Rogall, in: KK-OWiG, Ellbogen/Senge, Vorbemerkungen, Rn. 21; Bohnert/Krenberger/Krumm, in: Bohnert/Krenberger, et al., § 3 OWiG, Rn. 18.

Zweifel, so wirken sich diese zu Gunsten des Betroffenen aus. Die Unschuldsver-mutung gilt auch für juristische Personen.[636]

Bestandteil der europäischen Entscheidungspraxis zum Unternehmensbegriff ist die Vermutung, dass bei hundertprozentigem Kapitalbesitz der Muttergesell-schaft vermutet werden kann, dass diese einen bestimmenden Einfluss auf die Toch-tergesellschaft tatsächlich ausgeübt hat (Vermutungsregel).[637] Dies könnte mit der Unschuldsvermutung unvereinbar sein.

Die Neuregelung des § 81 Abs. 3 GWB soll das deutsche mit dem europäischen Kartellrecht harmonisieren, bezüglich der Vermutungsregel ändert sich die Rechts-lage jedoch nicht. Die Vermutungsregel des europäischen Kartellrechts soll ausweis-lich der Gesetzesmaterialien nicht übernommen werden.[638] Schon vor der aktuellen Reform hat der Gesetzgeber betont, dass die Unschuldsvermutung im deutschen Bußgeldverfahren eine stärkere Rolle spielt, als auf europäischer Ebene.[639]

Im deutschen Recht ist Voraussetzung für eine Sanktionierung die volle rich-terliche Überzeugung, dass alle tatbestandserfüllenden Tatsachen vorliegen.[640] Die Ablehnung der europäischen Vermutungsregel führt jedoch nicht dazu, dass nicht auch im Kartellbußgeldverfahren mit Vermutungen gearbeitet wird. Diese ergeben sich aus Erfahrungssätzen, die mit zusätzlichen Indizien zur Gewissheit und da-mit zur ausreichenden richterlichen Überzeugung führen können.[641] Damit ergibt sich für das deutsche Recht eine Rechtslage, wie sie vor der Akzo-Entscheidung des EuGHs auch auf europäischer Ebene diskutiert wurde:[642] Die Quantität des Kapitalbesitzes allein reicht nicht für den Beweis der tatsächlichen Ausübung des bestimmenden Einflusses, hinzukommen müssten andere Indizien. Der EuGH hat sich der Argumentation der Kommission angeschlossen, dass allein der Kapitalbesitz ohne zusätzliche Umstände für die erfolgreiche Anwendung der Vermutungsregel ausreiche.[643] Die deutsche Rechtspraxis hingegen verlangt zusätzliche Indizien, um

---

636 *BVerfG*, Beschluss vom 04.02.1958 – 1 BvR 197/53, LMRR 1959, 5.

637 Vgl. Teil 3 A I 1 und III 3.

638 *RegE*, Entwurf eines Neunten Gesetzes zur Änderung des Gesetzes gegen Wett-bewerbsbeschränkungen vom 28.09.2016, BT-Drucks. 10207, 90.

639 *RegE*, Entwurf eines Siebten Gesetzes zur Änderung des Gesetzes gegen Wett-bewerbsbeschränkungen, BT-Drucks. 15/3640, 26, 44, 54.

640 *BVerfG*, Beschluss vom 04.02.1958 – 1 BvR 197/53, LMRR 1959, 5; Raum, in: Bunte/Langen, et al., § 81 GWB, Rn. 167.

641 *BGH*, Beschluss vom 28.06.2005 – KRB 2/05 Berliner Transportbeton, NZBau 2006, 54 (56); *BGH*, Beschluss v. 26.02.2013 vom 26.02.2013 – KRB 20/12 Grauzement, NJW 2013, 1972 (1975); *RegE*, Entwurf eines Neunten Gesetzes zur Änderung des Gesetzes gegen Wettbewerbsbeschränkungen vom 28.09.2016, BT-Drucks. 10207, 90.

642 *EuGH*, Urteil vom 16.11.2000 – C-286/98 P, ECLI:EU:C:2000:630 Stora Koppar-bergs, Slg. 2000, I-9945 (Rn. 28 ff.); *EuG*, Urteil vom 26.04.2007 – T-109/02, ECLI:EU:T:2007:115 Bolloré, Slg. 2007, II-00947 (Rn. 132).

643 *EuGH*, Urteil vom 10.09.2009 – C-97/08 P, ECLI:EU:C:2009:536 Akzo Nobel, Slg. 2009, I-8237 (Rn. 61 ff.).

den Erfahrungssatz bei herrschendem Kapitalbesitz zu einer vollen richterlichen Überzeugung von der tatsächlichen Einflussnahme zu verdichten. Dies soll auch nach der aktuellen Reform beibehalten werden.[644]

Der deutschen Regelung begegnen daher keine entsprechenden Bedenken bezüglich der Vereinbarkeit mit der Unschuldsvermutung wie der europäischen Vermutungsregel.

(3) Gesetzmäßigkeit von Strafen und Bestimmtheitsgrundsatz

Das Prinzip der Gesetzmäßigkeit von Strafen und der Bestimmtheitsgrundsatz ergeben sich im deutschen Recht aus Art. 103 Abs. 2 GG. Im Kapitel über das europäische Kartellrecht wurde kritisiert, dass der Unternehmensbegriff vorwiegend von der Kommission als Verfolgungsbehörde ohne gesetzliche Vorgaben entwickelt wurde.[645] Im deutschen Recht erfolgt die Einführung des Unternehmensbegriffes hingegen durch den Gesetzgeber. Problematisch bezüglich der Bestimmtheit des § 81 Abs. 3a GWB könnte höchstens sein, dass nicht definiert wird, worauf sich der bestimmende Einfluss bezieht, der erforderlich ist, um eine Konzernhaftung auszulösen. Aus den Gesetzesmaterialien und der geschichtlichen Entstehung wird jedoch klar, dass es sich um den Einfluss auf das Marktverhalten der Tochtergesellschaft handeln soll. Auch bei einer verfassungskonformen begrenzenden Auslegung, die auf den Einfluss im kartellbeteiligten Bereich abstellt, sind Sanktionsadressat und Tatbestand hinreichend gesetzlich bestimmt. Darüber hinaus haftet die Muttergesellschaft anders als im EU-Recht nur, wenn eine Leitungsperson der Tochter am Verstoß beteiligt war. Damit ist zwar ebenfalls nicht erforderlich, dass ein eigenhändiges Verschulden der Muttergesellschaft vorliegt. Der Personenkreis, für den eine Haftung übernommen wird, ist jedoch überschaubarer. Damit ist § 81 Abs. 3a GWB hinreichend bestimmt.

4. Zwischenfazit zur kartellrechtlichen Haftung des Unternehmens

Wird der Kartellverstoß durch eine Leitungsperson begangen, so kennt das deutsche Recht seit der 9. GWB-Novelle mit § 30 Abs. 1 OWiG und § 81 Abs. 3a GWB zwei Zurechnungsnormen, die zur Haftung eines Verbandes führen können. Letztere führt zu einer Ausnahme vom bisher geltenden Rechtsträgerprinzip und muss verfassungskonform ausgelegt werden, um nicht gegen das Verantwortungsprinzip zu verstoßen. Das europäische Haftungskonzept der wirtschaftlichen Einheit kann nur unter dieser Einschränkung in das deutsche Recht integriert werden.

Es bleibt auch nach der aktuellen Reform grundsätzlich dabei, dass sich aus der Zweigleisigkeit bei Norm- und Bußgeldadressat ein dissoziativer Zustand ergibt. Normadressat nach § 1 GWB und nach Art. 101 AEUV ist die wirtschaftliche Einheit.

---

644 *RegE*, Entwurf eines Neunten Gesetzes zur Änderung des Gesetzes gegen Wettbewerbsbeschränkungen vom 28.09.2016, BT-Drucks. 10207, 90.

645 Vgl. Teil 3 A III 4.

Diese ist aber nicht rechtsfähig, daher wird bei der Sanktion auf die dahinterstehenden juristischen Personen abgestellt. Auch der neue § 81 Abs. 3a GWB löst diese Spaltung nicht auf, sondern versucht die beiden Kategorien zu verknüpfen. Die Fiktion der juristischen Person führt zwangsläufig zu dogmatischen Kompromissen bei deren Sanktionsfähigkeit. Kommission und EuGH betonen, dass das Unternehmen für einen eigenen Verstoß sanktioniert wird. Diese Sanktion ist aber immer abhängig von der Handlung einer natürlichen Person. Daher trifft die Aussage, dass die Haftung des Unternehmens „weder derivativ noch akzessorisch" sei,[646] nur im engeren Sinn der Haftungskategorien zu. Auch die Zurechnung stellt letztendlich eine wertende Fiktion dar, die im deutschen Recht nun wenigstens durch § 81 Abs. 3a GWB gesetzlich vorgenommen wird.

B. Möglichkeiten der Compliance Defence

Nachdem im vorherigen Teil dargestellt wurde, wer Haftungsadressat eines Kartellverstoßes nach deutschem Recht ist, sollen nun die Möglichkeiten einer Compliance Defence untersucht werden. Da das deutsche Kartellrecht größtenteils, aber nicht vollständig, mit dem europäischen Kartellrecht harmonisiert ist, können sich Abweichungen von den Wertungen auf europäischer Ebene ergeben. Anknüpfungspunkte einer positiven Berücksichtigung von Compliance-Maßnahmen könnten sowohl auf Tatbestandsebene (I) als auch auf Rechtsfolgenseite (II) bestehen.

I. Tatbestandsebene: Compliance als enthaftender Umstand?

Da Compliance-Programme unter anderem die Erfüllung von Aufsichts- und Organisationspflichten gewährleisten können, öffnen sich möglicherweise auf Tatbestandsebene Türen für eine Compliance Defence im Rahmen des § 130 OWiG (1) oder im Rahmen der Zurechnungsnormen § 30 und § 81 Abs. 3a OWiG (2 und 3).

1. Compliance-Programm als Erfüllung der Aufsichtspflichten des § 130 OWiG

Wie im zweiten Teil dargestellt, ergeben sich wesentliche Anforderungen an Compliance-Programme aus der Auslegung von § 130 Abs. 1 OWiG. Ziel des Compliance-Programmes ist es gerade, die erforderlichen Maßnahmen zu gewährleisten, die einen Rechtsverstoß verhindern. Es besteht mithin eine inhaltliche Überschneidung von Compliance-Programmen und den Anforderungen des § 130 OWiG.[647] Beispiele für diese Überschneidung sind das Erfordernis der Instruktion von Mitarbeitern[648]

---

646 *Braun/Kellerbauer*, NZKart 2013, 211 (211); *Ost/Kallfaß u.a.*, NZKart 2016, 447 (456).

647 Vgl. Teil 2 A III und IV. *Roos*, Compliance Defence, 125; *Schreitter*, NZKart 2016, 253 (255).

648 *BGH*, Beschluss vom 11.03.1986 – KRB 7/85 Aktenvermerke, wistra 1986, 222 (223); *KG Berlin*, Urteil vom 30.04.1997 – Kart 10/96 Jeans-Vertrieb, WuW/E DE-R, 83

und zumindest stichprobenartiger Kontrollen.[649] Compliance-Programme sind aber möglicherweise umfangreicher ausgestaltet als es die Anforderungen der Aufsichtspflicht nach § 130 OWiG verlangen, da sie in der Regel nicht nur die absolut erforderlichen und zumutbaren Maßnahmen vorsehen, sondern Vorkehrungen darüber hinaus treffen. Daneben enthalten Compliance-Programme auch Maßnahmen zur Rechtstreue in anderen Rechtsgebieten und praktische Regeln zur Umsetzung. Dies entspricht dem Gedanken des § 130 Abs. 1 OWiG, der das „wie" der Erfüllung der Pflichten grundsätzlich den Normadressaten überlässt.

Trifft daher ein Vorwurf nach §§ 130, 30 OWiG einen Verband oder der Vorwurf nach §§ 130, 9 OWiG eine vertretungsberechtigte Leitungsperson, weil ein Mitarbeiter aus dem Unternehmen heraus einen Kartellverstoß begangen hat, so können sich beide des Compliance-Programmes bedienen, um die Erfüllung ihrer Aufsichtspflichten zu beweisen. Effektive Compliance-Programme lassen somit die Haftung für juristische Personen und ihre vertretungsberechtigten Leitungspersonen auf Tatbestandsebene entfallen.

Dies gilt freilich nur, solange sich die Leitungsperson auf Grund mangelnder Aufsicht nach § 130 Abs. 1 OWiG zu verantworten hat. Ist sie selbst an dem Kartellverstoß beteiligt gewesen, so haftet sie nach §§ 81 Abs. 2 Nr. 1,1 GWB, 9 OWiG für ihr Verhalten. Der Verband, dem sie angehört, haftet nach §§ 81 Abs. 2 Nr. 1, 1 GWB, 30 Abs. 1 OWiG bzw. die herrschende Gesellschaft nach § 81 Abs. 3a GWB. Für eine erfolgreiche Compliance Defence auf Tatbestandsebene ist dann insoweit kein Raum mehr, als die Anknüpfungstat nicht mehr in der Verletzung von Aufsichtspflichten besteht, sondern im Kartellverstoß selbst.

Hinsichtlich der Haftung nach § 130 Abs. 1 OWiG nimmt die Novelle keine Änderungen vor. Es bleibt dabei, dass die Muttergesellschaft nicht Unternehmensinhaberin im Sinne des § 130 Abs. 1 OWiG ist und damit keine Konzernaufsichtspflicht hinsichtlich Rechtsverstößen hat, die aus der abhängigen Gesellschaft heraus begangen werden. Sollte nicht die Leitungsperson, sondern ein Mitarbeiter der Tochtergesellschaft auf einer unteren Hierarchie-Ebene am Kartellverstoß beteiligt gewesen sein, so kann die Leitungsperson noch für mangelnde Aufsicht nach § 130 Abs. 1, § 9 OWiG haften. Die Zurechnung dieser Aufsichtspflichtverletzung erfolgt wie bisher nach § 30 Abs. 1 OWiG, so dass nur die Tochtergesellschaft für

---

(86); *BKartA*, Entscheidung vom 13.11.1998 – B2 – 21/96 Preisetiketten, WuW/E DE-V, 385 (389); *Liese*, BB 2008, 17 (21); *Bussmann/Matschke*, CCZ 2009, 132 (134); *Lampert*, in: Hdb. Corporate Compliance, § 9 (19 ff.); *Kremer/Klahold*, ZGR 2010, 113 (128).

649   *BGH*, Beschluss vom 24.03.1981 – KRB 4/80 Revisionsabteilung, wistra 1982, 34 (35); *KG Berlin*, Urteil vom 30.04.1997 – Kart 10/96 Jeans-Vertrieb, WuW/E DE-R, 83 (86); *OLG Düsseldorf*, Urteil vom 27.03.2006 – VI-Kart 3/05 (OWi) Papiergroßhandel, WuW/E DE-R, 1733 (1733); *BKartA*, Entscheidung vom 13.11.1998 – B2 – 21/96 Preisetiketten, WuW/E DE-V, 385 (390); *BKartA*, Entscheidung vom 17.02.2003 – B9-9/03 Fotoarbeiten (25 f.); *Lampert*, BB 2002, 2237 (2242); *Bussmann/ Matschke*, CCZ 2009, 132 (135).

diese Pflichtverletzung haftet, nicht die Muttergesellschaft. In diesem Fall kann ein Compliance-Programm der Tochtergesellschaft und ihrer Leitung ebenfalls dabei helfen, die Vornahme angemessener Präventionsmaßnahmen zu beweisen, so dass die Haftung auf Tatbestandsebene entfällt.

2. Berücksichtigung von Compliance-Programmen im Rahmen des § 30 OWiG

Ein Compliance-Programm könnte auf Tatbestandsebene die Haftung entfallen lassen, soweit es weitere Anknüpfungspunkte für die Erfüllung von Aufsichtspflichten gibt. Dies könnte bei § 30 OWiG der Fall sein.

Im kartellrechtlichen Zusammenspiel von OWiG und GWB kommt dem § 30 Abs. 1 OWiG die Funktion einer Zurechnungsnorm zu. Sie ist der Ausdruck der allgemeinen Handlungs- und Schuldunfähigkeit von juristischen Personen und Personenvereinigungen.[650] Anknüpfungspunkt für die Zurechnung ist die Delegation der Vertretungs- bzw. Entscheidungsbefugnis auf die entsprechende Person. Der dogmatische Hintergrund für diese Regelung ist umstritten. Er könnte zum einen darin liegen, dass der Verband durch seine Vertreter handelt. Deren Verhalten wird ihm als *eigenes* Verhalten zugerechnet, so dass die Zuwiderhandlung der vertretungsberechtigten Leitungsperson ein Eigendelikt des Verbandes darstellt. Es läge eine sogenannte Verbandstäterschaft vor.[651] Hier wäre für eine Compliance Defence kein Raum, da die juristische Person quasi gegen ihre eigenen Compliance-Vorkehrungen verstoßen würde. Dies ist genauso zu beurteilen wie die Situation einer Leitungsperson, die auf Grund ihrer Leitungs- und Kontrollpflicht an der Implementierung eines Compliance-Programmes beteiligt war, und trotzdem eigenhändig am Kartellverstoß teilgenommen hat.[652] Das Compliance-Programm zielt auf die Kontrolle der der Leitungsebene nachgeordneten Mitarbeiter, nicht auf die Kontrolle der Leitungspersonen selbst. Es wäre auch widersprüchlich, wenn eine Leitungsperson einen Rechtsverstoß beginge und sich als Verteidigung darauf berufen könnte, sie hätte sich um die erforderliche Aufsicht über sich selbst bemüht.

Eine andere Auslegung des § 30 OWiG könnte hingegen zu einer Aufsichtspflicht führen, die dann das Einfallstor für eine Compliance Defence darstellt: Anknüpfungspunkt für die Zurechnung ist zwar die Delegation von Leitungsbefugnissen; das gesetzgeberische Motiv für die Normierung des § 30 OWiG bestehe jedoch in einem Organisationsfehler, den es zu vermeiden gelte.[653] Das Fehlverhalten der Leitungsperson wird dem Verband dabei nicht als eigenes, sondern als fremdes

---

650   *BGH*, Urteil vom 05.12.2000 – 1 StR 411/00, NJW 2001, 1436 (1437 f.); Achenbach, in: Jaeger/Kokott, et al., § 81 GWB, 165.

651   Rogall, in: KK-OWiG, Ellbogen/Senge, § 30 OWiG, 8.

652   Vgl. Teil 3 B II 3 d).

653   Wenn auch nicht ausdrücklich: *RegE*, Entwurf eines Gesetzes über Ordnungswidrigkeiten, BT-Drucks. 5/1269, 58 ff; *Tiedemann*, NJW 1988, 1169 (1172).

Verhalten zugerechnet. Der Organisationsfehler stelle eine Art „Vorverschulden" dar, das die Tat ermöglicht hat.[654]

Hier ergeben sich Parallelen zu dem strafrechtlichen Problem der actio libera in causa, bei der ebenfalls ein Vorverhalten bzw. Vorverschulden zur Tatbestandsverwirklichung führt, die jedoch auf Grund absichtlich herbeigeführter Schuldunfähigkeit eigentlich nicht bestraft werden kann. Im Strafrecht hat der Gesetzgeber versucht, das Problem – jedenfalls teilweise – durch die Normierung des Tatbestandes in § 323a StGB zu lösen, der an das Vorverhalten als strafbare Handlung knüpft. Hier wird jedoch auch schon ein Unterschied zu § 30 OWiG sichtbar, da dieser das Vorverschulden nicht als Tatbestand, sondern als Existenzgrund für die Zurechnung ansieht. Der Schwerpunkt des Vorwurfes bei § 323a StGB liegt auf dem Vorverschulden, nicht auf der Anknüpfungstat. Bei § 30 OWiG hingegen liegt der Schwerpunkt des Vorwurfes auf der Anknüpfungstat, die entsprechend zugerechnet werden kann. Abgesehen von § 323a StGB ist die Bewertung der actio libera in causa und dem Vorverschulden jedoch noch ungelöst.[655] Es besteht im Prinzip eine Strafbarkeitslücke. § 30 OWiG hingegen soll gerade ein Mittel sein, um diese Lücke zu schließen. Überlegungen aus dem strafrechtlichen Gebiet zum Vorverschulden helfen folglich bei der Auslegung des § 30 OWiG nicht weiter.

Es bleibt aber dabei, dass der Grund für die Einführung des § 30 OWiG als Zurechnungsnorm in der Organisationshoheit eines Verbandes und dem entsprechenden Organisationsdefizit liegt, das sich im Falle eines Verstoßes durch eine Leitungsperson zeigt.[656] Diese Erkenntnis führt indessen nicht zur Einführung eines Organisationsverschuldens als zusätzliches Haftungsmerkmal, da § 30 Abs. 1 OWiG deutlich als Zurechnungsnorm konzipiert ist. Die Zurechnung kann nur entfallen, wenn handelnden Personen nicht zur Vertretung des Verbandes berechtigt waren. Daher gibt es auch bei dieser Ansicht zur Auslegung des § 30 OWiG für die Berücksichtigung von Compliance-Programmen keinen Anknüpfungspunkt.[657]

Keine der beiden Auslegungsmöglichkeiten des § 30 OWiG führt zu zusätzlichen Aufsichtspflichten des Verbandes, so dass sich hieraus keine weiteren Anknüpfungspunkte für eine mögliche Compliance Defence ergeben.

3. Berücksichtigung von Compliance-Programmen im Rahmen des § 81 Abs. 3a GWB

Wie bei § 30 Abs. 1 OWiG könnte überlegt werden, dass Hintergrund der Zurechnungsnorm ein Organisationsvorverschulden ist. Wenn dieser Vorwurf über effektive Compliance-Maßnahmen entkräftet werden könnte, dann wäre ein Entfall der

---

654   *Bauer*, wistra 1992, 47 (49); *Dreher*, ZWeR 2004, 75 (93).

655   Zum Stand der Diskussion bei der actio libera in causa: Kühl, in: Lackner/Kühl, § 20 StGB, 25; Perron/Weißer, in: Schönke/Schröder, § 20 StGB, 35-35a.

656   *Tiedemann*, NJW 1988, 1169 (1172); *Sieber*, in: FS Tiedemann, 449 (467 f.).

657   *Tiedemann*, NJW 1988, 1169 (1173).

Zurechnung denkbar. Andererseits gilt hier das gerade zu § 30 Abs. 1 OWiG Ausgeführte: Hintergrund der Zurechnungsnorm ist zwar ein Organisationsvorverschulden, dieses stellt aber selbst kein Tatbestandsmerkmal für die Zurechnung dar. Die Zurechnung der Anknüpfungstat erfolgt ohne eigenes Verschulden der Muttergesellschaft.

Etwas Anderes könnte gelten, soweit dem oben vorgeschlagenen Ansatz einer verfassungskonformen Auslegung gefolgt wird.[658] Nach der hier verfolgten verfassungskonformen Auslegung des § 81 Abs. 3a GWB ist für die Haftung der lenkenden Gesellschaft erforderlich, dass der bestimmende Einfluss das Marktverhalten im kartellbeteiligten Bereich betrifft und dort tatsächlich ausgeübt wurde. Die Muttergesellschaft könnte sich dann durch ein Compliance-Programm entlasten, wenn sie zeigen kann, dass in diesem spezifischen Bereich Präventionsmaßnahmen getroffen wurden und ein Verstoß entgegen den Weisungen der Muttergesellschaft erfolgte. Der Versuch, das Marktverhalten der Tochter durch ihre Einflussmöglichkeiten zu bestimmen, ist bei Handlungen konträr zum Compliance-Programm fehlgeschlagen. Es mangelt dann an einem Zurechnungsgrund nach § 81 Abs. 3a GWB.

Zwar ändert ein weisungswidriges Verhalten zumindest bei § 30 Abs. 1 OWiG nichts an der Zurechnung. Hier zeigt sich jedoch der Unterschied zwischen beiden Zurechnungsnormen: Beide gehen zwar von der Anknüpfungstat einer selbständig handelnden Leitungsperson aus. Für eine Haftungszurechnung nach § 30 Abs. 1 OWiG ist es aber unerheblich, inwiefern eine Weisung oder anderweitiger Einfluss auf die Leitungsperson bestand. Für eine Haftungszurechnung nach § 81 Abs. 3a OWiG hingegen ist das Bestehen einer Weisung oder eines anderweitig bestimmenden Einflusses konstitutiv. Eine Parallelwertung zu § 30 Abs. 1 OWiG kann daher nicht vorgenommen werden.

Der bestimmende Einfluss muss für die Erfüllung des Tatbestandes tatsächlich ausgeübt worden sein. Dies ist nur der Fall, wenn sich der Einfluss auch im Marktverhalten manifestiert. Ein Handeln entgegen den Vorgaben der lenkenden Gesellschaft bezeugt hingegen einen fehlgeschlagenen Versuch der bestimmenden Einflussnahme. Dieser Fehlschlag führt dazu, dass keine Zurechnung des Kartellverstoßes über § 81 Abs. 3a GWB erfolgen kann. Weist die Muttergesellschaft folglich durch Compliance-Maßnahmen nach, dass ihr Einfluss auf rechtskonformes Marktverhalten gerichtet war, so entfällt eine Haftung nach § 81 Abs. 3a GWB auf Tatbestandsebene.

II. Auf Rechtsfolgenebene: Compliance-Programme als mildernder Umstand

Um die Wirkung von Compliance-Programmen auf Rechtsfolgenebene zu ermitteln, soll zunächst der normative Rahmen abgesteckt werden (1). Danach wird untersucht, ob Compliance-Programme trotz § 130 OWiG berücksichtigungsfähig sind (2) und wenn dies der Fall ist, als welche Art von mildernder Umstand (3).

---

658   Siehe Teil 4 A II 2 b) (1).

1. Normativer Rahmen der Bußgeldbemessung

§ 30 Abs. 2 S. 2 OWiG bestimmt, dass sich die Geldbuße gegen den Verband nach dem Höchstmaß der Geldbuße der Anknüpfungstat richtet. Ist beispielsweise eine Aufsichtspflichtverletzung nach § 130 Abs. 1 OWiG Anknüpfungstat, so richtet sich für den Verband das Höchstmaß der Buße grundsätzlich nach § 130 Abs. 3 S. 3 OWiG, der wiederum auf das Höchstmaß der Geldbuße für die Zuwiderhandlung, sprich für die Bezugstat des § 130 Abs. 1 OWiG verweist. Dies ist im vorliegenden Fall der Kartellverstoß, so dass sich das Höchstmaß der Geldbuße nach § 81 Abs. 4 GWB richtet. Wurde der Kartellverstoß durch eine Leitungsperson begangen, ist § 81 Abs. 4 GWB über § 30 Abs. 2 OWiG direkt anwendbar. Er bestimmt: „[1]Die Ordnungswidrigkeit kann [...] [u.a. bei Verstoß gegen das Kartellverbot nach § 1 GWB oder nach Art. 101 AEUV] mit einer Geldbuße bis zu einer Million Euro geahndet werden. [2]Gegen ein Unternehmen oder eine Unternehmensvereinigung kann über Satz 1 hinaus eine höhere Geldbuße verhängt werden; die Geldbuße darf 10 vom Hundert des im der Behördenentscheidung vorausgegangenen Geschäftsjahr erzielten Gesamtumsatzes des Unternehmens oder der Unternehmensvereinigung nicht übersteigen. [3]Bei der Ermittlung des Gesamtumsatzes ist der weltweite Umsatz aller natürlichen und juristischen Personen zugrunde zu legen, die als wirtschaftliche Einheit operieren. [4]Die Höhe des Gesamtumsatzes kann geschätzt werden. [5][...] [6]Bei der Festsetzung der Höhe der Geldbuße ist sowohl die Schwere der Zuwiderhandlung als auch deren Dauer zu berücksichtigen." Damit ergeben sich die wichtigsten Komponenten für die Bemessung der Geldbuße für Kartellverstöße aus dem GWB: Der Sanktionsrahmen und die zu berücksichtigenden Faktoren.

Da Schwere und Dauer der Zuwiderhandlung unbestimmte Rechtsbegriffe sind, sieht § 81 Abs. 7 GWB vor, dass das Bundeskartellamt „allgemeine Verwaltungsgrundsätze über die Ausübung seines Ermessens bei der Bemessung der Geldbuße, insbesondere für die Feststellung der Bußgeldhöhe [...] festlegen [kann]." Diese Ermächtigung hat das Bundeskartellamt wahrgenommen und in seinen „Leitlinien für die Bußgeldzumessung in Kartellordnungswidrigkeitenverfahren" (Bußgeldleitlinien) ausgeführt, welche Faktoren es bei der Ermittlung der Schwere und der Dauer des Verstoßes berücksichtigen will.

Obwohl das OWiG bezüglich. der Bußgeldbemessung bei Kartellverstößen auf die Vorschriften des GWB verweist und dieses mit „Dauer und Schwere der Zuwiderhandlung" dem Art. 23 Abs. 3 VO 1/2003 entspricht, bleibt daneben die allgemeine Vorschrift des § 17 Abs. 3 OWiG anwendbar.[659] Dies wird auch dem Wortlaut des § 17 Abs. 3 OWiG deutlich, nach dem die „Grundlage für die Zumessung der Geldbuße die Bedeutung der Ordnungswidrigkeit und der Vorwurf, der den Täter trifft, [sind]." Inhaltlich ergeben sich durch die Geltung des § 17 Abs. 3 OWiG jedoch keine zusätzlichen Kriterien, die bei der Bußgeldbemessung zu berücksichtigen

---

659   Meyer-Lindemann, in: Loewenheim/Meessen, et al., § 81 GWB, 96; Dannecker/ Biermann, in: Immenga/Mestmäcker, et al., § 81 GWB, Rn. 436 ff; Raum, in: Bunte/ Langen, et al., § 81 GWB, 174; *Achenbach*, in: Hdb. Wirtschaftsstrafrecht (436).

wären. Denn auch Dauer und Schwere der Zuwiderhandlung sind Ausdruck dessen, dass die Bußgeldbemessung die Bedeutung der Tat und den Vorwurf an den Täter widerspiegeln soll. Es ist nicht vorstellbar, dass ein Umstand im Rahmen des § 17 Abs. 3 OWiG zu berücksichtigen wäre, im Rahmen des § 81 Abs. 4 S. 6 GWB jedoch nicht. So geht auch das Bundeskartellamt in seinen Leitlinien von der inhaltlich gleichen Reichweite beider Vorschriften aus.[660]

Fraglich ist höchstens, ob der gleiche Wortlaut wie in Art. 23 Abs. 3 VO 1/2003 dazu führt, dass die Auslegung der Dauer und Schwere der Zuwiderhandlung der europäischen Praxis entsprechen muss. Grundsätzlich gilt, dass die Durchsetzung von Kartellrecht in den Mitgliedstaaten auf eigenen nationalen Regelungen beruhen kann, solange diese nicht die effektive Durchsetzung des europäischen Kartellrechts behindern.[661] Die Begründung des Gesetzentwurfs zu § 81 Abs. 7 GWB als Ermächtigungsgrundlage für die Bußgeldleitlinien sieht vor, dass sich das Bundeskartellamt an den Leitlinien der Kommission orientieren kann, so lange es sich im Rahmen der deutschen allgemeinen Verwaltungsgrundsätze bewegt.[662]

Die konkrete Berechnung des Bußgeldes erfolgt in mehreren Schritten: Zunächst wird der Bußgeldrahmen bestimmt. Eine Untergrenze ist im GWB nicht definiert, so dass auf die allgemeine Regel des § 17 Abs. 1 OWiG zurückgegriffen wird, nach der die Geldbuße mindestens fünf Euro beträgt. Die Obergrenze hingegen beträgt bei Unternehmen „nach § 81 Abs. 4 Satz 2 GWB bei vorsätzlicher Zuwiderhandlung 10 % des im Geschäftsjahr vor der Behördenentscheidung erzielten Gesamtumsatzes des Unternehmens. Bei fahrlässiger Zuwiderhandlung beträgt sie 5 % des erzielten Gesamtumsatzes (§ 17 Abs. 2 OWiG)."[663] Nach der Bestimmung des Bußgeldrahmens wird das konkrete Bußgeld festgesetzt. Dazu wird zuerst das Gewinn- und Schadenspotenzial des Verstoßes ermittelt, das grundsätzlich auf 10% des tatbezogenen Umsatzes geschätzt wird.[664] Dieses ermittelte Gewinn- und Schadenspotenzial wird mit einem Faktor multipliziert, der sich nach dem Gesamtumsatz des Unternehmens richtet, um die wirtschaftlichen Verhältnisse des Sanktionsadressaten zu berücksichtigen.[665] Im nächsten Schritt werden schärfende und mildernde Faktoren

660 *Bundeskartellamt*, Bußgeldleitlinien vom 25.06.2013, Rn. 2.

661 Art. 3 und Art. 5 VO 1/2003; Dannecker/Biermann, in: Immenga/Mestmäcker, et al., § 81 GWB, Rn. 439; *EuGH*, Urteil vom 18.06.2011 – C-681/11 P, ECLI:EU:C:2013:404 Schenker, veröffentlicht in der digitalen Sammlung (Rn. 36); *EuGH*, Urteil vom 03.05.2011 – C-375/09, ECLI:EU:C:2011:270 Tele2 Polska, Slg. 2011, I-03055 (Rn. 25 ff.).

662 *RegE*, Entwurf eines Gesetzes zur Bekämpfung von Preismissbrauch im Bereich der Energieversorgung und des Lebensmittelhandels, BT-Drucks. 16/5847, 12.

663 *Bundeskartellamt*, Bußgeldleitlinien vom 25.06.2013, 8; *BGH*, Beschluss v. 26.02.2013 vom 26.02.2013 – KRB 20/12 Grauzement, NJW 2013, 1972.

664 *Bundeskartellamt*, Bußgeldleitlinien vom 25.06.2013, Rn. 9 ff.

665 *Bundeskartellamt*, Bußgeldleitlinien vom 25.06.2013, Rn. 13.

geprüft, sowie ein entsprechender Abschlag für die Kooperation im Rahmen eines Bonusantrages und für ein eventuelles Settlement gewährt.[666]

2. Sind Compliance-Programme berücksichtigungsfähig trotz § 130 Abs. 1 OWiG?

Für den Fall, dass der Kartellverstoß von einem Mitarbeiter unterhalb der Leitungsebene begangen wurde und der Verband demnach über §§ 130 Abs. 1, 30 Abs. 1 OWiG haftet, muss geklärt werden, ob Compliance-Programme auf Rechtsfolgenebene überhaupt berücksichtigungsfähig sind. Denn wenn über die Bußgeldbemessung für eine Anknüpfungstat nach §§ 130 Abs. 1, 30 Abs. 1 OWiG befunden wird, ist vorher festgestellt worden, dass das Compliance-Programm nicht den Anforderungen entsprach, um eine Erfüllung der Aufsichtspflichten darzulegen. Ansonsten wäre die Haftung für den Unternehmensinhaber schon auf Tatbestandsebene entfallen.

Auch für die Funktion des Kartellbußgeldes im deutschen Recht gilt, dass sie repressive und präventive Ahndungszwecke verfolgt.[667] Zudem sind bei der Bewertung des Tatvorwurfes täterbezogene Faktoren zu berücksichtigen. Bei Compliance-Programmen handelt es sich um einen solchen täterbezogenen Faktor, da sie Auskunft über die Einstellung des Verbandes zur Rechtsordnung geben können. Es ist daher möglich, dass das Programm in einem Aspekt versagt hat und darum eine Aufsichtspflicht nach § 130 OWiG nicht erfüllt wurde. Da es sich aber um ein Programm mit Vorkehrungen und einer Organisationsstruktur über die einzelnen Pflichten nach § 130 OWiG hinaus handelt, können die restlichen Aspekte des Programmes weiterhin einen validen Hinweis auf die Bemühungen zur Rechtstreue, und damit auf das Unrechtsbewusstsein, darstellen. Das Vorliegen der Tatbestandsvoraussetzungen von § 130 Abs. 1 OWiG schließt daher eine Berücksichtigung von Compliance-Programmen auf Rechtsfolgenebene nicht aus.[668]

3. Compliance-Programm als mildernder Umstand

Für die Frage, ob Compliance-Programme auf Rechtsfolgenebene als mildernder Umstand berücksichtigt werden können, soll zunächst die Praxis des Bundeskartellamtes herangezogen werden (a). Danach werden die Bußgeldbemessungsregeln ausgelegt (b) und das Verhältnis zur Bonusregelung untersucht (c).

---

666 *Bundeskartellamt*, Bußgeldleitlinien vom 25.06.2013, Rn. 16, 18.

667 *OLG Düsseldorf*, Beschluss vom 03.08.1994 – 2 SS (OWi) 223/94, wistra 1995, 75; Dannecker/Biermann, in: Immenga/Mestmäcker, et al., § 81 GWB, Rn. 440; Gürtler, in: Göhler/Gürtler, et al., Vor § 1 OWiG, Rn. 9; Mitsch, in: KK-OWiG, Ellbogen/Senge, § 17 OWiG, Rn. 8 ff; *Ackermann*, ZWeR 2010, 329 (332 f.); *Brömmelmeyer*, NZKart 2014, 478 (480).

668 *Brettel/Thomas*, Compliance und Unternehmensverantwortlichkeit im Kartellrecht, 75.

a) Praxis des Bundeskartellamtes

Das Bundeskartellamt äußert sich wie die Kommission ablehnend zur Berücksichtigung von Compliance-Programmen auf Rechtsfolgenseite. Auf Tatbestandsebene seien sie zwar ein wichtiges Instrument für die Unternehmensinhaber, um die Erfüllung ihrer Aufsichtspflichten nach § 130 Abs. 1 OWiG darzulegen.[669] Im Endeffekt zähle aber die Vermeidung des Verstoßes. Genüge das Programm nicht den Anforderungen des § 130 OWiG, dann könne es auch nicht bei der Bußgeldbemessung berücksichtigt werden. Man wolle ineffektive Programme nicht belohnen.[670]

Nicht mehr ganz so ablehnend äußerte sich das Bundeskartellamt in aktuelleren Stellungnahmen.[671] Es weist jedoch darauf hin, dass sich die Frage nach der Berücksichtigung bislang kaum stelle, da die meisten untersuchten Zuwiderhandlungen von Leitungspersonen im Sinne des § 30 Abs. 1 OWiG begangen worden waren.[672] Dies ist nachvollziehbar, soweit Täter Mitglieder der Leitungsebene waren, die auch für die Einhaltung der Legalitätspflicht und somit für die Umsetzung des Compliance-Programmes verantwortlich sind, da es sich dann von vornherein nicht um ein effektives Programm handeln konnte.

Der Ansicht des Bundeskartellamtes, dass ein Compliance-Programm nur dann effektiv sei, wenn es den Verstoß letztendlich verhindere, ist zu entgegnen, dass ein Compliance-Programm keine Garantie für rechtskonformes Verhalten darstellen kann. Dies ist aber auch nicht erforderlich, da auch bei den Maßnahmen zu rechtstreuem Verhalten der Grundsatz „ultra posse nemo obligatur" gilt.[673] Auch andere – vom Bundeskartellamt in den Bußgeldleitlinien anerkannte – mildernde Umstände wie die Fahrlässigkeit[674] ändern nichts an der Tatsache, dass der Verstoß begangen wurde. Darüber hinaus könnte alternativ überlegt werden, ob

---

669 *Bundeskartellamt,* Bericht über seine Tätigkeit in den Jahren 2011/2012 sowie über die Lage und Entwicklung auf seinem Aufgabengebiet und Stellungnahme der Bundesregierung, BT-Drucks. 17/13675, 31.

670 *Bundeskartellamt,* Bericht über seine Tätigkeit in den Jahren 2011/2012 sowie über die Lage und Entwicklung auf seinem Aufgabengebiet und Stellungnahme der Bundesregierung, BT-Drucks. 17/13675, 32; *Jungbluth,* NZKart 2015, 43; *Jungbluth,* NZKart 2015, 43.

671 Compliance-Maßnahmen „können damit zur Bußgeldvermeidung oder minderung beitragen." *Bundeskartellamt,* Erfolgreiche Kartellverfolgung, 32. Unklar bleibt, wie es zur Minderung kommen soll, ob beispielsweise durch eine geringere Strafe wegen kürzerer Teilnahme am Kartell oder im Rahmen der Bußgeldbemessung.

672 *Bundeskartellamt,* Bericht über seine Tätigkeit in den Jahren 2013/2014 sowie über die Lage und Entwicklung auf seinem Aufgabengebiet und Stellungnahme der Bundesregierung, BT-Drucks. 18/5210, 13; *Jungbluth,* NZKart 2015, 43 (44).

673 BGH, Beschluss vom 11.03.1986 – KRB 7/85 Aktenvermerke, wistra 1986, 222; *Brömmelmeyer,* NZKart 2014, 478 (480); *Schreitter,* NZKart 2016, 253 (255); *Brettel/ Thomas,* Compliance und Unternehmensverantwortlichkeit im Kartellrecht, 33.

674 *Bundeskartellamt,* Bußgeldleitlinien vom 25.06.2013, Rn. 16.

Compliance-Programme nicht einen schwereren Verstoß verhindert hätten.[675] Die Praxis des Bundeskartellamtes, Compliance-Programme nicht zu berücksichtigen, lässt einen unternehmensspezifischen Faktor unbeachtet, der bei der Gewichtung des Tatvorwurfes relevant ist.

b) Auslegung der Bußgeldbemessungsregeln

Da in der Praxis Compliance-Programme noch nicht auf Rechtsfolgenseite berücksichtigt wurden, ist zu untersuchen, inwiefern sich durch Auslegung Anknüpfungspunkte im deutschen Recht für eine bußgeldmildernde Berücksichtigung ergeben.[676] Es soll daher zunächst untersucht werden, ob Compliance-Programme unter einem in den Leitlinien normierten Umstand mildernd berücksichtigt werden können (1). Andernfalls ist zu überlegen, ob Compliance-Programme einen eigenständigen Milderungsgrund darstellen (2). Danach stellt sich die Frage, inwiefern sich die Auslegung der Bußgeldbemessungsregeln durch die 9.GWB-Novelle geändert hat (3).

(1) Sind Compliance-Programme unter den genannten Milderungsgründen der Bußgeldleitlinien berücksichtigungsfähig?

Die Liste der explizit in den Leitlinien des Bundeskartellamtes genannten Milderungsgründe fällt weniger umfangreich aus als in den Leitlinien der Kommission. Nach Rn. 16 der Bußgeldleitlinien des Bundeskartellamtes sind tatbezogene Kriterien beispielsweise Art und Dauer der Zuwiderhandlung und ihre qualitativ zu bestimmenden Auswirkungen, die Bedeutung der betroffenen Märkte und der Organisationsgrad unter den Beteiligten. Täterbezogene Kriterien sind beispielsweise die Rolle des Unternehmens im Kartell, die Stellung des Unternehmens auf dem betroffenen Markt, der Grad des Vorsatzes/der Fahrlässigkeit und vorangegangene Verstöße. Da Verbände gemäß § 30 Abs. 1 OWiG abhängig von einer Bezugstat sanktioniert werden, gelten für die Sanktionszumessung sowohl Kriterien, die sich auf den Täter der Anknüpfungstat beziehen als auch verbandsbezogene Kriterien.[677]

Explizit genannt werden Compliance-Programme in den Leitlinien des Bundeskartellamtes nicht. Eine Berücksichtigung unter dem Punkt „Grad des Vorsatzes/ Fahrlässigkeit" scheidet aus den gleichen Gründen aus wie auf europäischer Ebene:[678] Ausschlaggebend ist das Verschulden des Bezugstäters, ein eigenes Verschulden des Unternehmens ist nicht Tatbestandsmerkmal.

---

675   *Brettel/Thomas,* Compliance und Unternehmensverantwortlichkeit im Kartellrecht, 77.

676   Zur Frage nach der möglicherweise bußgeldschärfenden Wirkung von Compliance-Programmen wird auf die Ausführungen in Teil 3 B II 2 verwiesen.

677   Raum, in: Bunte/Langen, et al., § 81 GWB, Rn. 181; Dannecker/Biermann, in: Immenga/Mestmäcker, et al., § 81 GWB, Rn. 473; Rogall, in: KK-OWiG, Ellbogen/ Senge, § 30 OWiG, Rn. 137.

678   Teil 3 B II 3 b) (1).

Bei genauerer Betrachtung betreffen die meisten der aufgelisteten täterbezoge-nen Merkmale den Täter der Anknüpfungstat. Unternehmensspezifische Merkmale sind allein die Stellung des Unternehmens auf dem betroffenen Markt und seine wirtschaftliche Leistungsfähigkeit. Die Einführung bzw. Anpassung eines Com-pliance-Programmes könnte als positives Nachtatverhalten gewertet werden. Als einziges positives Nachtatverhalten nennen die Bußgeldleitlinien in Rn. 18 jedoch nur den Antrag und die Kooperation im Rahmen der Bonusregelung. Da die Buß-geldleitlinien bezüglich unternehmensspezifischer Faktoren wenig detailliert sind, kann ein Compliance-Programm höchstens als ungeschriebenes Merkmal berück-sichtigt werden.

(2) Compliance-Programme als eigenständiger Milderungsgrund

§ 17 Abs. 3 OWiG, § 81 Abs. 4 GWB, Rn. 4 der Bußgeldleitlinien – Alle Normen, die die Bußgeldbemessung bei Kartellverstößen betreffen, schreiben die Berück-sichtigung täterbezogener Umstände vor, da die Sanktion dem gemachten Vorwurf entsprechen muss. Auch wenn sich der Gesetzgeber selbst nicht ausdrücklich zur Berücksichtigung eines Compliance-Programms geäußert hat, so hat er sie auch nicht ausgeschlossen. Nach Äußerungen unterschiedlicher am Gesetzgebungs-prozess beteiligter Institutionen legen diese die Bemessungsregeln so aus, dass ein Compliance-Programm als unternehmensspezifischer Faktor grundsätzlich berück-sichtigt werden kann.[679]

Konkreter Anknüpfungspunkt für die Berücksichtigung von Compliance-Pro-grammen ist die Ermittlung des Unrechtsgehaltes der Tat. Dies geschieht durch einen Wertungsakt,[680] bei dem unternehmensspezifische Faktoren nicht nur die Position des Verbandes auf dem betroffenen Markt betreffen können, sondern auch die individuelle (bzw. gerade kollektive) Einstellung des Verbandes zum begangenen Unrecht.[681] Bei der Unrechtsbewertung wird berücksichtigt, inwiefern ein Verstoß von einer „ungewöhnlichen Gleichgültigkeit gegenüber der bestehenden Wettbe-werbsordnung" zeugt.[682] Aus dem Bestehen eines effektiven Compliance-Programms

679 *Ausschuss für Wirtschaft und Technologie*, Beschlussempfehlung und Bericht zur 8. GWB-Novelle, BT-Drucks. 17/11053, 21; *Bundeskartellamt*, Bericht über seine Tätigkeit in den Jahren 2011/2012 sowie über die Lage und Entwicklung auf seinem Aufgabengebiet und Stellungnahme der Bundesregierung, BT-Drucks. 17/13675, VII. Ebenfalls *Monopolkommission*, Strafrechtliche Sanktionen bei Kar-tellverstößen, 40.

680 Raum, in: Bunte/Langen, et al., § 81 GWB, 174; Dannecker/Biermann, in: Immenga/ Mestmäcker, et al., § 81 GWB, Rn. 473.

681 Rogall, in: KK-OWiG, Ellbogen/Senge, § 30 OWiG, 135, 137; Vollmer, in: MüKo Kartellrecht, Hirsch, § 81 GWB, Rn. 106.

682 *Bundeskartellamt*, Beschluss vom 16.02.1982 – B1-522100-A-147/79, WuW/E BKar-tA, 2005 (2007); *KG Berlin*, Beschluss vom 26.10.1994 – Kart 13/94 Geldbuße bei Anzeigepflichtverletzung, WuW/E OLG, 5362 (5363); *Brettel/Thomas*, Compliance und Unternehmensverantwortlichkeit im Kartellrecht, 72.

lässt sich hingegen ableiten, dass der Verband der Wettbewerbsordnung gegenüber positiv eingestellt ist und sich bemüht, diese einzuhalten.

Die Einstellung des Verbandes zum Verstoß ist darüber hinaus relevant, als ihm mit § 30 Abs. 1 OWiG und § 81 Abs. 3a GWB indirekt ein Organisationsmangel vorgeworfen wird.[683] Dieser Vorwurf wird mit der sogenannten Anonymität der Verbandsgeldbuße verschärft. Denn es ist nicht erforderlich, dass feststeht, welche Leitungsperson den Verstoß begangen hat. Die Sanktion gegen den Verband kann gemäß § 30 Abs. 4 OWiG auch verhängt werden, ohne dass es eine Sanktion oder gar ein Verfahren bezüglich der Anknüpfungstat gab.[684] Dies erhöht die Bedeutung der Verbandssanktion und ihrer Stellung im Ordnungswidrigkeitenrecht. Hat der Verband durch die Einrichtung eines Compliance-Programmes versucht, den indirekt gestellten Organisationsanforderungen zu genügen, so sieht das Gesetz zwar nicht vor, dass die Haftung auf Tatbestandsebene entfällt. Der Versuch, dem Organisationsdefizit zu entgegnen, muss aber im Rahmen der Bußgeldbemessung berücksichtigt werden, da nur dann die verhaltenssteuernde Wirkung von § 30 Abs. 1 und Abs. 4 OWiG, sowie von § 81 Abs. 3a GWB ausreichend berücksichtigt wird.[685] Das Verhalten der Normadressaten wird zwar auch durch die Tatsache gesteuert, dass Kartellverstöße sanktionsbewehrt sind.[686] Dies schließt aber nicht aus, andere Mittel zur Verhaltenslenkung zu berücksichtigen, insbesondere, wenn sie gleichzeitig den Unrechtsgehalt des Verhaltens betreffen. Ein effektives Compliance-Programm mindert den Vorwurf des Organisationsdefizits und ist auch deshalb bei der Bemessung der Geldbuße einzubeziehen.

Ferner gelten die allgemeinen Strafzwecke auch für die Verbandssanktion. Nach Rn. 4 der Bußgeldleitlinien muss die Sanktion nicht nur den tat- und täterbezogenen Umständen angemessen, sondern auch unter spezial- und generalpräventiven Gesichtspunkten gerechtfertigt sein. Das Bußgeld im Kartellverfahren verfolgt wie auf europäischer Ebene repressive und präventive Zwecke.[687] Dabei hat die Nähe des deutschen Ordnungswidrigkeitenrechts zum Verwaltungsrecht zur Folge, dass die Bedeutung der Prävention besonders ausgeprägt ist.[688] Anders als im europäischen Recht spielt die Abschreckung als Mittel der negativen Generalprävention

---

683   Vgl. Teil 4 B I 2 und 3.

684   Raum, in: Bunte/Langen, et al., § 81 GWB, Rn. 40; Rogall, in: KK-OWiG, Ellbogen/ Senge, § 30 OWiG, Rn. 119 ff; Gürtler, in: Göhler/Gürtler, et al., § 130 OWiG, Rn. 20; *Wegner*, wistra 2000, 361 (363).

685   *KG Berlin*, Urteil vom 21.06.1990 – Kart 12/89, WuW/E OLG, 4572 (4574); *Dreher*, ZWeR 2004, 75 (93); *Mittelsdorf*, Unternehmensstrafrecht im Kontext, 209; *Sieber*, in: FS Tiedemann, 449 (468); *Voet van Vormizeele*, CCZ 2009, 41 (46).

686   Daher gegen eine Berücksichtigung *Pampel*, BB 31/2007, 1636 (1639).

687   Mitsch, in: KK-OWiG, Ellbogen/Senge, § 17 OWiG, Rn. 8 ff; Dannecker/Biermann, in: Immenga/Mestmäcker, et al., § 81 GWB, Rn. 440; *Brömmelmeyer*, NZKart 2014, 478 (480); *Wegner*, wistra 2000, 361 (363); *Ackermann*, ZWeR 2010, 329 (332 f.).

688   Bohnert/Krenberger u. a., in: Bohnert/Krenberger, et al., § 17 OWiG, Rn. 12; Dannecker/Biermann, in: Immenga/Mestmäcker, et al., § 81 GWB, Rn. 440; Mitsch,

jedoch eine geringere Rolle.[689] So sehen die Bußgeldleitlinien des Bundeskartell-amtes beispielsweise keinen eigenen Abschreckungszuschlag vor. Möglich ist zwar eine Anpassung der errechneten Geldbuße, wenn das angenommene Gewinn- und Schadenspotenzial von 10% offensichtlich zu niedrig bemessen ist.[690] Dies stellt aber eine Ausnahme dar, um die relativ starre mathematische Berechnung der Geldbuße im Einzelfall anpassen zu können.

Zur Erfüllung spezial- und generalpräventiver Zwecke durch Compliance-Pro-gramme kann größtenteils auf die Ausführungen im europäischen Teil verwiesen werden.[691] Auch für das deutsche Recht gilt, dass effektive Compliance-Programme spezialpräventiv wirken, da sie Mitarbeiter des Unternehmens zu rechtstreuem Ver-halten anleiten und so darauf zielen, zukünftige Verstöße zu vermeiden.[692] Durch das richtige Verhältnis zwischen Sanktion und Unrecht wird darüber hinaus die allgemeine Akzeptanz der Norm erhöht und so das Verhalten auch anderer Norm-adressaten gesteuert (positive Generalprävention).[693] Diese Interdependenz zwi-schen repressiven und präventiven Sanktionszwecken führt ebenfalls dazu, dass Compliance-Programme grundsätzlich zu berücksichtigen sind.

(3) Geänderte Bewertung von Compliance-Maßnahmen als mildernder Umstand nach der 9.GWB-Novelle?

Die 9.GWB-Novelle hat keine bedeutenden Änderungen bezüglich der Methode der Bußgeldbemessung zur Folge. Schon vor der Reform war die finanzielle Situation der wirtschaftlichen Einheit gemäß § 81 Abs. 4 S. 2 GWB ausschlaggebend für den Sanktionsrahmen.[694] Es bleibt bei dem weiten Ermessen des Bundeskartellamtes, dass dieses anhand der Bußgeldleitlinien ausübt. Die neue Konzernhaftung beurteilt sich daher gemäß § 81 Abs. 4 S. 6 GWB ebenfalls nach der Schwere und Dauer des Verstoßes, so dass größtenteils auf das gerade Ausgeführte verwiesen werden kann.

Eine andere Bewertung könnte sich höchstens ergeben, wenn durch die Re-form auch die europarechtliche Bußgeldbemessungspraxis in das deutsche Recht übernommen werden sollte. Dann könnte die Verhaltenssteuerung schwerpunkt-mäßig durch abschreckende Maßnahmen zu verfolgen sein. Die 9.GWB-Novelle bezieht sich jedoch nur auf die Übernahme des europäischen Unternehmensbegriffs.

---

in: KK-OWiG, Ellbogen/Senge, § 17 OWiG, Rn. 9; *Ackermann*, ZWeR 2010, 329 (332 ff.).

689 Dannecker/Biermann, in: Immenga/Mestmäcker, et al., § 81 GWB, Rn. 440.
690 *Bundeskartellamt*, Bußgeldleitlinien vom 25.06.2013, Rn. 15.
691 Teil 3 B II 2 und 3 a) (2).
692 *Brömmelmeyer*, NZKart 2014, 478 (480); *Krebs/Eufinger u.a.*, CCZ 2011, 213 (215); *Mittelsdorf*, Unternehmensstrafrecht im Kontext, 209, 226.
693 Vgl. Teil 3 B II 3 a) (2); *Brettel/Thomas*, Compliance und Unternehmensverantwort-lichkeit im Kartellrecht, 78.
694 BGH, Beschluss v. 26.02.2013 vom 26.02.2013 – KRB 20/12 Grauzement, NJW 2013, 1972.

Bezüglich der Bußgeldbemessung sind keine Änderungen im Gesetz erfolgt und auch keine veränderte Auslegung aus den Gesetzesmaterialien erkennbar. Da in § 81 Abs. 1 und 2 GWB Sanktionen für Kartellverstöße auch gegen die natürliche Person vorgesehen sind, kann im deutschen Recht stärker differenziert werden nach dem verwirklichten Unrecht des Anknüpfungstäters und dem des Unternehmens. Die verhaltenssteuernde Wirkung des § 81 Abs. 3a GWB kann daher bezüglich des Unternehmens auch über die Berücksichtigung von Compliance-Programmen erreicht werden.

Compliance-Programme sind damit auch nach der 9. GWB-Novelle als eigenständiger Milderungsgrund grundsätzlich berücksichtigungsfähig. Bei der Bewertung des Unrechtsgehaltes kommt nun die Rolle der Muttergesellschaft hinzu, da die täterbezogenen Kriterien sowohl den Anknüpfungstäter als auch den Verband betreffen.[695] Compliance-Programme können bei der Bewertung des Vorwurfs gegen die lenkende Gesellschaft Hinweise auf deren Einstellung zur verletzten Rechtsnorm geben. Hat sich die lenkende Gesellschaft um rechtstreues Verhalten auch in den abhängigen Gesellschaften bemüht, so zeugt dies von einer grundsätzlichen Akzeptanz des Wettbewerbsrechts.

Durch die Erweiterung der Haftung für abhängige Gesellschaften in dritter oder vierter (oder noch weiterer) Reihe könnte zusätzlich der Ermessensspielraum des Bundeskartellamtes anzupassen sein. Denn bei der Haftung für abhängige Gesellschaften sind die Umstände zu berücksichtigen, durch die der bestimmende Einfluss auf das konkrete Marktverhalten begründet wird. Handelt es sich um eine kaskadenartige Ausübung von Einfluss, d.h. wird der Einfluss nur von einer Gesellschaft auf die direkt nachgeordnete Gesellschaft ausgeübt, so ist dies anders zu beurteilen, als wenn es direkte Verbindungen zwischen kartellbeteiligter und lenkender Gesellschaft gibt. Je mittelbarer der bestimmende Einfluss ausgeübt wurde, desto geringer ist der Unrechtsgehalt des Vorwurfs gegenüber der lenkenden Gesellschaft. Gleichermaßen wiegt das vorgeworfene Unrecht weniger schwer, wenn ein konzernweites Compliance-Programm bestand. Auch das Bundeskartellamt hat angedeutet, dass eine haftungsmindernde Berücksichtigung von Compliance-Programmen bei einer Haftungserweiterung, wie sie nun durch die Reform erfolgt ist, in Betracht kommen könnte: „Würden die Verantwortlichen der Konzernobergesellschaften stärker als bisher kartellrechtlich zur Aufsicht über ihre Tochtergesellschaften verpflichtet, spielt die mögliche Berücksichtigung wirksamer Compliance-Management-Systeme (CMS) insbesondere für die Konzernobergesellschaften eine größere Rolle. Soweit diese ein den Vorgaben entsprechendes CMS auch für die betroffene Tochter belegen könnten, wäre eine Haftungsminderung für die Mutter im Einzelfall sachgerecht."[696]

---

695   Raum, in: Bunte/Langen, et al., § 81 GWB, Rn. 181.
696   *Jungbluth*, NZKart 2015, 43 (44).

c) Verhältnis von Compliance-Programm und Bonusregelung
   im deutschen Recht

Seit dem Jahr 2000 bietet auch das Bundeskartellamt ein Kronzeugenprogramm für Unternehmen an, die an Kartellverstößen beteiligt waren. Dieses Programm, Bonusregelung genannt, orientiert sich an dem Kronzeugenprogramm der Kommission und wurde 2006 vom Bundeskartellamt reformiert, um mehr Rechtssicherheit und Transparenz zu gewährleisten.[697] Denn auch bei der Bonusregelung des Bundeskartellamtes handelt es sich um Leitlinien bezüglich einer Ermessensausübung. Anders als für das Kronzeugenprogramm der Kommission besteht für die Bonusregelung mit § 81 Abs. 7 GWB eine gesetzliche Grundlage, auch wenn kritisiert wird, dass die konkrete Ausgestaltung der Bonusregelung nur in einer Verwaltungsvorschrift und nicht im Gesetz selbst geregelt ist.[698]

Die Bonusregelung sieht ebenfalls einen Erlass beziehungsweise eine Reduktion der Geldbuße als Gegenleistung für die Kooperation der Unternehmen während des Ermittlungsverfahrens vor. Einen Erlass kann ein Unternehmen erlangen, wenn es als Erstes dem Bundeskartellamt Beweismittel bezüglich des Verstoßes übermittelt und „ununterbrochen und uneingeschränkt mit dem Bundeskartellamt zusammenarbeitet.“[699] Alle weiteren Unternehmen können noch eine Reduktion der Geldbuße um bis zu 50% erreichen, wenn sie „[...] Beweismittel vorlegen, die wesentlich dazu beitragen, die Tat nachzuweisen und ununterbrochen und uneingeschränkt mit dem Bundeskartellamt zusammenarbeiten.“[700] Die Anforderungen an die Kooperationspflichten werden konkreter beschrieben.[701]

Bezüglich des Verhältnisses zwischen der Bonusregelung und der Berücksichtigung von Compliance-Programmen gibt es einen ähnlichen Wertungswiderspruch wie auf EU-Ebene.[702] Das Bundeskartellamt ist der Meinung, dass die Bonusregelung an sich genügend Anreize für Compliance-Maßnahmen biete, da diese dazu beitragen würden, die Bonusregelung effektiv nutzen zu können. Darüber hinaus sollten Compliance-Programme aber keine Auswirkungen haben, um nicht ineffektive Programme zu belohnen.[703] Ähnlich wie die Kommission verkennt das

---

697 *Bundeskartellamt*, Bekanntmachung Nr. 9/2006 über den Erlass und die Reduktion von Geldbußen in Kartellsachen vom 07.03.2006.

698 Dannecker/Biermann, in: Immenga/Mestmäcker, et al., § 81 GWB, 512, 538.

699 *Bundeskartellamt*, Bekanntmachung Nr. 9/2006 über den Erlass und die Reduktion von Geldbußen in Kartellsachen vom 07.03.2006, Rn. 3 ff.

700 *Bundeskartellamt*, Bekanntmachung Nr. 9/2006 über den Erlass und die Reduktion von Geldbußen in Kartellsachen vom 07.03.2006, Rn. 5.

701 *Bundeskartellamt*, Bekanntmachung Nr. 9/2006 über den Erlass und die Reduktion von Geldbußen in Kartellsachen vom 07.03.2006, Rn. 6 ff.

702 Siehe Teil 3 B II Nr. 5.

703 *Bundeskartellamt*, Bericht über seine Tätigkeit in den Jahren 2011/2012 sowie über die Lage und Entwicklung auf seinem Aufgabengebiet und Stellungnahme der Bundesregierung, BT-Drucks. 17/13675, 32; *Mundt*, Compliance Praxis Service Guide 2014, 12 (13); *Ost/Kallfaß u.a.*, NZKart 2016, 447 (453).

Bundeskartellamt, dass die Berücksichtigung von Compliance-Programmen und die Bonusregelung verschiedene Kategorien des Kartellverfahrens betreffen. Das Bundeskartellamt reduziert das Compliance-Programm mit seinem Hinweis auf die Vorteile im Rahmen der Bonusregelung auf seinen praktischen Nutzen. Nicht berücksichtigt wird, dass das Compliance-Programm auch einen Hinweis auf die Einstellung des Unternehmens während der Tat gibt und somit den Unrechtsgehalt des Tatvorwurfs betrifft. Nach § 17 Abs. 3 OWiG, § 81 Abs. 4 GWB und Rn. 4 der Bußgeldleitlinien müssen bei der Bußgeldbemessung jedoch alle täterspezifischen Faktoren berücksichtigt werden.

Nur Unternehmen, die alleiniger Anführer eines Kartells waren oder andere zur Teilnahme gezwungen haben, können die Geldbuße nicht nach der Bonusregelung erlassen bekommen. Geht es lediglich um eine Bußgeldreduktion, besteht noch nicht einmal diese Einschränkung bezüglich des Tatvorwurfs.[704] Eine gute Kooperation während des Ermittlungsverfahrens kann die Schwere der Zuwiderhandlung jedoch nicht neutralisieren. Trotzdem achtet das Bundeskartellamt die Vorteile der Kooperation so hoch, dass es eine Reduktion unabhängig von der Schwere des Vorwurfs gewährt. Wenn es Unternehmen mit Compliance-Programm einzig auf die Bonusregelung verweist, sich aber nicht mit dem Unrechtsgehalt des Tatvorwurfs auseinandersetzt, liegt eine Ungleichbehandlung der Unternehmen vor.[705] Dieser Wertungswiderspruch kann nicht mit der Effizienz der Bonusregelung gerechtfertigt werden. Compliance-Programme sind daher unabhängig von ihrem Nutzen für die Bonusregelung bei der Ermittlung der Schwere der Zuwiderhandlung zu berücksichtigen.

III. Zusammenfassung: Berücksichtigung von Compliance-Programmen im deutschen Kartellrecht

Sowohl im deutschen als auch im europäischen Kartellrecht ist Normadressat des Verbotes „das Unternehmen". Mit der 9.GWB-Novelle hat der deutsche Gesetzgeber klargestellt, dass das europäische Konzept der wirtschaftlichen Einheit nicht nur auf der Ebene des Norm-, sondern auch auf der des Sanktionsadressaten zu übernehmen ist. Daher wird der Kartellverstoß seit der aktuellen Reform durch zwei Normen zugerechnet: Die Haftung des Verbandes, dem der Täter angehört, ergibt sich über § 30 Abs. 1 OWiG. Die Haftung des Verbandes, dem dieser Verband angehört, erfolgt über § 81 Abs. 3a GWB.

Auf Tatbestandsebene können Compliance-Programme zum einen im Rahmen des § 130 Abs. 1 OWiG dem Nachweis der gehörigen Aufsichtspflichterfüllung dienen. Eine mittelbare Aufsichtspflicht aus § 30 OWiG oder § 81 Abs. 3a GWB auf Grund eines Organisationsvorverschuldens lässt sich jedoch nicht ableiten.

---

704 Vgl. Wortlaut *Bundeskartellamt*, Bekanntmachung Nr. 9/2006 über den Erlass und die Reduktion von Geldbußen in Kartellsachen vom 07.03.2006, 3 ff.
705 *Bosch/Colbus u.a.*, WuW 2009, 740 (746).

Allerdings können Compliance-Programme im Rahmen des § 81 Abs. 3a GWB belegen, dass kein Einfluss auf das Marktverhalten der beherrschten Gesellschaft bestand, soweit diese entgegen der Compliance-Vorgaben handelte. Dafür ist jedoch eine begrenzende verfassungskonforme Auslegung erforderlich, durch die Vorwerfbarkeit und Einflussmöglichkeiten einander angenähert werden.

Auf Rechtsfolgenseite helfen Compliance-Programme als eigenständiger mildernder Umstand bei der Bewertung des begangenen Unrechts. Sie geben als unternehmensspezifischer Faktor Hinweise auf die Einstellung des Verbandes zur Rechtsordnung. Darüber hinaus dienen sie im Rahmen der positiven Prävention der Verhaltenslenkung. Werden Compliance-Programme bei der Bewertung des Unrechts nicht beachtet, besteht ein Wertungswiderspruch zur Bonusregelung.

Da sich die Sanktion an dem Vorwurf orientieren muss, der dem Täter gemacht wird, können effektive Compliance-Programme grundsätzlich strafmildernd berücksichtigt werden. Zu überlegen ist, ob es einen Anspruch auf die Berücksichtigung von Compliance-Programmen gibt. Dies könnte verneint werden, da die Sanktionsbemessung im weiten Ermessen der Verfolgungsbehörden steht.[706] Andererseits ist das Ermessen begrenzt durch die Vorschriften § 17 Abs. 3 OWiG und § 81 Abs. 4 S. 6 GWB, sowie durch die Bußgeldleitlinien des Bundeskartellamtes als Form der Selbstbindung. Nach all diesen Vorschriften richtet sich die Bemessung der Geldbuße nach dem Tatvorwurf. Bei der Bewertung sind täterbezogene Kriterien zwingend zu berücksichtigen, somit auch Compliance-Programme als Ausdruck der Einstellung des Täters zur Rechtsordnung. Da die Bußgeldbemessung jedoch eine Bewertung der Umstände des Einzelfalles darstellt,[707] gibt es keinen Anspruch, dass sich ein Compliance-Programm im Ergebnis automatisch positiv niederschlägt. Anschaulicher ausgedrückt: Wie auf europäischer Ebene müssen Compliance-Programme bei der Bußgeldbemessung als täterbezogener Umstand mit auf die Waage. Wie die Waage ausschlägt, hängt jedoch von den anderen Steinchen (Umständen) des Einzelfalles ab.

---

706 *Seeliger/Mross* Kartellrechts-Compliance, 2013, in: FFK-Kartellrecht, Allg. Teil E (Rn. 111); Dannecker/Biermann, in: Immenga/Mestmäcker, et al., Vor § 81 GWB, Rn. 576 ff; Meyer-Lindemann, in: Loewenheim/Meessen, et al., § 81 GWB, Rn. 113.

707 Vgl. *Bundeskartellamt*, Bußgeldleitlinien vom 25.06.2013, Rn. 16.

5. Teil: Blick in andere Rechtsordnungen

Nicht nur die europäische und die deutsche Rechtsordnung, auch andere Rechtsordnungen haben sich mit der Frage nach der Berücksichtigung von Compliance-Programmen bei Verbandssanktionen auseinandergesetzt. Aus einer rechtsvergleichenden Betrachtung können sich Erkenntnisse für das deutsche und das EU-Recht ergeben. Daher wird im Folgenden zunächst das methodische Feld der Rechtsvergleichung abgesteckt (A). Es folgen sodann die Landesberichte und ein Vergleich mit der Situation im deutschen und europäischen Recht (B).

A. Methodisches Vorgehen bei der Rechtsvergleichung

Bei der Rechtsvergleichung gibt es verschiedene Vorgehensweisen, die vom jeweilig angestrebten Erkenntnisziel abhängen.[708] Hier soll eine funktionale Rechtsvergleichung erfolgen, bei der an einen Lebenssachverhalt angeknüpft wird statt an juristische Begrifflichkeiten.[709] Der zu vergleichende Lebenssachverhalt besteht vorliegend darin, dass ein Mitarbeiter einer Gesellschaft, die Teil eines Konzerns ist, an einem Kartellverstoß teilgenommen hat. Das Erkenntnisziel ist die Beantwortung folgender Fragen: Inwiefern haften Tochter- und Muttergesellschaft für den Kartellverstoß des Mitarbeiters? Inwiefern können sie in diesem Fall durch ein Compliance-Programm ihre Haftung reduzieren? Wie lösen andere Rechtsordnungen das Prinzipal-Agenten-Problem und versuchen, ein Gleichgewicht zwischen Kontrolle und Verantwortung zu finden? Inwiefern wird bei der Sanktionierung von Kartellen die Durchsetzung von Wettbewerbspolitik relevant?

Ausgewählt für einen ausführlichen Rechtsvergleich wurde das Wettbewerbsrecht der USA.[710] Grund hierfür ist, dass bei Gründung der Europäischen Wirtschaftsgemeinschaft 1957 das eingeführte Wettbewerbsrecht stark vom amerikanischen Wettbewerbsrecht inspiriert wurde und die damaligen Art. 81 und Art. 82 EWG-Vertrag (heute Art. 101 und Art. 102 AEUV) fast wortgleich sind mit § 1 und § 2 des Sherman Act.[711] Auch wenn sich das Wettbewerbsrecht durch Anwendung in beiden Rechtsordnungen nicht in die gleiche Richtung entwickelte, so ergibt sich aus der ursprünglich gleichen Ausgangslage eine vielversprechende Situation für eine rechtsvergleichende Betrachtung.

Im Anschluss an den Vergleich mit der Rechtslage in den USA soll die Berücksichtigung von Compliance-Programmen in Großbritannien und Frankreich

---

708 *Kischel*, Rechtsvergleichung, 154 ff.
709 *Zweigert/Kötz*, Einführung in die Rechtsvergleichung, 33 ff; *Kischel*, Rechtsvergleichung, 94.
710 Begriffliches: „Amerikanisch" bezieht sich nachfolgend nur auf die USA.
711 *Beltrametti*, 48 Vanderbilt J. Transn. L. 2015, 1147; *Gifford/Kudrle*, Antitrust Bulletin 2003, 727 (741 ff.).

vorgestellt werden. Dieser Teil ist vorwiegend deskriptiv gehalten und weniger ausführlich als die Darstellung der Situation in den USA. Es soll auf ihn jedoch nicht verzichtet werden, da er verdeutlicht, dass in anderen Mitgliedstaaten der EU Compliance-Programme durchaus strafmildernd berücksichtigt werden. Es ist auf Grund der fortgeschrittenen Harmonisierung des Kartellrechts bemerkenswert, dass die britische und die französische Rechtsordnung eine Compliance Defence bei Kartellverstößen vorsehen, obwohl sie von der Kommission auf europäischer Ebene verworfen wird.

Bezüglich des Sprachgebrauches werden, so weit möglich, deutsche Begriffe verwendet. Bei der Übersetzung von Fachbegriffen handelt es sich um eine Arbeitsübersetzung, d.h. sie orientiert sich an dem Zweck der Untersuchung. Es wird kein Anspruch erhoben, die jeweiligen rechtlichen Begriffe mit all ihren Nuancen in die deutsche Sprache übertragen zu haben.

B. Landesberichte und Vergleich

I. Compliance Defence in den USA

Um die amerikanische Compliance Defence angemessen einordnen zu können, ist zunächst die Rechtslage im Kartellrecht der USA zu betrachten (1). Steht fest, wie und in welchem Kontext eine Compliance Defence in den USA möglich ist, lässt sich ein Vergleich zum europäischen und zum deutschen Kartellrecht ziehen (2).

1. Darstellung der Rechtslage im Kartellrecht der USA

Um ein angemessenes Verständnis des amerikanischen Kartellrechts zu erhalten, ist es zunächst erforderlich, das Kartellverbot selbst zu betrachten (a). Im Anschluss wird dargestellt, wer Haftungs- und Sanktionsadressat des amerikanischen Kartellverbotes ist (b). Schließlich wird die Bemessung der Geldbuße nach den USSG untersucht (c).

a) Das Kartellverbot

Das materielle Kartellverbot besteht in den USA seit dem Sherman Act von 1890 und findet sich heute in 15 U.S.C. § 1. Danach sind Verträge, Zusammenschlüsse oder Vereinbarungen, die den Handel zwischen den Bundesstaaten oder mit anderen Ländern beeinträchtigen, verboten. Umfasst werden sowohl horizontale als auch vertikale Vereinbarungen. Der Missbrauch von Marktmacht wird durch 15 U.S.C. § 2 untersagt. Da die Tatbestände sehr weit gefasst sind, hat sich in der Entscheidungspraxis eine Differenzierung nach per-se-Verstößen und nach rule of reason-Verstößen herausgebildet. Per se verboten sind die sogenannten Hardcore-Kartelle wie Preisabsprachen,[712] die Aufteilung von Märkten[713] oder Absprachen über den Gewinner von Ausschreibungen.[714] Bei anderen Verhaltensweisen besteht jedoch ein Beurteilungsspielraum, bei dem alle wettbewerbsrechtlichen Umstände betrachtet werden. Da das Kartellverbot die Vertragsfreiheit einschränkt, sind legitime Gründe denkbar, warum ein kritisches Verhalten doch zulässig sein kann.[715] Berücksichtigt werden können beispielsweise die Auswirkungen auf die betroffenen Märkte, konkurrenzfördernde Effekte und die Wirtschaftlichkeit einer Alternativregelung.[716] Diese Umstände werden abgewogen und dann befunden, ob die Einschränkung des Wettbewerbs unangemessen (unreasonable) ist.

b) Haftungs- und Sanktionsadressat

Nach 15 U.S.C. § 1 sind Adressaten des Kartellverbotes sowohl natürliche Personen als auch Unternehmen. Auch wenn das Kartellverbot mit „corporations" nur Kapitalgesellschaften bezeichnet, so sind doch alle gesellschaftsrechtlichen Organisationsformen Adressaten des Verbotes, 15 U.S.C § 7. Verstößt eine natürliche Person gegen das Kartellverbot im Rahmen ihres Arbeitsverhältnisses, so kann es zu einer Haftung sowohl der natürlichen Person als auch des Unternehmens kommen.[717]

Dass ein Verband strafrechtlich zur Verantwortung gezogen werden kann, geht auf eine lange Entwicklung in der Rechtsprechung zurück.[718] In dem Fall New York Central & Hudson River Railroad Company v. United States entschied der Supreme Court 1909, dass das Konzept des *respondeat superior* aus dem Deliktsrecht auch zur strafrechtlichen Verantwortlichkeit des Unternehmens führen kann.[719] Nach den Grundsätzen des *respondeat superior* haftet ein Unternehmen für das Verhalten eines Mitarbeiters, wenn dieser im Rahmen seines Arbeitsverhältnisses einen Rechtsverstoß begeht, unabhängig vom Grad des Verschuldens des Mitarbeiters.[720] Für die strafrechtliche Verantwortlichkeit muss hinzu kommen, dass der Mitarbeiter mit der Tat beabsichtigte, dem Unternehmen zu nutzen.[721] Ist dies der Fall, so werden sowohl

---

712 Catalano Inc. v. Target Sales Inc., 446 U.S. 643, 100 (1925).

713 United States v. Topco Associates Inc., 405 U.S. 596, 92 (1972).

714 Addyston Pipe & Steel Co. V. United States, 175 U.S. 211, 20 (1899).

715 Addyston Pipe & Steel Co. V. United States, 175 U.S. 211, 20 (1899); Standard Oil Co. Of New Jersey v. United States, 221 U.S. 1 (1911).

716 Liste nach Broadcast Music Inc. v. Columbia Broadcasting System Inc., 441 U.S. 99 (1979); *Hay,* US-Amerikanisches Recht, 229.

717 United States v. Wise, 370 U.S. 405 (1962); U*nited States v. MacAndrews & Forbes Co.,* 149 F. 823 (1906)

718 Ausführliche historische Darstellung bei *Brickey,* 60 Washington Univ. L. Quaterly 1982–1983, 393.

719 New York Central & Hudson River Railroad Company v. United States, 212 U.S. 481, 482 (1909); *Walsh/Pyrich,* 47 Rutgers L. Rev. 1995, 605 (617).

720 Lake Shore & Michigan Southern Railway. Co. v. Prentice, 147 U.S. 101 (1893).

721 New York Central & Hudson River Railroad Company v. United States, 212 U.S. 481, 482 (1909).

die Handlung des Mitarbeiters als auch sein Verschulden und Rechtsverletzungswille (mens rea) dem Unternehmen zugerechnet.[722] Es ist dabei nicht erforderlich, dass er ausschließlich zum Wohle des Unternehmens handelt. Nur wenn er allein von Eigennutz motiviert ist, kann eine Zurechnung der Haftung entfallen.[723] Da die Delegation von Aufgaben nicht zu einem Wegfall der Verantwortlichkeit führen dürfe, sollen Verstöße von Mitarbeitern aller Hierarchien zugerechnet werden können, von Vorstandsmitgliedern und anderen Führungspersonen (high-level personnel), bis hin zu einfachen Angestellten.[724]

Für die Berücksichtigung von Compliance-Programmen ist besonders die Frage relevant, ob auch eine Zurechnung erfolgt, wenn der Mitarbeiter gegen die ausdrücklichen Weisungen des Unternehmens verstoßen hat. Bis in die 1950er führten Compliance-Programme vereinzelt zum Haftungsausschluss auf Tatbestandsebene.[725] Seitdem hat sich jedoch in Rechtsprechung und Verfolgungspraxis die Ansicht durchgesetzt, dass die strafrechtliche Verantwortlichkeit von Unternehmen unabhängig von einem eigenen Verschulden bestehe (vicarious liability). Ein Unternehmen haftet auch dann für das rechtswidrige Verhalten seiner Mitarbeiter, wenn dieses gegen ausdrückliche Weisungen der Unternehmensleitung verstößt.[726] Durch die weite Haftung soll eine größtmögliche Abschreckung geschaffen werden, um die Unternehmen dazu zu bewegen, ihre Mitarbeiter zu rechtskonformem Verhalten anzuleiten.[727] Compliance-Programme führen daher nicht zu einem Wegfall der Haftung auf Tatbestandsebene.[728]

Es wird vielfach kritisiert, dass das anvisierte Ziel durch die Haftung der Unternehmen für das Verschulden Dritter gerade nicht erreicht werde. Diese Art der Haftung schaffe zwar mit den drohenden Sanktionen ein erhebliches Abschreckungspotenzial. Da Unternehmen die Haftung jedoch durch keinerlei Maßnahmen

---

722 New York Central & Hudson River Railroad Company v. United States, 212 U.S. 481, 482 (1909); *Walsh/Pyrich*, 47 Rutgers L. Rev. 1995, 605 (607); *Huff*, 96 Colum. L. Rev. 1996, 1252 (1256); *Henning*, 73 Ohio St. L. J. 2012, 883 (901); *Perschke*, in: FS Achenbach, 317 (327).

723 United States v. Gold, 743 F.2d 800, 823 (1984); United States v. Beusch, 596 F.2d 871, 877–878 (1979); *Brown*, 41 Loyola L. Rev. 1995–1996, 279 (294); *Perschke*, in: FS Achenbach, 317 (326).

724 Zusammenfassende Übersichten bei *Brown*, 41 Loyola L. Rev. 1995–1996, 279 (285 ff.); *Perschke*, in: FS Achenbach, 317 (320 ff.); *Engelhart*, Sanktionierung von Unternehmen und Compliance, 92 ff.

725 John Gund Brewing Co. v. United States, 204 F. 17, 23 (1913); Holland Furnace Co. v. United States, 158 F.2d 2, 8 (1946); *Brown*, 41 Loyola L. Rev. 1995–1996, 279 (309 ff.); *Walsh/Pyrich*, 47 Rutgers L. Rev. 1995, 605 (662 f.).

726 *United States v. Beusch*, 596 F.2d 871, 878 (1979); *United States v. Basic Construction Co.*, 711 F.2d 570, 573 (1983).

727 United States v. A & P Trucking Co., 358 U.S. 121, 126 (1958); *Pitt/Groskaufmanis*, 71 Boston University L. Rev. 1991, 447 (449 f.).

728 *United States v. Basic Construction Co.*, 711 F.2d 570, 573 (1983); United States v. Potter, 463 F.3d 9 (2006); § 9.28.800 U.S. Attorney Manual (USAM).

abwenden könnten, verlören sie auch die Motivation, um sich besonders in der Prävention zu engagieren. Die verschuldensunabhängige Haftung sei damit ein Beispiel dafür, dass die Abschreckung zum Zwecke der negativen Prävention so zu wählen sei, dass sie das eingetretene Unrecht widerspiegle, aber auch die Kontrollmöglichkeiten und - bemühungen des Unternehmens.[729] Bei Gerichten und Verfolgungsbehörden hat diese Kritik bislang jedoch nicht zu einer Änderung der Entscheidungspraxis geführt.[730] Es bleibt damit bei einer Haftung für fremdes Verschulden, ohne dass sich das Unternehmen durch Erfüllung von Sorgfaltspflichten exkulpieren kann.

Das Kartellverbot selbst gibt keinen Hinweis darauf, wie die Haftung in Konzernkonstellationen zu beurteilen ist. 15 U.S.C. § 1 und § 2 sprechen nur von der Haftung von Personen, zu denen nach 15 U.S.C. § 7 auch juristische Personen gehören. Die Rechtsprechung hat jedoch entschieden, dass die juristische Selbständigkeit von Konzerngesellschaften grundsätzlich auch zu einer unabhängigen Beurteilung der Haftung führt. Gesellschafter eines Unternehmens und das Unternehmen selbst sind unabhängig voneinander zu betrachten, auch wenn sie wirtschaftlich gesehen eine Einheit darstellen.[731] Für eine Konzernobergesellschaft bedeutet dies, dass sie für Verstöße der Tochtergesellschaft nur haftet, wenn einem ihrer eigenen Mitarbeiter ein Vorwurf gemacht werden kann, z.B. Kenntnis und Toleranz des Kartellverstoßes. Die Ausübung von Kontrolle oder Einfluss als Gesellschafter allein führt nicht zu einer Haftung für Verstöße der Tochtergesellschaft.[732]

---

729 *Pitt/Groskaufmanis*, 71 Boston University L. Rev. 1991, 447 (450 ff.); *Arlen*, 23 J. Legal Studies 1994, 833; *Brown*, 41 Loyola L. Rev. 1995–1996, 279 (321 ff.); *Walsh/Pyrich*, 47 Rutgers L. Rev. 1995, 605 (643 ff.); *Henning*, 73 Ohio St. L. J. 2012, 883 (901 ff.).

730 United States v. Hilton Hotels Corp., 467 F.2d 1000, 1007 (1972); United States v. Twentieth Century Fox Film Co., 882 F.2d 656, 658 (1989); vgl. § 9.28.800 des aktuellen USAM.

731 United States v. Bestfoods, 524 U.S. 51, 61 (1998); Burnet v. Clark, 287 U. S. 410, 415 (1932); *Miller/Sandrock*, GCP: The Antitrust Chronicle 2009, 1.

732 Sherman v. British Leyland Motors, Ltd., 601 F.2d 429, 441 (1979); United States v. Bestfoods, 524 U.S. 51, 61 (1998). Ausnahme, wenn eine weitgreifende Kontrolle vorliegt und ein Missbrauch der rechtlichen Selbständigkeit: Sonora Diamond Corp. v. Superior Court, 83 Cal. App. 4th 523, 539 (2000); *Miller/Sandrock*, GCP: The Antitrust Chronicle 2009, 1 (3). Die eigenständige Betrachtung der Verantwortlichkeit von Mutter- und Tochtergesellschaft bedeutet jedoch nicht, dass Verträge zwischen ihnen grundsätzlich nach dem Kartellverbot zu prüfen sind. Es ist vielmehr zu überprüfen, ob der Vertrag das per se-Verbot verletzt oder eine angemessene Beschränkung des Wettbewerbes darstellt; Copperweld v. Independence Tube, 467 U.S. 752 (1984).

c) Die Bemessung der Geldbuße

Der normative Rahmen für die Bußgeldbemessung – und für eine Compliance Defence - ergibt sich aus den USSG (1), die auf Grund ihrer Detailliertheit und Reichweite vielfach kritisiert wurden (2).

(1) Normativer Rahmen

Das amerikanische Kartellgesetz schreibt nur den maximalen Bußgeldrahmen für eine Sanktion vor. Die Sanktion für Kartellverstöße beträgt nach 15 U.S.C. § 1 für natürliche Personen bis zu einer Million Dollar oder bis zu 10 Jahren Haft, für Unternehmen bis zu 100 Millionen Dollar. Konkrete Aussagen zur Bußgeldbemessung werden jedoch nicht getroffen. Daher richtet sich diese nach den allgemeinen Regeln, so dass über 18 U.S.C. § 3553 b) die US Sentencing Guidelines (USSG) anwendbar sind. Ursprünglich interpretiert als bindend, wurde durch den Supreme Court festgestellt, dass die USSG höchstens beratende (advisory) Wirkungen haben können.[733] Formuliert für die Ermittlung einer angemessenen Strafe im Strafverfahren, stellen die USSG aber auch Richtlinien für die Ermittlungsbehörden dar.[734] Nach der Entscheidung des Supreme Court besteht damit grundsätzlich ein Ermessen der Verfolgungsbehörden und der Gerichte, auch wenn die USSG sehr detaillierte Vorgaben zur Ermittlung der angemessenen Sanktion machen.

Die USSG gelten für alle Straftaten und Ordnungswidrigkeiten, die durch Bundesrecht normiert sind. Relevant für die Bemessung von Sanktionen im Kartellrecht ist insbesondere § 8 USSG, da sich dieser Abschnitt auf die Sanktionen gegen Unternehmen bezieht.

Die Bemessung der Geldbuße nach den USSG erfolgt nach einer stark mathematisierten Methode. Zwar gibt es ebenso wie im deutschen und europäischen Recht einen Grundbetrag, der durch Berücksichtigung erschwerender und mildernder Umstände angepasst wird. Die jeweiligen Umstände werden jedoch mit einem Punkte-System bewertet: Der Grundbetrag (base fine) richtet sich nach der Schwere des Delikts (offense level) oder nach dem kartellbedingten Mehrerlös, je nachdem was höher ist, § 8 C2.4 (a) USSG. Richtet sich der Grundbetrag nach dem Offense Level, dann wird für Submissions- und Preisabsprachen oder die Aufteilung von Märkten nach § 2 R1.1 USSG mit 12 Punkten begonnen. Je nachdem, wie hoch der Umsatz im kartellbeteiligten Bereich war, werden weitere Punkte hinzugezählt. Danach wird die Schwere des Tatvorwurfs im sogenannten Culpability Score ermittelt, ebenfalls in Punkten. Dieser entspricht einem Faktor, mit dem der Grundbetrag multipliziert und so schließlich die Höhe der Sanktion ermittelt wird.[735]

Erschwerende Umstände stellen nach § 8 C2.5 USSG beispielsweise der Grad der Beteiligung an der Zuwiderhandlung (insbesondere inwiefern leitende Mitarbeiter

---

733 *Supreme Court* vom 12.01.2005 United States v. Booker, 543 U.S. 220 (2005).
734 Verweis auf USSG beispielsweise in § 7.5.613 oder § 9.28.800 USAM.
735 Detailliertere Darstellung der Berechnung bei *Howell,* Sentencing of Antitrust Offenders, 1–3.

beteiligt waren), die wiederholte Beteiligung an einer Zuwiderhandlung und die Behinderung der Ermittlungen dar. Mildernd berücksichtigt wird die Selbstanzeige, sowie Kooperation und Anerkennung des Vorwurfs und schließlich die Existenz eines effektiven Compliance- und Werteprogramms.

Damit erkennen die USSG Compliance-Programme explizit als mildernden Umstand an. Das Versagen eines Compliance-Programmes im konkreten Fall bedeutet nicht, dass das Programm an sich generell ineffektiv war.[736]

Wenn Vertreter der Führungsebene an dem Verstoß beteiligt waren, besteht die widerlegbare Vermutung, dass das Compliance-Programm nicht effektiv war, § 8 C2.5 (f) (B) USSG. Diese Vermutung greift nach § 8 C2.5 (f) (C) USSG jedoch nicht, wenn das Unternehmen den Verstoß selbst gemeldet hat und kein Compliance-Verantwortlicher zu den betroffenen Leitungspersonen gehört.

Die konkreten Anforderungen an ein Compliance- und Werteprogramm werden in § 8 B 2.1 a) USSG genannt: Dazu gehört erstens die angemessene Sorgfalt bezüglich des Verhinderns und Entdeckens von Verstößen, sowie zweitens die Etablierung einer werteorientierten Unternehmenskultur. § 8 B 2.1 b) USSG konkretisiert die angemessene Sorgfalt mit einer ausführlichen Liste von Anforderungen. Ein Großteil der Anforderungen deckt sich mit den im zweiten Teil beschriebenen Elementen eines effektiven Compliance-Programms.[737] So soll regelmäßig das Risiko für Rechtsverstöße ermittelt werden (Standortbestimmung). Mitarbeiter müssen regelmäßig und nachhaltig über rechtstreues Verhalten und Funktionsweise des Compliance-Programmes unterrichtet werden. Leitungspersonen müssen mit gutem Beispiel vorangehen (Top-Down-Approach, Information und Kommunikation). Das Unternehmen muss die Aufsicht über die Umsetzung des Compliance-Programms sicherstellen, insbesondere indem ein oder mehrere Compliance-Verantwortliche mit der Umsetzung des Programms betraut werden. Das Programm muss regelmäßig auf seine Effektivität hin überprüft werden (Überwachung und Kontrolle). Auch für Compliance-Programme nach § 8 B 2.1 USSG gilt, dass sich die konkreten Anforderungen nach der spezifischen Situation des Unternehmens richten, insbesondere der Branche, in der das Unternehmen tätig ist, seiner Größe und ob bzw. welche Rechtsverstöße es aus dem Unternehmen heraus schon gegeben hat.[738] Weitere Anforderungen können sich daher auch aus anderen Gesetzen ergeben. Besonders relevant in diesem Bereich sind der Sarbanes-Oxley-Act und der Foreign Corrupt Practices Act, die Anforderungen an die Finanzberichterstattung und Rechnungslegung stellen.[739]

---

736 Ebenso DOJ in § 9.28.800 USAM.
737 Vgl. Teil 2 A III 3. Ausführlichere Übersicht der Anforderungen nach § 8 B 2.1 USSG: *Hopson/Koehler*, CCZ 2008, 208. Für Details der Anforderungen wird auf die Originalquelle verwiesen.
738 *Withus*, CCZ 2011, 63 (64).
739 Beispielsweise verpflichtet Sec. 301 (4) Sarbanes-Oxley-Act zur Einrichtung einer Whistleblower-Hotline; *Eufinger*, CCZ 2016, 209 (211); *Strauch*, NZG 2003, 952;

Neben der Minderung der Geldbuße stellt ein Compliance-Programm einen Faktor dar, der dazu führen kann, dass das Department of Justice (DoJ), das für die Verfolgung von Kartellverstößen zuständig ist, von einer Bestrafung absieht, § 9.28.300 Nr. 5 USAM.[740] Das USAM stellt zwar selbst keine positiven Anforderungen an effektive Compliance-Programme, sondern verweist auf § 8 B2.1 USSG. Es gibt den Ermittlern aber Leitfragen für die Untersuchung an die Hand, aus denen sich organisatorische Anforderungen ableiten lassen, z.b. ob das Compliance-Programm dazu geführt hat, dass der Verstoß durch das Unternehmen selbst und zeitnah gemeldet wurde, oder, ob es angemessene Berichtstrukturen gibt, die es den Führungspersonen ermöglichen, informierte Entscheidungen zu rechtstreuem Verhalten treffen zu können.

DoJ und Gerichte können damit explizit Compliance-Programme bußgeldmindernd berücksichtigen. Für das Kartellrecht hat sich dies in der Entscheidungspraxis jedoch nur zögernd bemerkbar gemacht. Dies liegt zum einen an den Voraussetzungen für eine mildernde Berücksichtigung, wie z.b. dem Ausschlussgrund bei Beteiligung von Führungspersonal, und zum anderen an der Verfolgungspolitik des DoJ. In seinem Memorandum vom 12.12.2006 war der damalige Deputy Attorney General des DoJ der Ansicht, dass Kartellverstöße das „Herz" des Unternehmens beträfen. Daher käme bei Kartellverstößen die Berücksichtigung mildernder Umstände wie Compliance-Programme grundsätzlich nicht in Betracht.[741] Möglicherweise steht jedoch eine Änderung der Verfolgungspolitik bevor. In dem Verfahren gegen Kayaba Industry Co. Ltd. (Kayaba) wegen Kartellabsprachen auf dem Markt für Automobilstoßdämpfer bewertete das DoJ die nachträgliche Einrichtung eines Compliance-Programmes als positiv und berücksichtigte es bußgeldmindernd.[742]

Immenga, in: FS Schwark, 199 (205 ff.); *Henning*, 73 Ohio St. L. J. 2012, 883 (899 f.); *Grützner/Behr*, CCZ 2013, 71.

740 USAM ist die Abkürzung für das US Attorney Manual. Das USAM beinhaltet interne Richtlinien der amerikanischen Verfolgungsbehörden, ist also für Dritte nicht rechtsverbindlich. Das USAM gibt aber Aufschluss über die Behandlung von Compliance im Ermittlungsverfahren bei Kartellverstößen; *Huff*, 96 Colum. L. Rev. 1996, 1252 (1269 f.). Ermittlungen nach dem FCPA gegen die Bank Morgan Stanley wegen Bestechungszahlungen in China wurden beispielsweise eingestellt, da die Bank ein effektives Compliance-Modell betrieb: *Grützner/Behr*, CCZ 2013, 71.

741 „However, this would not necessarily be appropriate in an antitrust investigation, in which antitrust violations, by definition, go to the heart of the corporation's business and for which the Antitrust Division has therefore established a firm policy, understood in the business community, that credit should not be given at the charging stage for a compliance program and that amnesty is available only to the first corporation to make full disclosure to the government." *DoJ*, Principles of Federal Prosecution of Business Organizations vom 12.12.2006, 5 f.

742 *DoJ* vom 29.10.2015 United States Sentencing Memorandum and Motion for a downward Departure pursuant to United States Sentencing Guidelines § 8 C4.1 (Kayaba) (6 ff.); *United States District Court Southern District of Ohio*, Urteil vom 02.11.2015 – Crim.No. 1:15cr098 US v Kayaba.

Das Fehlen angemessener Aufsichtsmaßnahmen wird von den USSG zwar nicht als erschwerender Umstand gewertet. Neben der Geldbuße können gegen Unternehmen in den USA aber weitere Sanktionen verhängt werden, z.b. gemeinnützige Arbeit und Bewährungsauflagen.[743] Zu letzterer kann die Verpflichtung zur Einführung beziehungsweise Anpassung eines Compliance-Programmes führen, § 8 D1.4 (b) (1) USSG. Zum Zwecke der Spezialprävention sollen auf diese Weise Organisationsdefizite ausgeglichen werden, die zum Verstoß beigetragen haben.[744] Die Auflage zur Einrichtung eines Programms kann auch bei der Festlegung der Geldbuße mindernd berücksichtigt werden.[745]

Compliance-Programme können als Auflage daher ebenfalls beschwerend wirken. Ein Fehlen führt aber nicht zu einer Erhöhung der Geldbuße.

(2) Kritik an den USSG

Von wissenschaftlicher und unternehmerischer Seite ist die Sanktionsbemessung nach den USSG auf vielfältige Kritik gestoßen. Vorliegend soll es nur um solche Argumente gehen, die für Compliance-Programme und Kartellrechtssanktionen gegenüber Unternehmen relevant sind.

Kritisiert werden könnte, dass Compliance-Programme erst auf Rechtsfolgenebene berücksichtigt werden, nicht aber auf Tatbestandsebene. Wenn Mitarbeiter entgegen den ausdrücklichen Weisungen des Unternehmens handeln, dann sollte der Vorwurf des Kartellverstoßes schon auf Tatbestandsebene entfallen.[746] Eine Berücksichtigung auf Tatbestandsebene im Rahmen einer Sorgfaltspflichtverletzung hätte einen stärkeren verhaltenssteuernden Effekt als die Berücksichtigung bei der Bestimmung der Rechtsfolgen.[747] Dieser Kritikpunkt bezieht sich jedoch eigentlich auf die materiellen Regelungen des Unternehmensstrafrechts in den USA, nach denen es für die Feststellung eines Verstoßes nur auf das Verhalten eines Mitarbeiters ankommt und nicht auf unternehmensspezifische Faktoren.[748] Der Auftrag der US Sentencing Commission und damit der Regelungsumfang der USSG umfassen jedoch nicht die materiellen Voraussetzungen der Unternehmenssanktion.[749]

Von Seiten der Praxis wird insbesondere vorgeworfen, dass Sanktionen für Kartellrechtsverstöße nicht die vielseitigen internen Strukturen eines Unternehmens

---

743 Vgl. § 8 B1 und § 8 D 1 USSG.

744 *Engelhart*, NZG 2011, 126 (128).

745 *DoJ* vom 29.10.2015 United States Sentencing Memorandum and Motion for a downward Departure pursuant to United States Sentencing Guidelines § 8 C4.1 (Kayaba).

746 *Brown*, 41 Loyola L. Rev. 1995–1996, 279 (321 ff.); *Pitt/Groskaufmanis*, 71 Boston University L. Rev. 1991, 447 (452); *Walsh/Pyrich*, 47 Rutgers L. Rev. 1995, 605 (689).

747 *Arlen*, 23 J. Legal Studies 1994, 833 (862 ff.).

748 Teil 5 B I 1 (b).

749 *Engelhart*, Sanktionierung von Unternehmen und Compliance, 208 f; *Gruner*, 36 Arizona L. Rev. 1994, 407 (431).

widerspiegelten. Es werde bei der Sanktionierung vielmehr von einem einheitlichen Unternehmen ausgegangen und das Prinzipal-Agenten-Problem nicht angemessen berücksichtigt.[750] Bezüglich der Tatbestandsebene und der Zurechnung von Mitarbeiterverhalten könnte diese Kritik zutreffen. Für die in diesem Abschnitt relevante Bußgeldbemessung ist jedoch darauf hinzuweisen, dass bei der Bewertung des Unrechts vor allem das individuelle Verhalten des Mitarbeiters und die Struktur im Unternehmen berücksichtigt werden. Das Unternehmen stellt für die Behörden gerade keine „Blackbox" dar, für deren interne Strukturen sie sich nicht interessieren.[751]

Des Weiteren wird gefordert, dass die USSG konkretere Vorgaben zur genauen Ausgestaltung des Programmes machen sollten, um die Anerkennung des Compliance-Programmes zu erhöhen.[752] Es ist für Führungskräfte in der Tat einfacher, wenn sie auf behördliche Vorgaben verweisen können, um organisatorische Maßnahmen im Unternehmen zu rechtfertigen. Es ist jedoch fraglich, ob konkretere Vorgaben tatsächlich zu einer erhöhten Rechtstreue führen oder nur zu mehr formalem Aufwand, da die bisherigen Vorgaben den Unternehmen genug Freiheiten belassen sollen, die erforderlichen Maßnahmen in ihrer individuellen Situation umzusetzen. Da die USSG als Richtlinien entsprechend allgemein gehalten sein müssen, ist eher von einer Konkretisierung der Pflichten durch die Entscheidungspraxis auszugehen.[753] Die Entscheidung im Fall U.S. v. Kayaba stellt hierfür einen Anfang dar, da in dem Antrag des DoJ die Compliance-Maßnahmen, auf Grund derer die Ermäßigung gewährt wurde, konkret beschrieben sind.[754]

Daneben könnte kritisiert werden, dass die Berücksichtigung von Compliance-Programmen zu einer relativ geringen Strafminderung führt, wenn man die Kosten für die Einrichtung eines Compliance-Programms berücksichtigt und die Konkurrenz zur Kronzeugenregelung, die mit weniger Beweisaufwand ebenfalls zu einer Strafminderung führen kann.[755] Bezüglich der Kosten müsste auf empirische Untersuchungen zurückgegriffen werden, die bisher nicht bestehen. Darüber hinaus ist es fraglich, ob die Kosten für ein Compliance-Programm allein im Verhältnis zur Geldbuße im Falle eines konkreten Verstoßes beurteilt werden können. Es wird schwierig sein, die Kosten für die Vermeidung eines konkreten Rechtsverstoßes und die allgemeinen Organisationskosten eines Unternehmens präzise voneinander zu trennen. Außerdem umfassen die meisten Compliance-Programme die Vorsorge

---

750 *Sokol*, Antitrust Law Journal 2012, 201 (220); *Coffee*, 79 Mich. L. Rev. 1980–1981, 386–459 (393–394); *Macey*, 71 Boston University L. Rev. 1991, 315 (315 ff.).

751 Vgl. 9.28.210 USAM; Einführungskommentar zu § 8 USSG; *Gruner*, 36 Arizona L. Rev. 1994, 407 (463).

752 *Sokol*, Antitrust Law Journal 2012, 201 (221).

753 *Murphy*, Iowa L. Rev. 2002, 697 (716).

754 *DoJ* vom 29.10.2015 United States Sentencing Memorandum and Motion for a downward Departure pursuant to United States Sentencing Guidelines § 8 C4.1 (Kayaba) (7 f.).

755 *Engelhart*, Sanktionierung von Unternehmen und Compliance, 216 f.

gegen Verstöße auch in anderen Rechtsgebieten. Die Kosten für diese Vorsorge auch bei einem Verstoß in einem anderen Rechtsgebiet zu berücksichtigen, wäre unverhältnismäßig. Das Kostenargument führt daher bei der Beurteilung der USSG nicht weiter.

Schließlich wird der Alles-oder-Nichts-Ansatz der USSG bemängelt.[756] Wenn ein Unternehmen ein nur teilweise effektives Programm eingerichtet hat, werde es bewertet wie ein Unternehmen ohne Programm. Es sei eine Abstufung einzuführen, die die Bemühungen des Unternehmens um Rechtstreue adäquat berücksichtige. Hier ist zu überlegen, ob eine Abstufung nicht zu mehr Prüfungsaufwand führt, der sich im Ergebnis nicht positiv auswirken würde. Denn in diesem Fall steht fest, dass das Programm nicht effektiv war. Eine Berücksichtigung stellt dann eine Belohnung für einen Versuch zu rechtstreuem Verhalten dar. Eine Abstufung nach Compliance-Bemühungen würde zwar zu einer Begrenzung des Ermessens führen und die Vorhersehbarkeit der Strafe erhöhen. Fraglich bleibt jedoch, ob sich dieser Vorteil für die Unternehmen tatsächlich positiv auswirkt, da die Verfolgungsbehörden in anderen Bereich weiterhin Ermessen besitzen und zudem auch bei einer Abstufung ein erheblicher Beweisaufwand besteht. Das weite Ermessen der Verfolgungsbehörden zeigt sich beispielsweise bei der Ermittlung des Multiplikators nach dem Culpability Score. Denn dieser führt nach § 8 C2.6 USSG zu einem Intervall, nicht zu einem fixen Multiplikationsfaktor. Die Wahl des konkreten Multiplikators steht im Ermessen der Verfolgungsbehörden. Eine Abstufung würde dieses Ermessen nicht begrenzen, so dass weiter bedeutende Spielräume der Verfolgungsbehörden bestehen blieben. Daneben könnte eine Abstufung dazu führen, dass Unternehmen sich weniger um effektive Programme bemühen, sondern sich mit kosmetischen Maßnahmen zufriedengeben.

2. Vergleich mit der Situation im europäischen und deutschen Kartellrecht und Bewertung

Von zentraler Bedeutung für die Kartellrechtshaftung ist der Begriff des Unternehmens und der rechtlichen Einheit, dem dieses zugeordnet wird. Daher ist zunächst zu vergleichen, wie die drei Rechtsordnungen die Haftungssubjekte bestimmen (a). Danach wird verglichen, auf welche Art die Sanktionen für Kartellverstöße bemessen werden (b), um sodann zu untersuchen, inwiefern sich aus dem amerikanischen Recht Erkenntnisse für die europäische und die deutsche Rechtsordnung ergeben können (c).

a) Bestimmung des Haftungssubjektes

Alle drei Rechtsordnungen sind bei Kartellverstößen mit dem Prinzipal-Agenten-Problem konfrontiert. Sie müssen entscheiden, wie sie die Verantwortung zwischen

---

756 *Engelhart,* Sanktionierung von Unternehmen und Compliance, 217.

dem tatsächlich Handelnden (Mitarbeiter) und dem letztlichen Profiteur des Verstoßes (Unternehmen) verteilen.

Das europäische Recht hat sich für die wirtschaftliche Einheit als Haftungssubjekt entschieden. Das Fehlverhalten einer natürlichen Person wird einer wirtschaftlichen Einheit zugerechnet, zu der auch Gesellschaften gehören, die einen bestimmenden Einfluss auf die Geschäftspolitik des Tochterunternehmens ausüben. Bei Haltung aller Anteile wird die Ausübung eines bestimmenden Einflusses vermutet. Ein Fehlverhalten der Mitarbeiter der Muttergesellschaft oder Kenntnis vom Verstoß sind nicht erforderlich. Die daraus resultierende weite Konzernhaftung stellt eine Ausnahme vom Rechtsträgerprinzip dar. Natürliche Personen werden auf Grund der fehlenden Kompetenz der EU nicht bestraft.[757]

Im deutschen Recht stand bisher die natürliche Person (Agent) zentral. Durch die Erweiterung der Zurechnung des Verhaltens der natürlichen Person nicht nur zur Tochter-, sondern auch zur Muttergesellschaft verschiebt sich der Fokus jedoch auf die wirtschaftliche Einheit. Hat die Muttergesellschaft einen bestimmenden Einfluss auf das Marktverhalten der abhängigen Gesellschaft ausgeübt, so sieht die Haftung nach deutschem Recht eine Ausnahme vom Rechtsträgerprinzip vor.[758]

Im amerikanischen Recht werden sowohl natürliche als auch juristische Personen für Kartellrechtsverstöße haftbar gemacht. In neuerer Praxis soll der Schwerpunkt auf die Verfolgung von natürlichen Personen gelegt werden, da sie es sind, die für das Unternehmen handeln.[759] Das Unternehmen haftet für Zuwiderhandlungen seiner Mitarbeiter unabhängig von Aufsichtspflichtverletzungen seiner Organe oder deren Kenntnis vom Verstoß. Ist ein Unternehmen betroffen, das Teil eines Konzerns ist, so haftet nur die beteiligte Tochtergesellschaft. Das Rechtsträgerprinzip nimmt im amerikanischen Recht eine starke Stellung ein. Die Muttergesellschaft ist nur haftbar, wenn eigene Mitarbeiter an dem Verstoß beteiligt waren, von ihm Kenntnis hatten und ihn toleriert haben, oder wenn die rechtliche Trennung zu einem Rechtsmissbrauch führt.

Alle drei Rechtsordnungen sehen die Verantwortung für Kartellrechtsverstöße sowohl beim Prinzipal als auch beim Agenten, variieren jedoch darin, wen der Vorwurf im Schwerpunkt trifft. Nach amerikanischem, europäischem und neuem deutschem Recht besteht eine Haftung für Verstöße von Mitarbeitern ohne eigenes Verschulden des Verbandes. Im europäischen und neuen deutschen Recht geht diese Art der Haftung so weit, dass die Konzernmutter in die Haftung miteingeschlossen wird. Im amerikanischen Recht hingegen steht der Konzernhaftung ohne eigenes zurechenbares Verschulden das Rechtsträgerprinzip entgegen.

---

757   Siehe Teil 3 A.
758   Siehe Teil 4 A.
759   9.28.210 USAM.

b) Ermittlung der angemessenen Sanktion

In allen drei Rechtsordnungen wird gerade bei Kartellrechtssanktionen eine Ver-haltenslenkung der Unternehmen angestrebt.[760] Dabei wird jedoch die Bedeutung positiver und negativer Präventionsmaßnahmen von den Verfolgungsbehörden unterschiedlich bewertet. Setzt die Kommission vorwiegend auf die Höhe der Buß-gelder zur Abschreckung, so konzentriert sich das DOJ im Moment auf die Ver-folgung natürlicher Personen, ebenfalls um Mitarbeiter von der Begehung von Kartellverstößen abzuschrecken. Aus den Entscheidungen des Bundeskartellamtes geht zwar hervor, dass Bußgelder ebenfalls abschreckende Wirkung haben sollen. Dies wird jedoch weniger prominent hervorgehoben als von der Kommission. Es ist daher noch undeutlich, wie das Bundeskartellamt die verschiedenen Sanktions-zwecke bei der Bemessung der Geldbuße genau gewichtet.[761]

In allen drei Rechtsordnungen steht den Verfolgungsbehörden ein weites Er-messen bei der Sanktionierung zu. Der Rechtssicherheit wegen sind jedoch in allen drei Rechtsordnungen Leitlinien entwickelt worden, an denen sich die Behörden bei der Bemessung der Geldbuße orientieren. Diese sollen zu mehr Transparenz und Einheitlichkeit bei der Bußgeldbemessung führen. In den USA erfüllen diese Funktion die USSG, in der EU und Deutschland jeweils die Bußgeldleitlinien der Kommission und des Bundeskartellamtes. Anders als die europäischen und deut-schen Bußgeldleitlinien sind die USSG detailliert formuliert. Sie sehen außerdem die mildernde Berücksichtigung von Compliance-Programmen als verhaltenslenkendes Instrument explizit vor. Bei den Bußgeldleitlinien der Kommission und des Bundes-kartellamtes lässt sich ein Compliance-Programm dagegen als ungenannter unter-nehmensspezifischer mildernder Umstand berücksichtigen.[762]

Auf dem Papier unterscheidet sich die Behandlung von Compliance-Programmen auf Rechtsfolgenseite in den USA zwar erheblich von der Situation in der EU und in Deutschland. In der Praxis sind diese Unterschiede jedoch nicht so bedeutend, wie sie zunächst scheinen. So wird in den USA bei Kartellverstößen die Complian-ce Defence nur zögerlich angewandt.[763] Dies geht zum einen darauf zurück, dass an Kartellverstößen häufig Leitungspersonen beteiligt sind. Haben diese an dem Verstoß teilgenommen, so ist eine Bußgeldminderung nach § 8 C2.5 (f) (3) USSG ausgeschlossen. Daneben werden viele Kartellverfahren durch Settlement-Ent-scheidungen und Plea Agreements beigelegt, so dass für Dritte schwer ersichtlich ist, inwiefern sich ein Compliance-Programm bei der Bußgeldbemessung tatsächlich ausgewirkt hat.[764] Compliance-Programme stellen auch in den USA nur einen von vielen Umständen dar, die sich auf die Bemessung der Sanktion auswirken können.

---

760 Siehe Teil 3 B II 3, Teil 4 B II 3 und Teil 5 B I 1.
761 Siehe Teil 4 B II 3 b).
762 Siehe jeweils Teil 3 B II 3 und Teil 4 B II 3.
763 *DoJ*, Principles of Federal Prosecution of Business Organizations vom 12.12.2006, 5 f.
764 *Howell*, Sentencing of Antitrust Offenders, 13 ff.

c) Vorbild USA für eine Compliance Defence im europäischen und deutschen Kartellrecht?

Bei der Übernahme von Konstruktionen aus anderen Rechtsordnungen ist immer mit größter Sorgfalt vor zu gehen, da der rechtliche Kontext der „aufnehmenden" Rechtsordnung zu beachten ist.[765] Die bisherigen Untersuchungen haben jedoch gezeigt, dass es sowohl im europäischen als auch im deutschen Kartellrecht Anknüpfungspunkte für eine mildernde Berücksichtigung von Compliance-Programmen gibt.[766] Daneben ist zu beachten, dass die Erfahrungen mit der Compliance Defence in den USA noch nicht so weitreichend sind, wie die USSG vermuten lassen würden: Obwohl die Compliance Defence seit 25 Jahren Bestandteil der USSG sind, wirkte sie sich erst in wenigen (Kartell-) Verfahren positiv aus.[767]

Für das Kartellrecht bestehen mit der Entscheidung im Fall Kayaba erste Hinweise auf Anforderungen an ein effektives Compliance-Programm. Ansonsten gibt es nur wenige Daten darüber, wie viele Unternehmen mit Compliance-Programm durch Nutzung Kronzeugenregelung straffrei blieben und keine Daten darüber, inwiefern von Verfahren abgesehen wurde, da ein effektives Compliance-Programm bestand.[768] Mit der US Sentencing Commission besteht jedoch zumindest eine Institution, die Daten zur Anwendung von § 8 USSG und damit auch zur Rolle von Compliance-Programmen sammelt und auswertet. Die Gerichte und Verfolgungsbehörden können ihre Durchsetzungspolitik entsprechenden empirischen Erkenntnissen anpassen. Des Weiteren ist sich die US Sentencing Commission der Bedeutung empirischer Daten bewusst und strebt danach, die Untersuchungen kontinuierlich zu verbessern.[769]

Unabhängig von empirischen Erhebungen haben einige Erfahrungen aus Kartell- und anderen Strafverfahren schon zu Anpassungen geführt. Eine Minderung für ein Compliance-Programm wird beispielsweise nur in Kombination mit einem kooperativen Nachtatverhalten gegeben, was ursprünglich keine Voraussetzung der USSG war.[770]

Betrachtet man nur die rechtlichen Auswirkungen der Compliance Defence im Strafverfahren, so mag man von einem geringen Erkenntnisgewinn ausgehen. Die USSG beeinflussen Unternehmen jedoch ungeachtet einer Parteistellung in einem konkreten Verfahren. Die verhaltenssteuernde Wirkung der Compliance Defence lässt sich von einer Auseinandersetzung des Unternehmens mit Good

---

765   *Beltrametti*, 48 Vanderbilt J. Transn. L. 2015, 1147 (1155 ff.); *Kischel*, Rechtsvergleichung, 63 ff.

766   Siehe jeweils Teil 3 B III und Teil 4 B III.

767   *Howell*, Sentencing of Antitrust Offenders, 13 f.

768   Compliance-Programme stellen gemäß 9.28.300 USAM einen Faktor dar, denn die Verfolgungsbehörden berücksichtigen, wenn sie über die Aufnahme von Ermittlungen entscheiden.

769   *Murphy*, Iowa L. Rev. 2002, 697 (717 ff.); *Howell*, Sentencing of Antitrust Offenders.

770   *Engelhart*, NZG 2011, 126; *Withus*, CCZ 2011, 63.

Governance-Anforderungen bis hin zu konkreten organisatorischen Änderungen empirisch nachweisen.[771]

Das europäische Wettbewerbsrecht ist zwar ein „Transplantat" aus der amerikanischen Rechtsordnung. Durch eine andere Wettbewerbspolitik haben sich in der EU jedoch abweichende Auslegungen und Schwerpunkte in der Kartellrechtsverfolgung entwickelt.[772] Daher sind Entwicklungen im amerikanischen Kartellrecht nicht zwingend relevant für das europäische Kartellrecht. Andererseits gibt es einen gemeinsamen Ausgangspunkt. Auf Grund der ähnlichen Strukturierung kann das amerikanische Kartellrecht als Inspirationsquelle dienen. Die unterschiedliche Anwendung des Kartellrechts hat die Kommission beispielsweise nicht daran gehindert, eine Kronzeugenregelung nach amerikanischem Vorbild einzuführen. Für die Berücksichtigung von Compliance-Programmen auf EU-Ebene ergeben sich ähnliche Möglichkeiten.

Auf Grund der starken (mittelbaren) Harmonisierung mit dem EU-Recht gelten diese Überlegungen ebenfalls für das deutsche Kartellrecht. Dem deutschen Recht bleibt aber ein eigener Gestaltungsspielraum, so dass die Einführung einer Compliance Defence nicht abhängig ist von der Entwicklung auf europäischer Ebene.

Die Übernahme einer Compliance Defence in der EU und in Deutschland ist ohne Gesetzesänderung möglich, da die Bußgeldbemessungsregeln entsprechende Auslegungsspielräume hergeben. Aus Gründen der Rechtssicherheit ist jedoch eine explizite Normierung zu bevorzugen, damit eine Berücksichtigung nicht davon abhängt, wie die jeweilige Instanz die Bemessungsregeln auslegt und die verschiedenen Sanktionszwecke gewichtet. Durch die explizite Normierung als Milderungsgrund würde die Compliance Defence wie in den USA als ein Mittel der Verhaltenssteuerung anerkannt.

II. Compliance Defence in Großbritannien und Frankreich

Weniger ausführlich soll nachfolgend die Rechtslage der Compliance Defence in Großbritannien (1) und in Frankreich (2) dargestellt werden. Der Grund für die Auswahl dieser Länder besteht zum einen darin, dass es sich um Mitgliedstaaten der EU handelt, die Vertreter sogenannter Mutterrechtsordnungen darstellen.[773] Rechtsentwicklungen auf EU-Ebene lassen sich zum anderen manchmal von Regelungen in den Mitgliedstaaten inspirieren. Erkennen andere Mitgliedstaaten eine Compliance Defence in einem so weitgehend harmonisierten Bereich wie dem Kartellrecht an, kann diese Bewertung zur Hinterfragung der kategorischen Ablehnung einer Compliance Defence führen.

---

771 *Murphy*, Iowa L. Rev. 2002, 697 (710).
772 *Beltrametti*, 48 Vanderbilt J. Transn. L. 2015, 1147 (1180 ff.).
773 *Kischel*, Rechtsvergleichung, 94.

1. Compliance Defence im Vereinigten Königreich von Großbritannien

Die Rechtsordnung des Vereinigten Königreiches von Großbritannien bietet eine interessante Ausgangsposition für einen Rechtsvergleich dar, da sie zum einen zum Rechtskreis des Common Law gehört, das Kartellrecht jedoch stark mit dem EU-Recht harmonisiert ist und daher auch kontinentaleuropäische Einflüsse aufweist.

Das Kartellverbot ist normiert in Chapter 1 Competition Act 1998 (CA98). Chapter 2 CA98 verbietet den Missbrauch von Marktmacht. Nach Sect. 60 CA98 soll die Auslegung des Kartellrechts europarechtskonform erfolgen, so dass wegen der mittelbaren Harmonisierung materiell weitgehend eine Übereinstimmung mit den Bestimmungen von Art. 101 und Art. 102 AEUV besteht. Auch das Konzept der wirtschaftlichen Einheit zur Bestimmung von Norm- und Sanktionsadressat findet Anwendung. Eine Muttergesellschaft haftet danach ebenfalls für Kartellverstöße der Tochtergesellschaft, wenn sie bestimmenden Einfluss auf das Marktverhalten der Tochter ausübt.[774]

Verstöße gegen Chapter 1 und 2 CA98 können nach Sect. 36 CA98 mit einer Geldbuße belegt werden. Die Bemessung der Geldbuße richtet sich nach Sect. 36 (7A) CA98 nach der Schwere des Verstoßes und dem Erfordernis (desirability) der Abschreckung. Details zur Bemessung der Geldbuße sind nach Sect. 38 CA98 von der Verfolgungsbehörde nach Konsultation anderer Institutionen zu erstellen. Entsprechende Regeln hat das Office of Fair Trading (OFT) als damals zuständige Verfolgungsbehörde in seinem Leitfaden „Guidance as to the appropriate amount of a penalty" veröffentlicht.[775]

Die Leitlinien des OFT betonen die Strafzwecke der Sect. 36 (7A) CA98 ebenfalls: Die Geldbuße soll die Schwere des Verstoßes reflektieren (repressiver Strafzweck) und sowohl die beteiligten als auch andere Unternehmen von der Begehung von Kartellverstößen abschrecken (Spezial- und Generalprävention).[776] Ausgangspunkt für die Bemessung der konkreten Geldbuße sind die Schwere des Verstoßes und der Umfang des kartellbetroffenen Umsatzes. Danach werden die Dauer des Verstoßes und erschwerende wie mildernde Umstände berücksichtigt. Falls das so ermittelte Ergebnis unverhältnismäßig zum gemachten Vorwurf sein sollte, kann es durch

---

774 *Furse,* Competition law of the EC and UK, 21 ff; *Slot/Johnston,* An introduction to competition law, 27.

775 Seit dem 01.04.2014 ist die zuständige Behörde für die Verfolgung von Kartellverstößen die Competition and Markets Authority (CMA), die an die Stelle des OFT trat. Das OFT selbst wurde aufgelöst. Die CMA hat jedoch grundsätzlich die Auslegungs- und Verfahrenspraxis des OFT übernommen, *Rodger,* E.C.L.R. 2016, 423 (424). Daher gelten veröffentlichte Richtlinien und Standpunkte des OFT weiter, bis sich die CMA anderweitig äußert.

776 *OFT,* Guidance as to the appropriate amount of a penalty, OFT 423 vom 01.09.2012, Rn. 1.4.

Abschreckungszuschläge angepasst werden. Schließlich werden Minderungen im Rahmen der Kronzeugenregelung oder für ein Settlement berücksichtigt.[777]

Interessant für die vorliegende Untersuchung sind die mildernden Umstände, zu denen auch „die Vornahme angemessener Maßnahmen zu rechtstreuem Verhalten bezüglich Art. 101 und 102 AEUV sowie bzgl. Chapter 1 und 2 CA98" gehört.[778] Um als mildernder Umstand anerkannt zu werden, muss das Unternehmen darlegen, dass sein Compliance-Programm effektiv war. Die Richtlinien des OFT benennen die wichtigsten Anforderungen an ein effektives Compliance-Programm: (1) Bekenntnis des gesamten Unternehmens – inklusive des Vorstandes – zur Compliance (top-down), (2) Risikobestimmung, die zur Identifikation und (3) Umsetzung angemessener Maßnahmen gegen den Risikoeintritt führt, sowie die (4) Kontrolle der ordnungsgemäßen Umsetzung dieser Maßnahmen.[779] Die weiteren Anforderungen an Compliance-Programme wurden durch die Competition and Market Authority (CMA, Nachfolgebehörde des OFT) in eigenen Richtlinien konkretisiert. Dabei wird betont, dass sich keine starren Vorgaben machen lassen, sondern stets unternehmensspezifische Maßnahmen zu treffen sind.[780] Kann das Unternehmen darlegen, dass es ein effektives Compliance-Programm betreibt, so kann es eine Minderung der Geldbuße von bis zu zehn Prozent erhalten.[781] Anders als in den USA sind Geldbußen für Unternehmen, die sich in Großbritannien für Kartellverstöße verantworten mussten, wegen effektiver Compliance-Programme in mehreren Fällen gemindert worden.[782] Der Milderungsgrund „Compliance-Programm" wirkt sich in Großbritannien in der Rechtspraxis tatsächlich aus.

Die CMA interessiert sich jedoch nicht nur im Rahmen von Bußgeldverfahren für Compliance-Programme, sondern stellt sich aktiv die Frage, inwiefern sie

---

777 *OFT*, Guidance as to the appropriate amount of a penalty, OFT 423 vom 01.09.2012, Rn. 2.

778 *OFT*, Guidance as to the appropriate amount of a penalty, OFT 423 vom 01.09.2012, Rn. 2.15.

779 *OFT*, Guidance as to the appropriate amount of a penalty, OFT 423 vom 01.09.2012, Rn. 2.15.

780 *OFT*, How your business can achieve compliance with competition law, OFT 1341, Rn. 1.2.

781 *OFT*, Guidance as to the appropriate amount of a penalty, OFT 423 vom 01.09.2012, 2.15.

782 Beispielhaft: Arriva/First Group, Case CA98/9/2002; Hasbro and Distributors, Case CA98/18/2002; Replica Kit, Case CA98/6/2003; Toys, Case CA98/8/2003; West Midlands Roofing, Case CA98/1/2004; Desiccant, Case CA98/8/2004; Scottish Roofing I, Case CA98/1/2005; North East Roofing, Case CA98/2/2005; Scottish Roofing II, Case CA98/4/2005; England and Scotland Roofing, Case CA98/1/2006; Stock Check Pads, Case CA98/3/2006; Spacer Bars, Case CA98/4/2006; Construction Recruitment Forum, Case CA98/01/2009; Construction, Case CE/4327-04; Tobacco, Case CA98/01/2010; Gaviscon, Case CA98/02/2011; Dairy Retail Price Initiatives, Case CA98/03/2011.

Unternehmen bei der Compliance unterstützen kann.[783] Dazu lässt sie regelmäßig Umfragen erstellen, welches Verständnis britische Unternehmen vom Wettbewerbsrecht haben und inwiefern sie Maßnahmen zur Einhaltung des Wettbewerbsrechts treffen. Aus der letzten Untersuchung aus dem Jahr 2015 ergab sich, dass die Motivation zu Compliance-Maßnahmen vor allem aus sogenannten „Pull"-Faktoren bestand, wie beispielsweise die Ansicht von Unternehmen, dass Compliance „ethisch einfach das richtige sei" oder mit Compliance-Maßnahmen ein einheitlicher Rahmen (level playing field) für die Wettbewerber geschaffen werde. Ebenfalls motivierend war die Angst vor Reputationsverlusten. Bei der Bewertung der Motivationsgründe zur Compliance nach Wichtigkeit für die Unternehmen findet sich die Angst vor Bußgeldern erst an fünfter Stelle.[784]

Die Umfrage der CMA ergibt auch Anstöße für die europäische und deutsche Rechtsordnung. Wie dargestellt sieht Sect. 36 CA98 in der Abschreckungswirkung der Geldbuße eine wichtige Funktion, genauso wie das deutsche und noch stärker das europäische Kartellrecht. Die Umfrage zeigt jedoch, dass die Abschreckung über hohe Bußgelder nicht den gewünschten Effekt hat. Die Unternehmen werden eher durch Faktoren außerhalb der rechtlichen Verfolgung zu rechtstreuem Verhalten und zur Einführung von Compliance-Programmen motiviert. Die Verhaltenssteuerung sollte damit nicht nur negativ über Abschreckungszuschläge erfolgen, sondern auch über positive Maßnahmen, die rechtskonformes Verhalten unterstützen.[785]

2. Compliance Defence in Frankreich

Das französische Kartellverbot ist normiert in Art. L420-1 Code de commerce (C. com.). Durch Art. L420-2 C. com. wird der Missbrauch von Marktmacht verboten. Materiell stimmen die Verbote wegen der mittelbaren Harmonisierung weitgehend mit den Bestimmungen nach Art. 101 und 102 AEUV überein. Auch die Bestimmung der Norm- und Sanktionsadressaten erfolgt nach dem Konzept der wirtschaftlichen Einheit wie auf europäischer Ebene. Eine Muttergesellschaft haftet danach ebenfalls für Kartellverstöße der Tochtergesellschaft, wenn sie bestimmenden Einfluss auf das Marktverhalten der Tochter ausübt.[786]

Verstöße gegen das Kartellverbot durch Unternehmen können nach Art. L464- 2 II C.com. mit Geldstrafen sanktioniert werden. Die Höhe der Geldstrafe richtet sich nach der Schwere des Verstoßes, der Bedeutung des Schadens für die Wirtschaft, der wirtschaftlichen Situation des Unternehmens und danach, ob es sich um einen wiederholten Verstoß handelt. Auch das französische Recht sieht

---

783   *OFT*, UK businesses' understanding of Competition Law, 41; *OFT*, Drivers of Compliance and Non-compliance with Competition Law, OFT 1227, 63, 82.
784   Vgl. Diagramm *OFT*, UK businesses' understanding of Competition Law, 42. Gleiche Tendenz in der Gewichtung von Folgen für Kartellverstöße schon in *OFT*, Drivers of Compliance and Non-compliance with Competition Law, OFT 1227, 30.
785   *Rodger*, E.C.L.R. 2016, 423 (429).
786   *Autorité de la concurrence*, Entscheidung vom 15.12.2015, n° 15-D-19, Rn. 1041.

eine Kronzeugenregelung, sowie ein Settlement-Verfahren vor (Art. L464-2 III und IV C.com.). Nach Art. L-464-2 III C.com. kann in einer Settlement-Vereinbarung positiv berücksichtigt werden, dass das Unternehmen „Maßnahmen trifft, die darauf gerichtet sind, sein Verhalten zu ändern." Was genau hierunter zu verstehen ist, hat die Autorité de la concurrence (Autorité) als zuständige Verfolgungsbehörde in seiner Richtlinie zur Berücksichtigung von Compliance-Programmen ausgeführt.[787]

Nach der Richtlinie der Autorité wird die Existenz von Compliance-Programmen grundsätzlich nicht mindernd berücksichtigt, da diese nichts an der Tatsache des Verstoßes änderten.[788] Die Autorité schließt sich demnach explizit der europäischen Auslegungspraxis an.[789] Compliance-Programme wirken sich nach der Autorité grundsätzlich nicht auf die Schwere des Verstoßes aus. Eine Ausnahme besteht jedoch dann, wenn das Unternehmen im Rahmen eines effektiven Compliance-Programms von kartellrechtswidrigem Verhalten erfährt und den Verstoß beseitigt, bevor Ermittlungen der Autorité drohen. In diesem Fall könnte das Unternehmen einen mildernden Umstand geltend machen.[790] Doch auch wenn sich Compliance-Programme ansonsten nicht auf die Schwere des Verstoßes auswirken sollen, so können Unternehmen für die Einführung bzw. für die Verbesserung eines Compliance-Programmes eine Bußgeldreduktion von bis zu 10% erhalten. Diese wird im Zusammenhang mit einer Settlement-Entscheidung gewährt. Die Reduktion auf Grund eines Compliance-Programms und auf Grund der Zustimmung zum Settlement können in diesem Fall addiert werden.[791]

Die Autorité beschreibt in ihrer Richtlinie auch, welche organisatorischen Anforderungen an ein effektives Compliance-Programm zu stellen sind.[792] Hierzu gehören: (1) das klare Bekenntnis der Unternehmensführung zur Compliance, (2) die Benennung eines Compliance-Verantwortlichen, (3) Schulungen und Bereitstellung von Informationen für Mitarbeiter, (4) Einführung von Kontrollmechanismen und eines Hinweisgebersystems, sowie (5) Sanktionen für Verstöße.

Die Autorité sieht ihre Rolle ähnlich wie die britische CMA: Das Kartellrecht soll nicht nur durch Geldbußen durchgesetzt werden, sondern ebenfalls mit anderen Mitteln, die das Verhalten der Wirtschaftsteilnehmer steuern können. Die

---

787 *Autorité de la concurrence*, Document-cadre sur les programmes de conformité aux règles de concurrence vom 10.02.2012.

788 *Autorité de la concurrence*, Document-cadre sur les programmes de conformité aux règles de concurrence vom 10.02.2012, Rn. 25.

789 Rn. 25 des Document-cadre bezieht sich ausdrücklich auf *EuGH*, Urteil vom 28.06.2005 – C-189/02 P, ECLI:EU:C:2005:408 Dansk Rorindustri, Slg. 2005, I-5425 (Rn. 373).

790 *Autorité de la concurrence*, Document-cadre sur les programmes de conformité aux règles de concurrence vom 10.02.2012, Rn. 28.

791 *Autorité de la concurrence*, Document-cadre sur les programmes de conformité aux règles de concurrence vom 10.02.2012, Rn. 31.

792 *Autorité de la concurrence*, Document-cadre sur les programmes de conformité aux règles de concurrence vom 10.02.2012, Rn. 16 ff.

Autorité möchte nicht nur Verfolgungsbehörde sein, sondern die Unternehmen auch außerhalb von Ermittlungsverfahren bei der Vornahme präventiver Maßnahmen unterstützen.[793] Anders als nach den britischen Regelungen erfolgt der Anreiz zu Compliance-Maßnahmen im französischen Recht jedoch nicht über die Beurteilung der Schwere des Verstoßes, sondern im Rahmen des Settlements, eines Verfahrensinstrumentes.

Der Fokus der französischen Regelung bezieht sich auf zukünftiges Verhalten,[794] da bestehende Compliance-Maßnahmen grundsätzlich nicht mindernd berücksichtigt werden, sondern nur die Einführung bzw. Nachbesserung eines Compliance-Programmes nach der Entscheidung über das rechtswidrige Verhalten. Die Tatsache, dass ein Kartellverstoß begangen wurde, zeigt nach Ansicht der Autorité, dass ein bestehendes Programm nicht effektiv gewesen sei und daher keine Belohnung für seine Existenz an sich angebracht sei. Hier besteht ebenfalls ein Unterschied zur amerikanischen und britischen Regelung, der jedoch nicht so weitgehend ist, wie es zunächst scheint. Auch bei einem effektiven Compliance-Programm nach den amerikanischen und britischen Anforderungen sind Nachbesserungen erforderlich, um das aufrichtige Bemühen um Rechtstreue zu beweisen.[795] Und auch bei der Berücksichtigung rein nachträglicher Compliance-Bemühungen bleibt die Gefahr, dass Unternehmen Maßnahmen nur vornehmen, um eine Bußgeldminderung zu erhalten.

Die Autorité besitzt kein Ermessen bezüglich des „ob" einer Berücksichtigung von Compliance-Programmen. Kann das Unternehmen nachweisen, dass es die Vorgaben der Richtlinie erfüllt, dann wird die Geldbuße gemindert.[796] Damit besteht auch eine Vielzahl an Entscheidungen,[797] von deren Erfahrungen europäische und deutsche Ermittler profitieren könnten.

III. Zwischenfazit Rechtsvergleich

Der Rechtsvergleich macht deutlich, dass verschiedene Ansätze für die positive Berücksichtigung von Compliance-Programmen in Kartellbußgeldverfahren denkbar sind. So können sie bei der Bewertung der Schwere des Verstoßes berücksichtigt

---

793   *Lasserre,* Compliance as an Effective Tool of Competition Enforcement: The French Example, 2.

794   *Lasserre,* Compliance as an Effective Tool of Competition Enforcement: The French Example, 3; *Dittrich/Linsmeier,* NZKart 2014, 485 (488).

795   § 8 B 2.1 (b) (7) USSG; *OFT,* How your business can achieve compliance with competition law, OFT 1341, Rn. 6.3.

796   Vgl. Tabelle *Lasserre,* Compliance as an Effective Tool of Competition Enforcement: The French Example, 4.

797   Exemplarisch *Conseil de la concurrence* (Vorgänger der Autorité), Entscheidung vom 26.06.2007, n° 07-D-21; *Autorité de la concurrence,* Entscheidung vom 13.03.2012, n° 12-D09; *Autorité de la concurrence,* Entscheidung vom 15.12.2015, n° 15-D-19.

(USA und Großbritannien) oder als Verwaltungsinstrument eingesetzt (Frankreich) werden. Zwar ist der konkrete rechtliche Kontext zu beachten, jedoch setzt sich jede Rechtsordnung mit der gleichen Ausgangssituation auseinander: Wie ist der Prinzipal-Agenten-Konflikt bei Verstößen gegen das Wettbewerbsrecht zu lösen? Den Aussagen von Kommission und Bundeskartellamt, dass Compliance-Programme bei Auftreten eines Verstoßes per se ineffektiv waren und daher nicht berücksichtigungswert, treten die US Sentencing Commission, CMA und Autorité entgegen und präsentieren alternative Bewertungen und konkrete Ansätze zur praktischen Umsetzung.

6. Teil: Resümee und Schlussbemerkung

Die Ergebnisse der Untersuchung können wie folgt zusammengefasst werden:

1) Quintessenz der Compliance ist es, rechtskonformes Verhalten durch organisatorische Vorkehrungen sicherzustellen. Obwohl Compliance kein legaldefinierter Begriff ist, finden sich zahlreiche Anknüpfungspunkte im Gesetz. Das Aufsichtsrecht sieht insbesondere Pflichten zur Vorsorge gegen branchenspezifische Risiken vor. Das Gesellschaftsrecht versucht mit Vorschriften zu Legalitätspflicht und Organisationsermessen den Prinzipal-Agenten-Konflikt ein Stück weit zu regeln.

2) Verschiedene Institutionen haben inzwischen Compliance-Standards entwickelt, die organisatorische Anforderungen an effektive Compliance-Programme vorgeben. Kernelemente dieser Standards sind die Standortbestimmung und Risikoanalyse, Information und Kommunikation, Überwachung und Kontrolle der Einhaltung des Compliance-Programms, sowie die Sanktionierung von Rechtsverstößen und von Umgehungen der Compliance-Vorkehrungen.

3) Es besteht zwar eine Pflicht, sich rechtskonform zu verhalten. Allerdings lässt sich weder direkt noch analog eine allgemeine gesetzliche Pflicht zur Einrichtung eines Compliance-Programmes begründen.

4) Das Kartellrecht stellt mit seinen umfangreichen Sanktionsmöglichkeiten einen wichtigen Risikofaktor dar, den es bei der Einrichtung von Compliance-Programmen zu berücksichtigen gilt.

5) Im europäischen wie im deutschen Kartellrecht steht das Unternehmen als Haftungseinheit an zentraler Stelle. Die Auslegung erfolgt funktional, so dass unter einem Unternehmen eine wirtschaftliche Einheit verstanden wird, die aus mehreren Rechtsträgern gebildet werden kann.

Compliance Defence im europäischen Kartellrecht

6) Eine wirtschaftliche Einheit zwischen zwei oder mehr Rechtsträgern besteht nach europäischem Recht dann, wenn eine Gesellschaft bestimmenden Einfluss auf das Marktverhalten einer anderen Gesellschaft ausübt. Hält eine Gesellschaft nahezu hundert Prozent aller Anteile einer anderen Gesellschaft, so kann vermutet werden, dass sie einen solchen Einfluss ausgeübt hat (Vermutungsregel nach der Akzo-Rechtsprechung). Die Muttergesellschaft haftet in diesem Fall für den Kartellverstoß der Tochtergesellschaft als eigenen Verstoß. Handlung und Verschulden des beteiligten Mitarbeiters der Tochter werden sowohl Tochter- als auch Muttergesellschaft zugerechnet. Nicht erforderlich ist eine eigenhändige Beteiligung der Muttergesellschaft am Verstoß oder Kenntnis. Außerdem kommt es nicht auf einen Einfluss im kartellbetroffenen Bereich ein. Ein bestimmender Einfluss auf die Geschäftspolitik in einem anderen Bereich ist ausreichend.

7) Das Konzept der wirtschaftlichen Einheit verstößt in dieser Form nicht gegen das Trennungsprinzip, da der Verstoß der Einheit einen eigenen Verstoß der Muttergesellschaft darstellt. Allerdings verstößt diese Art der Zurechnung gegen das Verantwortungsprinzip. Die Muttergesellschaft haftet für ein schuldhaftes Verhalten, das sie nur begrenzt kontrollieren konnte. Es soll ferner unerheblich sein, wenn der Verstoß entgegen ausdrücklicher Weisungen erfolgte.

8) Um das Verhältnis zwischen Verantwortung und Kontrollmöglichkeiten wieder anzunähern, bieten sich verschiedene Lösungsmöglichkeiten an, die die Berücksichtigung von Compliance-Programmen beinhalten. Auf Tatbestandsebene können Compliance-Programme dazu dienen, die Vermutungsregel zu widerlegen und zu beweisen, dass höchstens der fehlgeschlagene Versuch einer bestimmenden Einflussnahme vorliegt. Voraussetzung für eine Compliance Defence an dieser Stelle ist die Beschränkung der maßgeblichen Geschäftspolitik auf die Geschäftspolitik im kartellbetroffenen Bereich. Diese Einschränkung ist jedoch erforderlich, um den Vorwurf gegen die Muttergesellschaft wieder an das Kartellverbot anzunähern.

Denkbar wäre auch eine Auslegung des Verschuldensmaßstabes für Muttergesellschaften nach Art. 23 Abs. 1 VO 1/2003 als Organisationsverschulden, da ebenfalls die Kontrollmöglichkeiten berücksichtigt würden. Compliance-Programme wären dann Beweismittel für die Ausübung angemessener Aufsicht.

9) Auf Rechtsfolgenebene konzentriert sich die Diskussion auf die Auslegung der „Schwere des Verstoßes". Besonders zu berücksichtigen sind bei der Bußgeldbemessung die Funktionen der Geldbuße. Diese verfolgt einen präventiven Zweck durch Verhaltenslenkung, die nicht nur negativ durch Abschreckung, sondern auch positiv erfolgen kann.

10) Compliance-Programme stellen keinen erschwerenden Umstand dar, da ansonsten ein Wertungswiderspruch zur Sanktionierung von Unternehmen, die keine Präventionsmaßnahmen getroffen haben, bestünde. Dieser Wertungswiderspruch besteht auch zur Kronzeugenregelung, bei der ebenfalls nicht differenziert wird, inwiefern sich das Unternehmen um rechtskonformes Verhalten bemüht hat.

11) Die Bußgeldbemessungsregeln lassen sich so auslegen, dass Compliance-Programme als eigenständiger mildernder Umstand berücksichtigungsfähig sind. Sie sind insbesondere relevant bei der Verhaltenslenkung (präventiv) und bei der Bewertung des Unrechtsbewusstseins des Täters (repressiv), wobei beide in einem interdependenten Verhältnis zueinanderstehen.

12) Das Ermessen der Kommission bei der Bemessung der Geldbuße ist durch die Sanktionszwecke und das Prinzip der Verhältnismäßigkeit von Strafen begrenzt. Eine Pflicht zur Berücksichtigung von Compliance-Programmen ergibt sich jedenfalls bezüglich des „ob". Inwiefern sich Compliance-Programme aber tatsächlich mindernd auswirken, hängt von den Umständen des Einzelfalles ab.

Compliance Defence im deutschen Kartellrecht

13) Für das deutsche Recht bestand zunächst ein Haftungsdreiklang, nach dem bei einem Kartellverstoß der handelnde Mitarbeiter, die ihm übergeordnete Leitungsperson und die juristische Person haften konnten. Mit der 9.GWB-Novelle erweitert sich der Kreis der Sanktionsadressaten gemäß dem neuen § 81 Abs. 3a GWB um die Gesellschaft, die einen bestimmenden Einfluss auf die kartellbeteiligte juristische Person ausgeübt hat, falls eine ihrer Leitungspersonen an dem Verstoß beteiligt war.

14) Zusätzlich zum Kartellverbot sieht das deutsche Recht auch die Möglichkeit vor, nach § 130 Abs. 1 OWiG für Aufsichtspflichtverletzungen zu haften. Hier lässt sich durch Compliance-Programme nachweisen, dass die erforderlichen Sorgfaltsmaßnahmen getroffen wurden. Compliance-Programme führen daher bei einem Vorwurf nach § 130 Abs. 1 OWiG zu einem Wegfall der Haftung auf Tatbestandsebene.

15) Durch die 9.GWB-Novelle soll der europäische Unternehmensbegriff in das deutsche Recht übernommen werden. Eine Übernahme ohne Anpassungen an den Kontext der deutschen Rechtsordnung führt jedoch zu einem unverhältnismäßigen Abstand zwischen Kartellverstoß und Anknüpfungspunkt der Haftung. Dies verstößt gegen das Verantwortungsprinzip und ist damit verfassungswidrig. Der neue § 81 Abs. 3a GWB ist daher verfassungskonform dahingehend auszulegen, dass der bestimmende Einfluss der Obergesellschaft auf das Marktverhalten im kartellbetroffenen Bereich zu beziehen ist. Denn es soll derjenige haften, der letztlich das kritische Marktverhalten bestimmt. Die Leitungsperson und die abhängige Gesellschaft nehmen hier eine vertreterähnliche Position ein.

16) Handelt die Leitungsperson beziehungsweise die abhängige Gesellschaft bei dem Kartellverstoß entgegen der Weisungen der Muttergesellschaft, so wurde kein bestimmender Einfluss ausgeübt. Genauer gesagt liegt dann ein fehlgeschlagener Versuch der Einflussnahme vor. Mithilfe von Compliance-Programmen kann die Obergesellschaft darlegen, dass sie die abhängige Gesellschaft und die Leitungsperson angehalten hat, sich bei der wirtschaftlichen Tätigkeit rechtskonform zu verhalten. Damit entfallen die Zurechnungsvoraussetzungen nach § 81 Abs. 3a GWB, so dass Compliance-Programme zu einer Enthaftung auf Tatbestandsebene führen können.

17) Auf Rechtsfolgenebene konzentriert sich die Diskussion wie im europäischen Recht auf die Auslegung der „Schwere des Verstoßes" und den Funktionen der Geldbuße. Die 9.GWB-Novelle hat bezüglich der Auslegung der Bußgeldbemessungsregeln keine Änderungen gebracht.

18) Compliance-Programme können hier wie auf europäischer Ebene der positiven Verhaltenslenkung dienen und einen Hinweis auf das Unrechtsbewusstsein des Unternehmens geben. Ebenfalls wie auf europäischer Ebene besteht ein Wertungswiderspruch zur Bonusregelung, wenn Unternehmen, die keinerlei Präventionsmaßnahmen getroffen haben, bessergestellt werden, als Unternehmen

mit Präventionsmaßnahmen. Compliance-Programme müssen als unternehmensspezifischer Faktor berücksichtigt werden. Ob sie sich jedoch konkret mildernd auswirken, hängt von den Umständen des Einzelfalls ab.

Erkenntnisse aus dem Rechtsvergleich

19) Die USA sehen in § 8 USSG die Berücksichtigung von Compliance-Programmen bei der Bußgeldbemessung ausdrücklich vor. Die Anwendungserfahrungen sind jedoch begrenzt. Es lässt sich aber feststellen, dass § 8 USSG auch außerhalb konkreter Verfahren eine verhaltenssteuernde Wirkung zeigt, da Unternehmen vermehrt entsprechende Compliance-Programme einrichten.

20) Die Wettbewerbsbehörde CMA in Großbritannien verfolgt einen besonders präventiven Ansatz bei der Wettbewerbspolitik. Auch außerhalb der Verfolgung von Kartellverstößen will sie Unternehmen aktiv bei der Einrichtung von Präventionsmaßnahmen unterstützen. Zusätzlich werden Compliance-Programme als mildernder Faktor bei der Bewertung der Schwere des Verstoßes berücksichtigt.

21) Die französische Wettbewerbsbehörde will ebenfalls über positive Anreize die Präventionsbemühungen der Unternehmen unterstützen. Die mildernde Berücksichtigung von Compliance-Programmen wird darum als Verwaltungsinstrument eingesetzt und erfolgt im Rahmen der Settlement-Vereinbarung.

22) Bei der Übernahme von Regelungen aus anderen Rechtsordnungen ist stets mit Sorgfalt vorzugehen und der jeweilige rechtliche Kontext zu beachten. Trotzdem können die Erkenntnisse aus dem Rechtsvergleich die Einführung einer Compliance Defence im deutschen und europäischen Recht unterstützen. Denn den Aussagen von Kommission und Bundeskartellamt, dass Compliance-Programme bei Auftreten eines Verstoßes per se ineffektiv und daher nicht berücksichtigungswert seien, treten die US Sentencing Commission, CMA und Autorité entgegen und präsentieren alternative Bewertungen und konkrete Ansätze zur praktischen Umsetzung.

Seit den ersten Entscheidungen zum Unternehmensbegriff im Kartellrecht sind mehr als 40 Jahre vergangen. In diesen hat sich die kartellrechtliche Unternehmenshaftung zu einer umfassenden Konzernhaftung entwickelt. Gleichzeitig nehmen die Konzerne die Haftungsrisiken ernst und versuchen seit 15 Jahren vermehrt mit organisatorischen Vorkehrungen rechtskonformes Verhalten sicher zu stellen. Die vorliegende Untersuchung hat gezeigt, dass es an der Zeit ist das Verhältnis zwischen Unternehmenshaftung und Verantwortlichkeit zu überdenken. Mit der Berücksichtigung von Compliance-Programmen könnte eine solche Neujustierung gelingen.

Literaturverzeichnis

Aberle, Lukas, Sanktionsdurchgriff und wirtschaftliche Einheit im deutschen und europäischen Kartellrecht, Köln 2013.

Achenbach, Hans, Gedanken zur Aufsichtspflichtverletzung, (§ 130 OWIG), in: Böse, Martin (Hrsg.), Grundlagen des Straf- und Strafverfahrensrechts, Festschrift für Knut Amelung zum 70. Geburtstag, Berlin 2009.

Achenbach, Hans, Verbandsgeldbuße und Aufsichtspflichtverletzung (§§ 30 und 130 OWiG), Grundlagen und aktuelle Probleme, NZWiSt 2012, 321.

Achenbach, Hans, Sanktionen gegen Unternehmen, in: Achenbach, Hans; Ransiek, Andreas; Rönnau, Thomas (Hrsg.), Handbuch Wirtschaftsstrafrecht, 4. Auflage, Heidelberg 2015.

Ackermann, Thomas, Prävention als Paradigma: Zur Verteidigung eines effektiven kartellrechtlichen Sanktionssystems, ZWeR 2010, 329.

Ackermann, Thomas, Kartellbußen als Instrument der Wirtschaftsaufsicht, ZWeR 2012, 3.

Ackermann, Thomas, Unternehmenssteuerung durch finanzielle Sanktionen, ZHR 2015, 538.

Ahrens, Börries, Gemeinschaftsunternehmen als wirtschaftliche Einheit, EuZW 2013, 899.

Albert Ziegler GmbH & Co. KG/Kübler, ZIEGLER: Insolvenzbrand gelöscht, Schwäbischer Feuerlöschfahrzeugproduzent im Markt zurück Pressemitteilung vom 04.01.2013, abrufbar im Internet: <http://www.ziegler.de/fileadmin/images/cms/Aktuelles/Presseinfos/Ziegler-PM_im_Markt__zurueck_Final.PDF> (Stand: 17.04.2015).

Almunia, Compliance and Competition Policy, SPEECH/10/586 vom 25.10.2010.

Altmeppen, Holger/Roth, Günter H., Gesetz betreffend die Gesellschaften mit beschränkter Haftung (GmbHG), Kommentar, [mit MoMiG, FGG-ReformG, BilMoG und ARUG], 8. Auflage, München 2015.

Arlen, Jennifer, The potentially adverse effects of corporate criminal liability, 23 J. Legal Studies 1994, 833.

Bachmann, Gregor, Private Ordnung, Grundlagen ziviler Regelsetzung, Tübingen 2006.

Bachmann, Gregor, Compliance, Rechtsgrundlagen und offene Fragen, in: Gesellschaftsrechtliche Vereinigung (Hrsg.), Gesellschaftsrecht in der Diskussion 2007, Köln 2008.

Baron, Michael/Seeliger, Daniela, Plädoyer für die Anerkennung der Compliance-Defence, Compliance-Berater 2013, 345.

Bauer, Wolfram, Mehrere Bußen gegen die Juristische Person bei Beteiligung mehrerer Organmitglieder an eine Kartellordnungswidrigkeit?, wistra 1992, 47.

Baumbach, Adolf/Hueck, Alfred/Beurskens, Michael, Gesetz betreffend die Gesellschaften mit beschränkter Haftung, GmbHG, 21. Auflage, München 2017.

Bayer, Walter, Grundsatzfragen der Regulierung der aktienrechtlichen Corporate Governance, NZG 2013, 1.

Bechtold, Rainer, Kartellgesetz, Gesetz gegen Wettbewerbsbeschränkungen (§§ 1–96, 130, 131) : Kommentar, 8. Auflage, München 2015.

Bechtold, Rainer/Bosch, Wolfgang/Brinker, Ingo, EU-Kartellrecht, Kommentar, 3. Auflage, München 2014.

Beltrametti, Silvia, Capturing the Transplant, U.S. Antitrust Law in the European Union, 48 Vanderbilt J. Transn. L. 2015, 1147.

Berg, Cai, Korruption in Unternehmen und Risikomanagement nach § 91 Abs. 2 AktG, AG 2007, 271.

Berghoff/Rauh, Korruption rechnet sich nicht, F.A.Z. vom 06.02.2013 (Stand: 13.02.2017).

Bethge, Herbert, Grundpflichten als verfassungsrechtliche Dimension, Bethge, Grundpflichten als verfassungsrechtliche Dimension, NJW 1982, 2145, 2150., NJW 1982, 2145.

Bicker, Eike, Compliance – organisatorische Umsetzung im Konzern, AG 2012, 542.

Bicker, Eike, Legalitätspflicht des Vorstandes – ohne Wenn und Aber?, AG 2014, 8.

Birke, Max, Das Formalziel der Aktiengesellschaft, Eine juristische und ökonomische Analyse der Pflicht der Organe der Aktiengesellschaft zur Berücksichtigung der Interessen von Nichtaktionären, Baden-Baden 2005.

Bock, Dennis, Criminal Compliance, 1. Auflage, Baden-Baden 2011.

Bohnert, Joachim/Krenberger, Benjamin/Krumm, Carsten, Ordnungswidrigkeitengesetz, Kommentar, 4. Auflage, München 2016.

Bornkamm, Joachim, Der Unternehmensbegriff im europäischen und deutschen Kartellrecht, "FENIN" Revisited, in: Jung, Peter (Hrsg.), Einheit und Vielheit im Unternehmensrecht, Festschrift für Uwe Blaurock zum 70. Geburtstag, Tübingen 2013.

Bosch, Nikolaus, Organisationsverschulden in Unternehmen, 1. Auflage, Baden-Baden 2002.

Bosch, Wolfgang, Verantwortung der Konzernobergesellschaft im Kartellrecht, ZHR (177) 2013, 454.

Bosch, Wolfgang/Colbus, Birgit/Harbusch, Antonia, Berücksichtigung von Compliance-Programmen in Kartellbußgeldverfahren, WuW 2009, 740.

Bottke, Wilfried, Bemerkungen zur Kriminalprävention, in: Feltes, Thomas (Hrsg.), Kriminalpolitik und ihre wissenschaftlichen Grundlagen, Festschrift für Professor Dr. Hans-Dieter Schwind zum 70. Geburtstag, Heidelberg 2006.

Braun, Dominik/Kellerbauer, Manuel, Das Konzept der gesamtschuldnerischen Veranwortlichkeit von Konzerngesellschaften bei Zuwiderhandlungen gegen EU-Wettbewerbsrecht, Teil 1, NZKart 2013, 175.

Braun, Dominik/Kellerbauer, Manuel, Das Konzept der gesamtschuldnerischen Veranwortlichkeit von Konzerngesellschaften bei Zuwiderhandlungen gegen EU-Wettbewerbsrecht, Teil 2, NZKart 2013, 211.

Brauneck, Jens, Geht gar nicht? Bußgeldmildernde Compliance bei Entscheidungen der EU-Kommission, CCZ 2016, 107.

Brettel, Hauke/Thomas, Stefan, Unternehmensbußgeld, Bestimmtheitsgrundsatz und Schuldprinzip im novellierten deutschen Kartellrecht, ZWeR 2009, 25.

Brettel, Hauke/Thomas, Stefan, Compliance und Unternehmensverantwortlichkeit im Kartellrecht, Tübingen 2016.

Brettel, Hauke/Thomas, Stefan, Der Vorschlag einer bußgeldrechtlichen "Konzernhaftung" nach § 81 Abs. 3a RefE 9. GWB-Novelle, WuW 2016, 336.

Brickey, Kathleen, Corporate Criminal Accountability, A brief History and an Observation, 60 Washington Univ. L. Quaterly 1982–1983, 393.

Brömmelmeyer, Christoph, Corporate Compliance im Kartellrecht, Besteht Regelungsbedarf?, NZKart 2014, 478.

Brown, Lowell H., Vicarious Criminal Liability of Corporations for the Acts of their Employees and Agents, 41 Loyola L. Rev. 1995–1996, 279.

Bundeskartellamt, Bericht über seine Tätigkeit in den Jahren 2011/2012 sowie über die Lage und Entwicklung auf seinem Aufgabengebiet und Stellungnahme der Bundesregierung, BT-Drucks. 17/13675.

Bundeskartellamt, Bericht über seine Tätigkeit in den Jahren 2013/2014 sowie über die Lage und Entwicklung auf seinem Aufgabengebiet und Stellungnahme der Bundesregierung, BT-Drucks. 18/5210.

Bundeskartellamt, Erfolgreiche Kartellverfolgung, Nutzen für Wirtschaft und Verbraucher Dezember 2016.

Bunte, Hermann-Josef/Langen, Eugen/Bahr, Christian, Kartellrecht, Kommentar, Band 2 – Europäisches Kartellrecht, 12. Auflage, Köln 2014.

Bunte, Hermann-Josef/Langen, Eugen/Bahr, Christian, Kartellrecht, Kommentar, Band 1 – Deutsches Kartellrecht, 12. Auflage, Köln 2014.

Bunting, Nikolaus, Konzernweite Compliance, Pflicht oder Kür?, ZIP 2012, 1542.

Buntscheck, Martin, Der „verunglückte Abschied" von der Mehrerlösgeldbuße für schwere Kartellverstöße, Kritische Anmerkungen zu § 81 Abs. 4 Satz 2 GWB, in: Brinker, Ingo (Hrsg.), Recht und Wettbewerb, Festschrift für Rainer Bechtold zum 65. Geburtstag, München 2006.

Burg, Ryan, Deliberative Business Ethics, J Bus Ethics 2009, 665.

Bürkle, Jürgen, Corporate Compliance – Pflicht oder Kür für den Vorstand der AG, BB 2005, 565.

Bürkle, Jürgen, Corporate Compliance als Standard guter Unternehmensführung des Deutschen Corporate Governance Kodex, BB 2007, 1797.

Bürkle, Jürgen, Compliance-Beauftragte, in: Hauschka, Christoph E. (Hrsg.), Corporate Compliance, Handbuch der Haftungsvermeidung im Unternehmen, 2. Auflage, München 2010, § 8.

Busekist, Konstantin von/Hein, Oliver, Der IDW PS 980 und die allgemeinen rechtlichen Mindestanforderungen an ein wirksames Compliance Management System (1), Grundlagen, Kultur und Ziele, CCZ 2012, 41.

Busekist, Konstantin von/Schlitt, Christian, Der IDW PS 980 und die allgemeinen rechtlichen Mindestanforderungen an ein wirksames Compliance Management System (2), Risikoermittlungspflicht, CCZ 2012, 86.

Bussmann, Kai-D., Sozialisation in Unternehmen durch Compliance, in: Hellmann, Uwe; Schröder, Christian (Hrsg.), Festschrift für Hans Achenbach, Heidelberg/München/Landsberg [u.a.] 2011.

Bussmann, Kai-D./Matschke, Sebastian, Die Zukunft der unternehmerischen Haftung bei Compliance-Verstößen, CCZ 2009, 132.

Casper, Matthias, Der Compliancebeauftragte, in: Bitter, Georg (Hrsg.), Festschrift für Karsten Schmidt zum 70. Geburtstag, Köln 2009.

Coffee, John C., "No Soul to damn: no Body to kick", An unscandalized inquiry into the problem of corporate punishment, 79 Mich. L. Rev. 1980–1981, 386–459.

Dannecker, Gerhard/Dannecker, Christoph, Europäische und verfassungsrechtliche Vorgaben für das materielle und formelle Unternehmensstrafrecht, NZWiSt 2016, 162.

Dannecker, Gerhard/Müller, Nadja, Kartellstraf- und -ordnungswidrigkeitenrecht, in: Wabnitz, Heinz-Bernd (Hrsg.), Handbuch des Wirtschafts- und Steuerstrafrechts, 4. Auflage, München 2014, 18. Kapitel.

Diez, Carlos Gomez-Jara, Grundlagen des kolliktivistischen Unternehmensschuldbegriffes, ZStW 2007, 290.

Dittrich, Alfred, Geldbußen im Wettbewerbsrecht der Europäischen Union, ZEW 2010.

Dittrich, Johannes/Linsmeier, Petra, Compliance-Defence im Kartellrecht, NZKart 2014, 485.

Dölling, Dieter, Generalprävention durch Strafrecht, Realität oder Illusion?, ZStW 1990, 1.

Dreher, Meinrad, Kartellrechtscompliance, ZWeR 2004, 75.

Dreher, Meinrad, Die Vorstandsverantwortung im Geflecht von Risikomanagement, Compliance und interner Revision, in: Kindler, Peter (Hrsg.), Festschrift für Uwe Hüffer zum 70. Geburtstag, München 2010.

Duden – Die deutsche Rechtschreibung, Das umfassende Standardwerk auf der Grundlage der aktuellen amtlichen Regeln, 26. Auflage, Berlin 2014.

Eggemann, Gerd/Konradt, Thomas, Risikomanagement nach KonTraG aus dem Blickwinkel des Wirtschaftsprüfers, BB 2000, 503.

Eisele, Dieter/Faust, Alexander, Verhaltensregeln und Compliance, in: Schimansky, Herbert; Bunte, Hermann-Josef; Lwowski, Hans-Jürgen (Hrsg.), Bankrechts-Handbuch, München 2011, § 109 (Band 2).

Ellbogen, Klaus/Senge, Lothar, Karlsruher Kommentar zum Gesetz über Ordnungswidrigkeiten, 4. Auflage, München 2014.

Engelhart, Marc, Reform der Compliance-Regelungen der United States Sentencing Guidelines, NZG 2011, 126.

Engelhart, Marc, Sanktionierung von Unternehmen und Compliance, Eine rechtsvergleichende Analyse des Straf- und Ordnungswidrigkeitenrechts in Deutschland und den USA, 2. Auflage, Berlin 2012.

Eufinger, Alexander, Berücksichtigung von Compliance-Programmen bei der Bußgeldbemessung, Vorbild USA?, CCZ 2016, 209.

Fabricius, Dirk, Generalprävention, Die beste Kriminalpolitik ist eine gute Rechtspolitik, in: Feltes, Thomas (Hrsg.), Kriminalpolitik und ihre wissenschaftlichen Grundlagen, Festschrift für Professor Dr. Hans-Dieter Schwind zum 70. Geburtstag, Heidelberg 2006.

Fama, Eugene F./Tensen, Michael C., Separation of Ownership and Control, Journal of Law and Economics (26) 1983, 301.

Fischer, Aufsicht über Kreditinstitute, Grundlagen, in: Schimansky, Herbert; Bunte, Hermann-Josef; Lwowski, Hans-Jürgen (Hrsg.), Bankrechts-Handbuch, München 2011, § 125 (Band 2).

Fleischer, Holger, Konzerninterne Wettbewerbsverbot und Kartellverbot, Zugleich eine Besprechung der Viho/Parker Pen-Entscheidung des EuGH, AG 1997, 491.

Fleischer, Holger, Vorstandsverantwortlichkeit und Fehlverhalten von Unternehmensangehörigen – Von der Einzelüberwachung zur Errichtung einer Compliance-Organisation, AG 2003, 291.

Fleischer, Holger, Aktienrechtliche Legalitätspflicht und "nützliche" Pflichtverletzungen von Vorstandsmitgliedern, ZIP 2005, 141.

Fleischer, Holger, Corporate Compliance im aktienrechtlichen Unternehmensverbund, CCZ 2008, 1.

Fleischer, Holger, Zur ergänzenden Anwendung von Aktienrecht auf die GmbH, GmbHR 2008, 673.

Fleischer, Holger, Das unternehmerische Ermessen des GmbH-Geschäftsführers und seine GmbH-spezifischen Grenzen, NZG 2011, 521.

Fleischer, Holger, Ruinöse Managerhaftung, Reaktionsmöglichkeiten de lege lata und de lege ferenda, ZIP 2014, 1305.

Friauf, Karl Heinrich, Unternehmenseigentum und Wirtschaftsverfassung, DöV 1976, 624.

Frister, Helmut, Strafrecht Allgemeiner Teil, Ein Studienbuch, 7. Auflage, München 2015.

Furse, Mark, Competition law of the EC and UK, 5. Auflage, Oxford 2006.

Füser, Karsten/Gleißner, Werner/Meier, Günter, Risikomanagement (KonTraG), Erfahrungen aus der Praxis, DB 1999, 753.

Gathmann/Weiland, Deutsche Bank Skandal – Trittin fordert deutsches Unternehmensstrafrecht, Spiegel online vom 18.12.2012.

Gehring, Stefan/Kasten, Boris/Mäger, Thorsten, Unternehmensrisiko Compliance?, Fehlanreize für Kartellprävention durch EU-wettbewerbsrechtliche Haftungsprinzipien für Konzerngesellschaften, CCZ 2013, 1.

Gelhausen, Hans Friedrich/Wermelt, Andreas, Haftungsrechtliche Bedeutung des IDW EPS 980: Grundsätze ordnungsmäßiger Prüfung von Compliance-Management-Systemen, gleichzeitig: Replik zum Aufsatz von Dr. Markus S. Rieder und Marcus Jerg zum Thema „Anforderungen an die Überprüfung von Compliance-Programmen" (in diesem Heft S. 201), CCZ 2010, 208.

Gifford, Daniel J./Kudrle, Robert T., European Union competition law and policy: how much latitude for convergence with the United States?, Antitrust Bulletin 2003, 727.

Goette, Wulf, Leitung, Aufsicht, Haftung, zur Rolle der Rechtsprechung bei der Sicherung einer modernen Unternehmensführung, in: Geiß, Karlmann (Hrsg.), Festschrift aus Anlaß des fünfzigjährigen Bestehens von Bundesgerichtshof, Bundesanwaltschaft und Rechtsanwaltschaft beim Bundesgerichtshof, Köln [u.a.] 2000.

Goette, Wulf, Organisationspflichten in Kapitalgesellschaften zwischen Rechtspflicht und Opportunität, ZHR (175) 2011, 388.

Goette, Wulf/Habersack, Mathias/Karlss, Susanne, Münchener Kommentar zum Aktiengesetz, Band 2, 4. Auflage, München 2014.

Göhler, Erich/Gürtler, Franz/Seitz, Helmut, OWiG, 16. Auflage, München 2012.

Göpfert, Burkard/Merten, Frank/Siegrist, Carolin, Mitarbeiter als "Wissensträger", Ein Beitrag zur aktuellen Compliance-Diskussion, NJW 2008, 1703.

Groeben, Hans von der/Schwarze, Jürgen/Hatje, Armin, Europäisches Unionsrecht, Vertrag über die Europäische Union, Vertrag über die Arbeitsweise der Europäischen Union, Charta der Grundrechte der Europäischen Union, 7. Auflage, Baden-Baden 2015.

Grundmeier, Charlotte Elisabeth, Rechtspflicht zur Compliance im Konzern, Köln 2011.

Gruner, Richard S., Towards an Organizational Jurisprudence, Transforming Corporate Criminal Law through Federal Sentencing Reform, 36 Arizona L. Rev. 1994, 407.

Grützner, Thomas/Behr, Nicolai, Effektives Compliance Programm verhindert Bestrafung von Investmentbank wegen Verstößen gegen FCPA, CCZ 2013, 71.

Häberle, Birgit, Die Kronzeugenmitteilung der Europäischen Kommission im EG-Kartellrecht, 1. Auflage, Baden-Baden 2005.

Habersack, Mathias, Die Legalitätspflicht des Vorstandes der AG, in: Burgard, Ulrich (Hrsg.), Festschrift für Uwe H. Schneider zum 70. Geburtstag, Köln 2011.

Hackel, Stefan Siegfried, Konzerndimensionales Kartellrecht, Grundsatzfragen der Zurechnung und Haftung bei Bußgeldbescheiden gegen verbundene Unternehmen, 1. Auflage, Baden-Baden 2012.

Handelskammer Hamburg/Pro Honore e.V., Hamburger Compliance-Modell, Handbuch Zertifizierung 02.09.2013.

Hank, Rainer, Banker an die Laterne?, Die Grenzen von Strafrecht und Moral, in: Kempf, Eberhard (Hrsg.), Die Finanzkrise, das Wirtschaftsstrafrecht und die Moral, [das zweite Symposion zu Economy, Criminal Law, Ethics (ECLE) fand am 20. und 21. November 2009 .. an der Goethe-Universität Frankfurt am Main statt], Berlin 2010.

Hassemer, Winfried/Dallmeyer, Jens, Gesetzliche Orientierung im deutschen Recht der Kartellgeldbußen und das Grundgesetz, 1. Auflage, Baden-Baden 2010.

Hauschka, Christoph E., Compliance am Beispiel der Korruptionsbekämpfung, ZIP 2004, 877.

Hauschka, Christoph E., Compliance, Praktische Erfahrungen und Thesen, in: Gesellschaftsrechtliche Vereinigung (Hrsg.), Gesellschaftsrecht in der Diskussion 2007, Köln 2008.

Hay, Peter, US-Amerikanisches Recht, Ein Studienbuch, 6. Auflage, München u. a. 2015.

Henning, Peter J., Be careful what you wish for: Thoughts on a Compliance Defense under the Foreign Corrupt Practices Act, 73 Ohio St. L. J. 2012, 883.

Herzog, Felix, Geldwäschegesetz, (GwG), 2. Auflage, München 2014.

Hirsch, Günter, Münchener Kommentar zum Gesetz gegen Wettbewerbsbeschränkungen (GWB), München 2015.

Hofstetter, Karl/Kasten, Boris, Grossrisiko Kartellbussen, Dringender Reformbedarf in der EU, Annual Perspectives 2013, 68.

Hofstetter, Karl/Ludescher, Melanie, Der Konzern als Adressat von Bussen im EU-Kartellrecht, in: Kunz, Peter V. (Hrsg.), Wirtschaftsrecht in Theorie und Praxis, Festschrift für Roland von Büren, Basel 2009.

Hopson, Mark D./Koehler, Kristin, Effektive ethische Compliance-Programme im Sinne der United States Federal Sentencing Guidelines, CCZ 2008, 208.

Hopt, Klaus J., Vergleichende Corporate Governance, Forschung und internationale Regulierung, ZHR (175) 2011, 444.

Hörnle, Tatjana, Straftheorien, Tübingen 2011.

Howell, Beryl A., Sentencing of Antitrust Offenders, What does the data show? 2010, abrufbar im Internet: <http://www.ussc.gov/sites/default/files/pdf/about/commissioners/selected-articles/Howell_Review_of_Antitrust_Sentencing_Data.pdf>.

Hromadka, Wolfgang/Maschmann, Frank, Arbeitsrecht, 6. Auflage, Berlin [u.a.] 2015.

Huber, Nikolaus, Die Reichweite konzernbezogener Compliance-Pflichten des Mutter-Vorstands des AG-Konzerns, Berlin 2013.

Huff, Kevin B., The Role of Corporate Compliance Programs in Determining Corporate Criminal Liability: A suggested Approach, 96 Colum. L. Rev. 1996, 1252.

Hüffer, Uwe, Das Leitungsermessen des Vorstandes in der Aktiengesellschaft, in: Damm, Reinhard (Hrsg.), Festschrift für Thomas Raiser zum 70. Geburtstag am 20. Februar 2005, Berlin 2005.

Hüffer, Uwe, Aktiengesetz, 12. Auflage, München 2016.

Hülsen, Philipp von/Kasten, Boris, Passivlegitimation von Konzernen im Kartell-Schadensersatzprozess?, Gedanken zur Umsetzung der Richtlinie 2014/104/EU, NZKart 2015, 296.

Immenga, Ulrich, Compliance als Rechtspflicht nach Aktienrecht und Sarbanes-Oxley-Act, in: Grundmann, Stefan (Hrsg.), Unternehmensrecht zu Beginn des 21. Jahrhunderts, Festschrift für Eberhard Schwark zum 70. Geburtstag, München 2009.

Immenga, Ulrich/Mestmäcker, Ernst-Joachim, Wettbewerbsrecht, Kommentar zum Europäischen Kartellrecht, Band 1: EU, 5. Auflage, München 2012.

Immenga, Ulrich/Mestmäcker, Ernst-Joachim, Wettbewerbsrecht Band 1: EU/Teil 1, Kommentar zum Europäischen Kartellrecht, 1. Auflage, München 2014.

Immenga, Ulrich/Mestmäcker, Ernst-Joachim, Wettbewerbsrecht Band 1: EU/Teil 1, Kommentar zum Europäischen Kartellrecht, 1. Auflage, München 2014.

Immenga, Ulrich/Mestmäcker, Ernst-Joachim, Wettbewerbsrecht Band 1: EU/Teil 1, Kommentar zum Europäischen Kartellrecht, 1. Auflage, München 2014.

Immenga, Ulrich/Mestmäcker, Ernst-Joachim/Bach, Albrecht, Wettbewerbsrecht, Kommentar zum Deutschen Kartellrecht, Band 2: GWB, 5. Auflage, München 2014.

Institut der Wirtschaftsprüfer e.V. (IDW), IDW Prüfungsstandard 980: Grundsätze ordnungsmäßiger Prüfung von Compliance Management Systemen, (IDW PS 980) 11.03.2011.

International Chamber of Commerce (ICC), Das ICC Toolkit zur kartellrechtlichen Compliance, Ein praktischer Leitfaden für KMU und größere Unternehmen 2014, abrufbar im Internet: <http://www.iccwbo.org/Advocacy-Codes-and-Rules/Document-centre/2014/ICC-Antitrust-Compliance-Toolkit-German-translation/>.

Jaeger, Wolfgang/Kokott, Juliane/Pohlmann, Petra/Schroeder, Dirk, Frankfurter Kommentar zum Kartellrecht, Mit Kommentierung des EU-Kartellrechts, des GWB und einer Darstellung ausländischer Kartellrechtsordnungen, Band I: GWB, Loseblatt, Stand: 87. Lieferung September 2016, Köln 1982.

Jensen, Michael C./Meckling, William H., Theory of the Firm, Managerial Behaviour, Agency Cost and Ownership Structure, Journal of Financial Economics (3) 1976, 305.

Joecks, Wolfgang, Münchener Kommentar zum Strafgesetzbuch, Band 5, 2. Auflage, München 2014.

José Riva interviews Joaquin Almunia, World Competition 2011, 1.

Jungbluth, Armin, Berücksichtigung von Compliance bei Kartellverstößen, NZKart 2015, 43.

Kasten, Boris, Kapitel 2: Kartellrechtscompliance, in: Mäger, Thorsten (Hrsg.), Europäisches Kartellrecht, 2. Auflage, Baden-Baden 2011.

Kellerbauer, Manuel/Weber, Olaf, Joint and several liability for fines imposed under EU competition law, Recent Developments, EuZW 2014, 688.

Kersting, Christian, Wettbewerbsrechtliche Haftung im Konzern, Der Konzern 2011, 445.

Kersting, Christian, Die neue Richtlinie zur privaten Rechtsdurchsetzung im Kartellrecht, WuW 2014, 564.

Kersting, Christian, Die Rechtsprechung des EuGH zur Bußgeldhaftung in der wirtschaftlichen Einheit, WuW 2014, 1156.

Kiethe, Kurt, Vermeidung der Haftung von geschäftsführenden Organen durch Corporate Compliance, GmbHR 2007, 393.

Kindler, Peter, Pflichtverletzung und Schaden bei der Vorstandshaftung wegen unzureichender Compliance, in: Roth, Günter H; Altmeppen, Holger; Fitz, Hanns, et al. (Hrsg.), Festschrift für Günther H. Roth zum 70. Geburtstag, München 2011.

Kischel, Uwe, Rechtsvergleichung, München 2015.

Klaiber, Oliver, Die Berücksichtigung von Compliance-Programmen bei den Rechtsfolgen von Kartellverstößen 2014.

Kling, Michael, Die Haftung der Konzernmutter für Kartellverstöße ihrer Tochterunternehmen, WRP 2010, 506.

Klusmann, Martin, Haften Kinder mit dem Umsatz ihrer Eltern?, Zur Zurechnung von Gruppenumsätzen in der Bußgeldhaftung des deutschen Kartellrechts nach der 7. GWB-Novelle, in: Kartellrecht in Theorie und Praxis, Festschrift für Cornelis Canenbley zum 70. Geburtstag, München 2012.

Koch, Jens, Der kartellrechtliche Sanktionsdurchgriff im Unternehmensverbund, ZHR (171) 2007, 554.

Koch, Jens, Compliance-Pflichten im Unternehmensverbund?, WM 2009, 1013.

Koch, Jens, Die Konzernobergesellschaft als Unternehmensinhaber i.S.d. § 130 OWiG?, AG 2009, 564.

Kocher, Dirk, Zur Reichweite der Business Judgment Rule, CCZ 2009, 215.

Kock, Martin/Dinkel, Renate, Die zivilrechtliche Haftung von Vorständen für unternehmerische Entscheidungen, Die geplante Kodifizierung der Business Judgment Rule im Gesetz zur Unternehmensintegrität und Modernisierung des Anfechtungsrechts, NZG 2004, 441.

Kokott, Juliane/Dittert, Daniel, Die Verantwortlichkeit von Muttergesellschaften für Kartellvergehen ihrer Tochtegesellschaften im Lichte der Rechtsprechung der Unionsgerichte, WuW 2012, 670.

Kommission, Cartel Statistics, period 2013–2017, abrufbar im Internet: <http://ec.europa.eu/competition/cartels/statistics/statistics.pdf>.

Kommission, Wettbewerbsrechtliche Compliance, Was Unternehmen tun können, um die EU-Wettbewerbsvorschriften besser einzuhalten, Luxembourg 2012.

Kort, Michael, Verhaltensstandardisierung durch Corporate Compliance, NZG 2008, 81.

Kort, Michael, Rechtsfragen der Compliance-Organisation von Unternehmen außerhalb spezialgesetzlich geregelter Branchen im deutschen Recht, in: Roth, Günter H; Altmeppen, Holger; Fitz, Hanns, et al. (Hrsg.), Festschrift für Günther H. Roth zum 70. Geburtstag, München 2011.

Krebs, Peter/Eufinger, Alexander/Jung, Stefanie, Bußgeldminderung durch Compliance-Programme im deutschen Kartellbußgeldverfahren ?, CCZ 2011, 213.

Kremer, Thomas/Bachmann, Gregor/Lutter, Marcus/Werder, Axel von, Deutscher Corporate Governance Kodex, Kodex-Kommentar, 6. Auflage, München/München 2016.

Kremer, Thomas/Klahold, Christoph, Compliance-Programme in Industriekonzernen, ZGR (39) 2010, 113.

Kromschröder, Bernhard/Lück, Wolfgang, Grundsätze risikoorientierter Unternehmensüberwachung, DB 1998, 1573.

Kuhl, Karin/Nickel, Johann-Peter, Risikomanagement im Unternehmen, Stellt das KonTraG neue Anforderungen an die Unternehmen?, DB 1999, 133.

Lackner, Karl/Kühl, Kristian, Strafgesetzbuch, Kommentar, 28. Auflage, München 2014.

Lampert, Thomas, Gestiegenes Unternehmensrisiko Kartellrecht, Risikoreduzierung durch Competition-Compliance-Programme, BB 2002, 2237.

Lampert, Thomas, Compliance-Organisation, in: Hauschka, Christoph E. (Hrsg.), Corporate Compliance, Handbuch der Haftungsvermeidung im Unternehmen, 2. Auflage, München 2010, § 9.

Lampert, Thomas/Matthey, Philip, Kartellrecht, in: Hauschka, Christoph E. (Hrsg.), Corporate Compliance, Handbuch der Haftungsvermeidung im Unternehmen, 2. Auflage, München 2010, § 26.

Lasserre, Bruno, Compliance as an Effective Tool of Competition Enforcement: The French Example, 19th St.Gallen International Competition Law Forum ICF, abrufbar im Internet: <https://papers.ssrn.com/sol3/papers.cfm?abstract_id=2206326>.

Leitner, Werner, Unternehmensinterne Ermittlungen im Konzern, in: Lüderssen, Klaus (Hrsg.), Festschrift für Wolf Schiller, Zum 65. Geburtstag am 12. Januar 2014, 1. Auflage, Baden-Baden 2014.

Liese, Jens, Much Adoe about Nothing?, oder: Ist der Vorstand einer Aktiengesellschaft verpflichtet, eine Compliance-Organisation zu implementieren?, BB 2008, 17.

Loewenheim, Ulrich/Meessen, Karl M./Riesenkampff, Alexander/Meyer-Lindemann, Hans Jürgen/Kersting, Christian, Kartellrecht, Kommentar, 3. Auflage, München/ München 2016.

Lorenzmeier, Stefan, Kartellrechtliche Geldbußen als strafrechtliche Ank lage im Sinne der Europäischen Menschenrechtskonvention, ZIS 2008, 20.

Lösler, Thomas, Das moderne Verständnis von Compliance im Finanzmarktrecht, NZG 2005, 104.

Lück, Wolfgang, Der Umgang mit unternehmerischen Risiken durch ein Risikomanagementsystem und durch ein Überwachungssystem, Anforderungen durch das KonTraG und Umsetzung in der betrieblichen Praxis, DB 1998, 1925.

Luther/Geil, Ein Ende mit Schrecken, ZEIT online vom 23.03.2007 (Stand: 13.02.2017).

Luther, Christoph, Die juristische Analogie, Jura 2013, 449.

Lutter, Marcus, Die Business Judgment Rule und ihre praktische Anwendung, ZIP 2007, 841.

Macey, Jonathan R., Agency Theory and the Criminal Liability of Organizations, 71 Boston University L. Rev. 1991, 315.

Mäger, Thorsten, 9. Kapitel: Gemeinschaftsunternehmen, in: *ders. (Hrsg.)*, Europäisches Kartellrecht, 2. Auflage, Baden-Baden 2011.

Mansdörfer, Marco/Timmerbeil, Sven, Zurechnung und Haftungsdurchgriff im Konzern, Eine rechtsgebietsübergreifende Betrachtung, WM 2004, 362.

Markham, Jesse W., Jr., The Failure of Corporate Governance Standards and Antitrust Compliance, S.D.L.Rev. (58), 499.

Maunz, Theodor/Dürig, Günter, Grundgesetz: Kommentar, Teil B, Loseblatt, Stand: 78. Lieferung September 2016, München 1958.

Meier-Greve, Daniel, Vorstandshaftung wegen mangelhafter Corporate Compliance, BB 2009, 2555.

Merkt, Hanno, Compliance und Risikofrüherkennung in kleineren und mittleren Unternehmen, ZIP 2014, 1705.

Meyer-Lindemann, Hans-Jürgen, Durchsetzung des Kartellverbots durch Bußgeld und Schadenersatz, WuW 2011, 1235.

Miller, Samuel R./Sandrock, Ryan M., Parental Liability For A Subsidiary's Antitrust Violations Under U.S. Law, GCP: The Antitrust Chronicle 2009, 1.

Mittelsdorf, Kathleen, Unternehmensstrafrecht im Kontext, Heidelberg 2007.

Möhlenkamp, Andreas, Verbandskartellrecht, Trittfeste Pfade in unsicherem Gelände, WuW 2008, 428.

Monopolkommission, Strafrechtliche Sanktionen bei Kartellverstößen, Sondergutachten der Monopolkommission gemäß § 44 Abs. 1 Satz 4 GWB, Baden-Baden 2015.

Müller, Christian H., Kartellrechtscompliance in Deutschland, Rechtspflicht, Gründe und Auswirkungen, Frankfurt am Main [u.a.] 2012.

Müller-Dietz, Heinz, Integrationsprävention und Strafrecht, Zum positiven Aspekt der Generalprävention, in: Jescheck, Hans-Heinrich; Vogler, Theo (Hrsg.), Festschrift für Hans-Heinrich Jescheck zum 70. Geburtstag, Berlin 1985.

Mundt, Andreas, Die Bedeutung der Wettbewerbs-Compliance, Compliance Praxis Service Guide 2014, 12.

Murphy, Diana E., The Federal Sentencing Guidelines for Organizations, A Decade of Promoting Compliance and Ethics, Iowa L. Rev. (87) 2002, 697.

OFT, How your business can achieve compliance with competition law, OFT 1341, Guidance,.

OFT, Drivers of Compliance and Non-compliance with Competition Law, OFT 1227, Report Mai 2010.

OFT, UK businesses' understanding of Competition Law 26.03.2015.

Osborne, David E./Gaebler, Ted, Reinventing government, How the entrepreneurial spirit is transforming the public sector, New York, NY 1992.

Ossenbühl, Fritz, Die Freiheiten des Unternehmers nach dem Grundgesetz, AöR 1990, 1.

Ost, Konrad, Aufsichtspflichten im Konzern und die 8. GWB-Novelle, NZKart 2013, 25.

Ost, Konrad/Kallfaß, Gunnar/Roesen, Katrin, Einführung einer Unternehmensverantwortlichkeit im deutschen Kartellsanktionenrecht, Anmwerkungen zum Entwurf der 9. GWB-Novelle, NZKart 2016, 447.

Pahlke, Anne-Kathrin, Risikomanagement nach KonTraG – Überwachungspflichten und Haftungsrisiken für den Aufsichtsrat, NJW 2002, 1680.

Palzer, Christoph, Kartellbußen als Insolvenzauslöser, Oder: Was tun, wenn's brennt?, NZI 2012, 67.

Pampel, Gunnar, Die Bedeutung von Compliance-Programmen im Kartellordnungswidrigkeitenrecht, BB (62) 2007, 1636.

Park, Tido/Sorgenfrei, Ulrich, Finanzkrise und Kapitalmarktstrafrecht, in: Park, Tido (Hrsg.), Kapitalmarktstrafrecht, Straftaten, Ordnungswidrigkeiten, Finanzaufsicht, Compliance : Handkommentar, 3. Auflage, Baden-Baden 2013, Einleitung.

Passarge, Malte, Risiken und Chancen mangelhafter Compliance in der Unternehmensinsolvenz, NZI 2009, 86.

Pauli, Marcus/Albrecht, Christoph, Die Erfüllung gesetzlicher Risikomanagement-Anforderungen mit Hilfe von Risikomanagement-Informationssystemen, CCZ 2014, 17.

Pelz, Christian, § 6. Strafrechtliche und zivilrechtliche Aufsichtspflicht, in: Hauschka, Christoph E. (Hrsg.), Corporate Compliance, Handbuch der Haftungsvermeidung im Unternehmen, 2. Auflage, München 2010.

Perschke, Stefan, Strafrechtliche Sanktionen gegen Unternehmen im US-amerikanischen Recht, in: Hellmann, Uwe; Schröder, Christian (Hrsg.), Festschrift für Hans Achenbach, Heidelberg/München/Landsberg [u.a.] 2011.

Pietzcker, Jost, Artikel 12 Grundgesetz – Freiheit des Berufs und Grundrecht der Arbeit, NVwZ 1984, 550.

Pitt, Harvey L./Groskaufmanis, Karl A., Mischief Afoot: The Need for Incentives to Control Corporate Criminal Conduct, 71 Boston University L. Rev. 1991, 447.

Pollanz, Manfred, Konzeptionelle Überlegungen zur Einrichtung und Prüfung eines Risikomanagementsystems, Droht eine Mega-Erwartungslücke, DB 1999, 393.

Pollanz, Manfred, Offene Fragen der Prüfung von Risikomanagementsystemen nach KonTraG, Paradigmenwechsel im wirtschaftlichen Prüfungswesen oder vom risikoorientierten zum system-evolutionären Prüfungsansatz?, DB 2001, 1317.

Powilleit, Simone, Compliance im Unternehmen: Rechtliches Risikomanagement als Wertschöpfungsfaktor, GWR 2010, 28.

Purnhagen, Kai/Reisch, Lucia, "Nudging Germany"?, Herausforderungen für eine verhaltensbasierte Regulierung in Deutschland, ZEuP 2016, 629.

Ransiek, Andreas, Unternehmensstrafrecht, Strafrecht, Verfassungsrecht, Regelungsalternativen, Heidelberg 1996.

Ransiek, Andreas, Strafrecht im Unternehmen und Konzern, ZGR 1999, 613.

Reichert, Jochem, Corporate Compliance und der Grundsatz der Verhältnismäßigkeit, in: Krieger, Gerd (Hrsg.), Festschrift für Michael Hoffmann-Becking zum 70. Geburtstag, München 2013.

Reichert, Jochem/Ott, Nicolas, Non Compliance in der AG, Vorstandspflichten im Zusammenhang mit der Vermeidung, Aufklärung und Sanktionierung von Rechtsverstößen, ZIP 2009, 2173.

Rieder, Markus S./Falge, Stefan, Sieben Thesen zur standardbasierten Prüfung von Compliance-Management-Systemen, BB 2013, 778.

Rieder, Markus S./Jerg, Marcus, Anforderungen an die Überprüfung von Compliance-Programmen, Zugleich kritische Anmerkungen zum Entwurf eines IDW Prüfungsstandards: Grundsätze ordnungsmäßiger Prüfung von Compliance-Management-Systemen (IDW EPS 980), CCZ 2010, 201.

Rodewald, Jörg/Unger, Ulrike, Corporate Compliance – Organisatorische Vorkehrungen zur Vermeidung von Haftungsfällen der Geschäftsleitung, BB (61) 2006, 113.

Rodger, Barry J., The CMA 2015 Study, compliance rationales and the need for increased compliance professionalism and education, E.C.L.R. 2016, 423.

Roos, Alexander, Compliance Defence, Kartellrechtliche Umsetzung im verfassungsrechtlichen Rahmen, Frankfurt 2015.

Roxin, Claus, Zur jüngsten Diskussion über Schuld, Prävention und Verantwortlichkeit im Strafrecht, in: Kaufmann, Arthur (Hrsg.), Festschrift für Paul Bockelmann zum 70. Geburtstag am 7. Dezember 1978, München 1979.

Rudkowski, Lena, Die Aufklärung von Compliance-Verstößen durch „Interviews", NZA 2011, 612.

Ruffert, Matthias, Regulierung im System des Verwaltungsrechts, Grundstrukturen des Privatisierungsfolgerechts der Post und Telekommunikation, AöR 1999, 237.

Säcker, Franz Jürgen, Gespaltener Unternehmensbegriff im Wettbewerbs- und Lauterkeitsrecht?, WuW 2014, 3.

Schall, Peter, Steuerliche Behandlung von EU-Bußgeldern wegen Kartellrechtsverstößen, DStR 2008, 1517.

Schneider, Sven H., "Unternehmerische Entscheidungen" als Anwendungsvoraussetzung für die Business Judgment Rule, DB 2005, 707.

Schneider, Uwe H., Compliance als Aufgabe der Unternehmensleitung, ZIP 2003, 645.

mber 2009 .. an der Goethe-

isationsstrukturen auf die
361.

satzrichtlinie, WuW 2015,

it den neuen Bußgeldleit-

es Privatrechts, in: Huber,
rsg.), Festschrift für Ernst
ttingen 1973.

d optimal antitrust enfor-

s für "Corporate Compli-
üffer zum 70. Geburtstag,

ce Anforderungen der US
Z 2011, 63.

Sicherheit oder Scheinsi-

nternehmen, Handlungs-

Beauftragter oder Berater
Aufsichtsrecht?, BB 2011,

ressat im Kartellbußgeld-

yer für die Stärkung des
z, GRUR 2012, 761.

rgleichung, Auf dem Ge-

Schneider, Uwe H., Die Haftung von Mitgliedern des Vorstands und der Geschäftsführer bei Vertragsverletzungen der Gesellschaft, in: Kindler, Peter (Hrsg.), Festschrift für Uwe Hüffer zum 70. Geburtstag, München 2010.

Schönke, Adolf/Schröder, Horst, Strafgesetzbuch, Kommentar, 29. Auflage, München
2014.

Schrader, Peter/Siebert, Jens, Angriff auf die Unternehmerentscheidung?, NZA-RR
2013, 113.

Schreitter, Florian von, Die kartellordnugnswidrigkeitenrechtliche Haftung nach
§ 130 OWiG, Ein Risiko für Konzernobergesellschaften?, NZKart 2016, 253.

Schröder, Thomas, Unternehmensverantwortung und Unternehmenshaftung von
und in Konzernen – zur Zukunft des Unternehmenskriminalstrafrechts, NZWiSt
2016, 452.

Schubert, Daniel, Legal privilege und Nemo tenetur im reformierten europäischen
Kartellermittlungsverfahren der VO 1/2003, Eine Untersuchung der Rechtslage
im Gemeinschaftsrecht unter Berücksichtigung der Maßgaben von EMRK, IPBPR
und Grundrechtscharta sowie der aktuellen Rechtsprechung von EuGH, EuG
und EGMR, Berlin 2009.

Schubert, Werner/Hommelhoff, Peter, Hundert Jahre modernes Aktienrecht, Eine
Sammlung von Texten und Quellen zur Aktienrechtsreform 1884 mit zwei Einführungen, Berlin 1985.

Schünemann, Bernd, Alternative Kontrolle der Wirtschaftskriminalität, in: Dornseifer, Gerhard; Horn, Eckhard (Hrsg.), Gedächtnisschrift für Armin Kaufmann,
Köln 1989.

Schünemann, Bernd, Die aktuelle Forderung eines Verbandsstrafrechts, Ein kriminalpolitischer Zombie, ZIS 2016, 1.

Schwarze, Jürgen, Rechtsstaatliche Grenzen der gesetzlichen und richterlichen
Qualifikation von Verwaltungssanktionen im europäischen Gemeinschaftsrecht,
EuZW 2003, 261.

Schwarze, Jürgen, Europäische Kartellbußgelder im Lichte übergeordneter Vertrags-
und Verfassungsgrundsätze, EuR 2009, 171.

Schwarze, Jürgen, Rechtsstaatliche Defizite des europäischen Kartellbußgeldverfahrens, WuW 2009, 6.

Schwintowski, Hans-Peter, Gesellschaftsrechtliche Anforderungen an Vorstandshaftung und Corporate Governance durch das neue System der kartellrechtlichen
Legalausnahme, NZG 2005, 200.

Seeliger, Daniela/Mross, Oliver, Kartellrechts-Compliance (Stand: 79. Lieferung November 2013), in: Jaeger, Wolfgang; Kokott, Juliane; Pohlmann, Petra, et al. (Hrsg.),
Frankfurter Kommentar zum Kartellrecht, Mit Kommentierung des EU-Kartellrechts, des GWB und einer Darstellung ausländischer Kartellrechtsordnungen,

Köln 1982, Allg. Teil E (Band II: EU-Kartellrecht, Los(Mai 2014).

Semler, Johannes, Entscheidungen und Ermessen im Ak Habersack, Mathias (Hrsg.), Festschrift für Peter Uln 2. Januar 2003, Berlin 2003.

Sieber, Ulrich, Compliance-Programme im Unternehmer zept zur Kontrolle von Wirtschaftskriminalität, in: (Wirtschaftsstrafrecht, Dogmatik, Rechtsvergleich, R für Klaus Tiedemann zum 70. Geburtstag, Köln/Mür

Sieber, Ulrich/Engelhart, Marc, Compliance programs f mic crimes, An Empirical Survey of German Compa Berlin 2014.

Simon, Stefan, Erkenntnisgewinn in der Corporate Gc 2013, 19.

Slot, Piet Jan/Johnston, Angus Charles, An introductior lage, Oxford 2006.

Sokol, Daniel, Cartels, Corporate Compliance, and wh about Enforcement, Antitrust Law Journal 2012, 20

Soltesz, Ulrich/Steinle, Christian/Bielesz, Holger, Re stimmtheitsgebot, Die Kartellverordnung auf dem I meinschaftsrechts, EuZW 2003, 202.

Spindler, Gerald, Compliance in der multinationalen B;

Spindler, Gerald/Stilz, Eberhard, Kommentar zum Ak chen 2015.

Stephan, Andreas, Disqualification Orders for Director of European Competition Law & Practice (2) 2011,

Strauch, Mark, Der Sarbanes-Oxley Act und die Entv recht, NZG 2003, 952.

Streck, Michael/Binnewies, Burkhard, Tax Complianc

Suchsland, Ulrike, Verpflichtet die Kartellschadenser; des europäischen Unternehmensbegriffs in das deu

Suchsland, Ulrike/Rossmann, Nadine, Mit Netz und haftung nach dem Referentenentwurf zur 9. GWB

Sünner, Eckart, Von der Sorge für gesetzeskonforme: sprechung des ISO-Entwurfs 19600, CCZ 2015, 2.

Thoma, Anselm Christian, Regulierte Selbstregulieru recht, Berlin 2008.

Thomas, Stefan, Zur Konzernhaftung im Kartellrech

Criminal Law, Ethics (ECLE) fand am 20. und 21. Nove Universität Frankfurt am Main statt], Berlin 2010.

Wegner, Carsten, Die Auswirkungen fehlerhafter Orgar Zumessung der Untenehmensgeldbuße, wistra 2000,

Weitbrecht, Andreas, Die Umsetzung der EU-Schadense 959.

Weitbrecht, Andreas/Tepe, Gudrun, Erste Erfahrungen r linien der Europäischen Kommission, EWS 2001, 220

Wieacker, Franz, Zur Theorie der juristischen Person d Ernst Rudolf; Forsthoff, Ernst; Weber, Werner, et al. (F Rudolf Huber zum 70. Geburtstag am 8. Juni 1973, Gc

Wils, Wouter P.J., Antitrust compliance programmes ar cement, J. of Antitrust Enforcement 2013, 52.

Winter, Martin, Die Verantwortlichkeit des Aufsichtsra ance", in: Kindler, Peter (Hrsg.), Festschrift für Uwe F München 2010.

Withus, Karl-Heinz, Bedeutung der geänderten Compliar Sentencing Guidelines für deutsche Unternehmen, Cc

Withus, Karl-Heinz, Hamburger Compliance-Zertifikat, cherheit?, CCZ 2014, 234.

Wolf, Klaus, Stand des Risikomanagements in deutschen I empfehlungen, BC 2003, 7.

Wolf, Martin, Der Compliance-Officer, Garant, hoheitlich im Unternehmens-interesse zwischen Zivil-, Straf- und 1353.

Zandler, Dieter, Die wirtschaftliche Einheit als Normad recht, NZKart 2016, 98.

Ziegelmayer, David, Die Reputation als Rechtsgut, Plädc sozialen Geltungsanspruchs von Unternehmen im Ne

Zweigert, Konrad/Kötz, Hein, Einführung in die Rechtsv biete des Privatrechts, 3. Auflage, Tübingen 1996.

Schneider, Uwe H., Die Haftung von Mitgliedern des Vorstands und der Geschäftsführer bei Vertragsverletzungen der Gesellschaft, in: Kindler, Peter (Hrsg.), Festschrift für Uwe Hüffer zum 70. Geburtstag, München 2010.

Schönke, Adolf/Schröder, Horst, Strafgesetzbuch, Kommentar, 29. Auflage, München 2014.

Schrader, Peter/Siebert, Jens, Angriff auf die Unternehmerentscheidung?, NZA-RR 2013, 113.

Schreitter, Florian von, Die kartellordnugnswidrigkeitenrechtliche Haftung nach § 130 OWiG, Ein Risiko für Konzernobergesellschaften?, NZKart 2016, 253.

Schröder, Thomas, Unternehmensverantwortung und Unternehmenshaftung von und in Konzernen – zur Zukunft des Unternehmenskriminalstrafrechts, NZWiSt 2016, 452.

Schubert, Daniel, Legal privilege und Nemo tenetur im reformierten europäischen Kartellermittlungsverfahren der VO 1/2003, Eine Untersuchung der Rechtslage im Gemeinschaftsrecht unter Berücksichtigung der Maßgaben von EMRK, IPBPR und Grundrechtscharta sowie der aktuellen Rechtsprechung von EuGH, EuG und EGMR, Berlin 2009.

Schubert, Werner/Hommelhoff, Peter, Hundert Jahre modernes Aktienrecht, Eine Sammlung von Texten und Quellen zur Aktienrechtsreform 1884 mit zwei Einführungen, Berlin 1985.

Schünemann, Bernd, Alternative Kontrolle der Wirtschaftskriminalität, in: Dornseifer, Gerhard; Horn, Eckhard (Hrsg.), Gedächtnisschrift für Armin Kaufmann, Köln 1989.

Schünemann, Bernd, Die aktuelle Forderung eines Verbandsstrafrechts, Ein kriminalpolitischer Zombie, ZIS 2016, 1.

Schwarze, Jürgen, Rechtsstaatliche Grenzen der gesetzlichen und richterlichen Qualifikation von Verwaltungssanktionen im europäischen Gemeinschaftsrecht, EuZW 2003, 261.

Schwarze, Jürgen, Europäische Kartellbußgelder im Lichte übergeordneter Vertrags- und Verfassungsgrundsätze, EuR 2009, 171.

Schwarze, Jürgen, Rechtsstaatliche Defizite des europäischen Kartellbußgeldverfahrens, WuW 2009, 6.

Schwintowski, Hans-Peter, Gesellschaftsrechtliche Anforderungen an Vorstandshaftung und Corporate Governance durch das neue System der kartellrechtlichen Legalausnahme, NZG 2005, 200.

Seeliger, Daniela/Mross, Oliver, Kartellrechts-Compliance (Stand: 79. Lieferung November 2013), in: Jaeger, Wolfgang; Kokott, Juliane; Pohlmann, Petra, et al. (Hrsg.), Frankfurter Kommentar zum Kartellrecht, Mit Kommentierung des EU-Kartellrechts, des GWB und einer Darstellung ausländischer Kartellrechtsordnungen,

Köln 1982, Allg. Teil E (Band II: EU-Kartellrecht, Loseblatt, Stand: 80. Lieferung Mai 2014).

Semler, Johannes, Entscheidungen und Ermessen im Aktienrecht, in: Ulmer, Peter; Habersack, Mathias (Hrsg.), Festschrift für Peter Ulmer zum 70. Geburtstag am 2. Januar 2003, Berlin 2003.

Sieber, Ulrich, Compliance-Programme im Unternehmensstrafrecht, Ein neues Konzept zur Kontrolle von Wirtschaftskriminalität, in: ders. (Hrsg.), Strafrecht und Wirtschaftsstrafrecht, Dogmatik, Rechtsvergleich, Rechtstatsachen; Festschrift für Klaus Tiedemann zum 70. Geburtstag, Köln/München 2008.

Sieber, Ulrich/Engelhart, Marc, Compliance programs for the prevention of economic crimes, An Empirical Survey of German Companies, Freiburg im Breisgau/Berlin 2014.

Simon, Stefan, Erkenntnisgewinn in der Corporate Governance Diskussion, NZG 2013, 19.

Slot, Piet Jan/Johnston, Angus Charles, An introduction to competition law, 1. Auflage, Oxford 2006.

Sokol, Daniel, Cartels, Corporate Compliance, and what Practitioners really think about Enforcement, Antitrust Law Journal 2012, 201.

Soltesz, Ulrich/Steinle, Christian/Bielesz, Holger, Rekordgeldbußen versus Bestimmtheitsgebot, Die Kartellverordnung auf dem Prüfstein höherrangigen Gemeinschaftsrechts, EuZW 2003, 202.

Spindler, Gerald, Compliance in der multinationalen Bankengruppe, WM 2008, 905.

Spindler, Gerald/Stilz, Eberhard, Kommentar zum Aktiengesetz, 3. Auflage, München 2015.

Stephan, Andreas, Disqualification Orders for Directors Involved in Cartels, Journal of European Competition Law & Practice (2) 2011, 529.

Strauch, Mark, Der Sarbanes-Oxley Act und die Entwicklungen im US-Aufsichtsrecht, NZG 2003, 952.

Streck, Michael/Binnewies, Burkhard, Tax Compliance, DStR 2009, 229.

Suchsland, Ulrike, Verpflichtet die Kartellschadensersatzrichtlinie zur Übernahme des europäischen Unternehmensbegriffs in das deutsche Recht?, WuW 2015, 973.

Suchsland, Ulrike/Rossmann, Nadine, Mit Netz und doppeltem Boden, Bußgeldhaftung nach dem Referentenentwurf zur 9. GWB-Novelle, NZKart 2016, 342.

Sünner, Eckart, Von der Sorge für gesetzeskonformes Verhalten, Zugleich eine Besprechung des ISO-Entwurfs 19600, CCZ 2015, 2.

Thoma, Anselm Christian, Regulierte Selbstregulierung im Ordnungsverwaltungsrecht, Berlin 2008.

Thomas, Stefan, Zur Konzernhaftung im Kartellrecht, KSzW 2011, 10.

Thomas, Stefan, Der Schutz des Wettbewerbs in Europa – welcher Zweck heiligt die Mittel?, JZ 2011, 485.

Thomas, Stefan, Guilty of a Fault that one has not Comitted, The Limits of the Group-Based Sanction Policy Carried out by the Commission and the Eruopean Courts in EU-Antitrust Law, Journal of European Competition Law & Practice 2012, 11.

Thomas, Stefan/Legner, Sarah, Die wirtschaftliche Einheit im Kartellzivilrecht, NZKart 2016, 155.

Tiedemann, Klaus, Die "Bebußung" von Unternehmen nach dem 2. Gesetz zur Bekämpfung der Wirtschaftskriminalität, NJW 1988, 1169.

United Nations/Deloitte, UN Global Compact Management Model, Framework for Implementation 2010, abrufbar im Internet: <https://www.unglobalcompact.org /library/231>.

Verfahren gegen Gesellschaften der ClemensTönnies-Gruppe eingestellt, Bußgelder in Höhe von 128 Mio. Euro entfallen in Folge von Umstrukturierungen vom 19.10.2016, abrufbar im Internet: <http://www.bundeskartellamt.de/SharedDocs/ Meldung/DE/Pressemitteilungen/2016/19_10_2016_ClemensT%C3%B6nnies_ Gruppe_Wurst.html>.

Verse, Dirk A., Compliance im Konzern, Zur Legalitätspflicht der Geschäftsleiter einer Konzernobergesellschaft, ZHR (175) 2011, 401.

Voet van Vormizeele, Philipp, Kartellrechtliche Compliance-Programme im Rahmen der Bußgeldbemessung de lege lata und de lege ferenda, CCZ 2009, 41.

Voet van Vormizeele, Philipp, Die EG-kartellrechtliche Haftungszurechnung im Konzern im Widerstreit zu den nationalen Gesellschaftsrechtsordnungen, WuW 2010, 1008.

Vogt, Bianca, Die Verbandsgeldbusse gegen eine herrschende Konzerngesellschaft, Begehungs- und Unterlassungsbeteiligung an Ordnungswidrigkeiten im Unternehmensverbund, 1. Auflage, Baden-Baden 2009.

Voßkuhle, Andreas, "Regulierte Selbstregulierung", Zur Karriere eines Schlüsselbegriffs, in: Hoffmann-Riem, Wolfgang (Hrsg.), Regulierte Selbstregulierung als Steuerungskonzept des Gewährleistungsstaates, Ergebnisse des Symposiums aus Anlass des 60. Geburtstages von Wolfgang Hoffmann-Riem, Berlin 2001.

Wagner, Gerhard, Sinn und Unsinn der Unternehmensstrafe, Mehr Prävention durch Kriminalisierung?, ZGR 2016, 112.

Wagner-von Papp, Florian, Kartellstrafrecht in den USA, dem Vereinigten Königreich und Deutschland, WuW 2009, 1236.

Walsh, Charles J./Pyrich, Alissa, Corporate Compliance Programs as a Defense to Criminal Liability: Can a Corporation save its soul?, 47 Rutgers L. Rev. 1995, 605.

Wandt, Manfred, Recht und Krise, in: Kempf, Eberhard (Hrsg.), Die Finanzkrise, das Wirtschaftsstrafrecht und die Moral, [das zweite Symposon zu Economy,

Criminal Law, Ethics (ECLE) fand am 20. und 21. November 2009 .. an der Goethe-Universität Frankfurt am Main statt], Berlin 2010.

Wegner, Carsten, Die Auswirkungen fehlerhafter Organisationsstrukturen auf die Zumessung der Untenehmensgeldbuße, wistra 2000, 361.

Weitbrecht, Andreas, Die Umsetzung der EU-Schadensersatzrichtlinie, WuW 2015, 959.

Weitbrecht, Andreas/Tepe, Gudrun, Erste Erfahrungen mit den neuen Bußgeldleitlinien der Europäischen Kommission, EWS 2001, 220.

Wieacker, Franz, Zur Theorie der juristischen Person des Privatrechts, in: Huber, Ernst Rudolf; Forsthoff, Ernst; Weber, Werner, et al. (Hrsg.), Festschrift für Ernst Rudolf Huber zum 70. Geburtstag am 8. Juni 1973, Göttingen 1973.

Wils, Wouter P.J., Antitrust compliance programmes and optimal antitrust enforcement, J. of Antitrust Enforcement 2013, 52.

Winter, Martin, Die Verantwortlichkeit des Aufsichtsrats für "Corporate Compliance", in: Kindler, Peter (Hrsg.), Festschrift für Uwe Hüffer zum 70. Geburtstag, München 2010.

Withus, Karl-Heinz, Bedeutung der geänderten Compliance Anforderungen der US Sentencing Guidelines für deutsche Unternehmen, CCZ 2011, 63.

Withus, Karl-Heinz, Hamburger Compliance-Zertifikat, Sicherheit oder Scheinsicherheit?, CCZ 2014, 234.

Wolf, Klaus, Stand des Risikomanagements in deutschen Unternehmen, Handlungsempfehlungen, BC 2003, 7.

Wolf, Martin, Der Compliance-Officer, Garant, hoheitlich Beauftragter oder Berater im Unternehmens-interesse zwischen Zivil-, Straf- und Aufsichtsrecht?, BB 2011, 1353.

Zandler, Dieter, Die wirtschaftliche Einheit als Normadressat im Kartellbußgeldrecht, NZKart 2016, 98.

Ziegelmayer, David, Die Reputation als Rechtsgut, Plädoyer für die Stärkung des sozialen Geltungsanspruchs von Unternehmen im Netz, GRUR 2012, 761.

Zweigert, Konrad/Kötz, Hein, Einführung in die Rechtsvergleichung, Auf dem Gebiete des Privatrechts, 3. Auflage, Tübingen 1996.